TAO TE CHING

Editora Appris Ltda.
1.ª Edição - Copyright© 2019 dos autores
Direitos de Edição Reservados à Editora Appris Ltda.
Nenhuma parte desta obra poderá ser utilizada indevidamente, sem estar de acordo com a Lei nº 9.610/98. Se incorreções forem encontradas, serão de exclusiva responsabilidade de seus organizadores. Foi realizado o Depósito Legal na Fundação Biblioteca Nacional, de acordo com as Leis nos 10.994, de 14/12/2004, e 12.192, de 14/01/2010.

Catalogação na Fonte
Elaborado por: Josefina A. S. Guedes
Bibliotecária CRB 9/870

T171t 2019	Tao te ching / Lao Tzu; tradução de Aristein Woo. - 1. ed. - Curitiba: Appris, 2019. 499 p. ; 23 cm Inclui bibliografias ISBN 978-85-473-3266-2 1. Taoismo. 2. Poesia chinesa. I. Woo, Aristein. II. Título. CDD – 299.514

Editora e Livraria Appris Ltda.
Av. Manoel Ribas, 2265 – Mercês
Curitiba/PR – CEP: 80810-002
Tel: (41) 3156 - 4731
www.editoraappris.com.br

Appris
editora

Printed in Brazil
Impresso no Brasil

Tradução: Aristein Woo

FICHA TÉCNICA

EDITORIAL	Augusto V. de A. Coelho
	Marli Caetano
	Sara C. de Andrade Coelho
COMITÊ EDITORIAL	Andréa Barbosa Gouveia (UFPR)
	Jacques de Lima Ferreira (UP)
	Marilda Aparecida Behrens (PUCPR)
	Ana El Achkar (UNIVERSO/RJ)
	Conrado Moreira Mendes (PUC-MG)
	Eliete Correia dos Santos (UEPB)
	Fabiano Santos (UERJ/IESP)
	Francinete Fernandes de Sousa (UEPB)
	Francisco Carlos Duarte (PUCPR)
	Francisco de Assis (Fiam-Faam, SP, Brasil)
	Juliana Reichert Assunção Tonelli (UEL)
	Maria Aparecida Barbosa (USP)
	Maria Helena Zamora (PUC-Rio)
	Maria Margarida de Andrade (Umack)
	Roque Ismael da Costa Güllich (UFFS)
	Toni Reis (UFPR)
	Valdomiro de Oliveira (UFPR)
	Valério Brusamolin (IFPR)
PRODUÇÃO EDITORIAL	Lucas Andrade
DIAGRAMAÇÃO	Bruno Ferreira Nascimento
CAPA	Fernando Nishijima
COMUNICAÇÃO	Carlos Eduardo Pereira
	Débora Nazário
	Karla Pipolo Olegário
LIVRARIAS E EVENTOS	Estevão Misael
GERÊNCIA DE FINANÇAS	Selma Maria Fernandes do Valle

AGRADECIMENTOS

Agradeço ao professor Antonio Prates, pelo incentivo e revisão dos originais deste trabalho.

Agradeço à minha esposa e às minhas filhas, pelo apoio e compreensão durante a execução do trabalho.

HOMENAGEM

Ao Mestre Woo, meu pai. Sem sua orientação, nem um parágrafo desta obra se faria completo. Sem o seu amor, nem um passo da minha carreira médica teria sido dado. Sem o seu exemplo, há muito teria sucumbido a uma vida sem ideal.

PREFÁCIO

Esse é um livro que fala do Tao.

Contudo, logo na primeira frase, o autor, Lao Tzu, escreve: O Tao do qual se fala não é o verdadeiro Tao. O Tao pode apenas ser experimentado.

É dessa experiência e suas virtudes que trata esse livro. Sugestões, vislumbres de como se experimentar o misterioso Tao. É misterioso porque essa experiência ocorre justamente na ausência das palavras. Portanto, na ausência do pensamento e do raciocínio, usados na busca, tão preponderante no ser humano da atualidade, pela certeza e precisão.

Ao longo dos 81 poemas, escritos ao deixar a última fronteira da China em direção ao ocidente, atendendo ao pedido do guarda da fronteira, Lao Tzu, já na sua maturidade, deixa um livro que nos inspira a experimentar o mistério da unidade, um mundo que acontece na ausência das divisões criadas pelas nossas mentes. Nessa experiência do mundo do indizível, se desfaz a própria individualidade, onde o eu deixa de existir em separado do outro para fundir-se ao todo, antecedendo em milênios a teoria da unidade da física quântica.

Já no primeiro poema, e ao longo de vários outros, Lao Tzu apresenta um caminho que perpassa por dois mundos demarcados por um portal. De um lado, o mundo ilimitado e indivisível do absoluto, da unidade e do vazio, que dá origem ao outro lado, caracterizado pela relatividade, divisões, compartimentos e palavras. Esse caminho permite ao caminhante transitar por esses dois mundos, tanto para um lado, como para o outro.

É uma proposta filosófica, acompanhada de um resultado prático, que pode ser aplicada em todas as áreas do desenvolvimento humano, como nas artes, arquitetura, religiões, jogos, esportes, exercícios da mente e do corpo. O Tao Te Ching é um livro que trata da saúde de uma forma ampla e precisa, da sua promoção e dos seus determinantes. É um texto básico para a medicina tradicional chinesa. De forma semelhante, discorre sobre formas de governar um povo, táticas militares, evolução pessoal, organização social e verdades, muitas vezes transcendentais à condição humana. Às vezes, bastam apenas algumas frases para que se desenvolvam uma ampla reflexão e tomada de atitudes.

As virtudes dessa maneira de agir, que muitas vezes se traduz por uma não ação, vêm sendo pesquisadas em laboratórios por tecnologias científicas de últimas gerações. Seus efeitos benéficos para a saúde e o bem viver são demonstrados e mensurados nas diversas dimensões do ser humano, física, emocional, psíquica, espiritual, através de evidências bioquímicas, celulares, neurológicas, entre várias outras. Mas, principalmente, extrapola o ser humano e se coloca como um caminho para a preservação da vida harmoniosa na sociedade e na natureza.

É importante frisar que esses benefícios são comuns a outras teorias e práticas, tradicionais e modernas, que de forma semelhante, consideram a experiência da unidade como fonte do equilíbrio e da saúde pessoal, social e ambiental.

Para se ter uma noção da importância do Tao Te Ching, depois da Bíblia Sagrada, este é o livro que mais traduções tem no mundo. Os milhares de anos de existência e as inúmeras traduções, para diversos idiomas, fazem dessa obra um marco para a humanidade. Ele tanto nos traz à presença do aqui e agora, como nos propõe um seguir adiante.

A aprendizagem e o ensinamento do Tao no Brasil vêm desde os tempos em que D. João VI convidou chineses para o cultivo do chá no Jardim Botânico do Rio de Janeiro. Trouxeram junto também o cultivo do Tao, aos poucos incorporado à nossa cultura.

Ao longo desses séculos, prosperou no Brasil a cultura chinesa que ora floresce de forma exuberante em todos os cantos do país. A filosofia taoísta, as artes marciais, o Tai Chi Chuan e outras práticas de saúde da medicina chinesa estão espalhadas por praças públicas, consultórios, universidades e centros de atenção, ensino e pesquisa em todos os estados brasileiros.

O médico Aristein Woo, autor dessa tradução, é um dos frutos desse crescente florescimento da medicina chinesa no Brasil. Seu pai e avô são mestres consagrados da medicina chinesa. A perseverança do Mestre Woo, seu pai, desde 1974 ofertando aulas abertas de Tai Chi Chuan em praça pública, em Brasília, formou uma geração de praticantes do Tao e transformou o espaço, denominado de Praça da Harmonia Universal, em Patrimônio Cultural de Brasília.

Até pouco tempo, as traduções do Tao Te Ching para o português tinham origem em traduções do texto chinês para outras línguas. Recentemente, no

Brasil, foram lançadas três traduções diretamente do chinês para o português. Neste contexto, essa tradução do Dr. Aristein se sobressai. Ela traz algo inusitado. Não só é fruto do trabalho minucioso de quem conhece os idiomas chinês e português, mas, também, por ser ele filho de pai chinês e mãe brasileira, traz o caráter mestiço da sociedade brasileira, com a essência da cultura chinesa.

Além disso, essa tradução destaca-se de todas as outras por trazer o significado de cada um dos 5 mil caracteres chineses do texto original. Desse modo, assim como Lao Tzu nos conduz ao vislumbre do mistério da unidade e do vazio, o Dr. Aristein nos faz vislumbrar, com maestria, o texto em chinês se transformar para o português, nos dando a liberdade de contemplá-lo com o nosso próprio imaginário. Desta forma, é possível surgir uma tradução pessoal de cada um que lê os poemas, intuindo sentidos a partir dos caracteres chineses.

Ele também, à semelhança de outros tradutores, mostra explicações inerentes à cultura chinesa, que tornam mais acessíveis várias expressões existentes no livro.

A mim, que tenho a honra de conviver com ele, com seu pai e com inúmeros outros amigos, agregados pela simplicidade, amor, disciplina e dedicação que o Tao propaga, ainda o tenho como companheiro no trabalho que fazemos no Sistema Público de Saúde do Distrito Federal, na cidade de Planaltina, onde os ensinamentos e aprendizagens do Tao são compartilhados de forma generosa e transformadora com as pessoas humildes que frequentam o local.

Não bastasse tudo isso, ainda me é dada a honra de colocar neste livro do Tao estas palavras, e também o inominável que, tenho certeza, há de estar presente em todos aqueles que experimentem a sua leitura com o devido espaço para a transcendência.

Dr. Marcos Freire Jr.

APRESENTAÇÃO

Essa tradução nasceu de um projeto despretensioso de aperfeiçoar minha leitura do Chinês Clássico (uma língua tão próxima e, ao mesmo tempo, tão distante do Mandarim escrito) por meio do livro fundamental do taoísmo. Reconheço a existência de falhas no trabalho e, por isso, peço aos ilustres leitores que apontem aquelas que encontrarem e avisem-me pelo e-mail aristeinwoo1@gmail.com

SUMÁRIO

INTRODUÇÃO 15
    O Autor 15
    A Obra 18

ORIENTAÇÃO AO LEITOR 23
    Os Cinco Grandes Temas – temas predominantemente abordados pelos poemas. 23
    Conceitos importantes 28
    Os taoísmos 33
    Sobre o nosso texto: 33
    Observações 34

POESIAS 35
    Poema 01 36
    Poema 02 42
    Poema 03 48
    Poema 04 54
    Poema 05 60
    Poema 06 66
    Poema 07 70
    Poema 08 74
    Poema 09 80
    Poema 10 84
    Poema 11 90
    Poema 12 96
    Poema 13 102
    Poema 14 108
    Poema 15 114
    Poema 16 120
    Poema 17 126
    Poema 18 132
    Poema 19 136
    Poema 20 142
    Poema 21 150
    Poema 22 156
    Poema 23 162
    Poema 24 168
    Poema 25 174
    Poema 26 180
    Poema 27 186
    Poema 28 194
    Poema 29 200
    Poema 30 206
    Poema 31 212
    Poema 32 220

Poema 33	226
Poema 34	230
Poema 35	236
Poema 36	242
Poema 37	248
Poema 38	254
Poema 39	262
Poema 40	270
Poema 41	274
Poema 42	280
Poema 43	286
Poema 44	290
Poema 45	294
Poema 46	298
Poema 47	302
Poema 48	306
Poema 49	310
Poema 50	316
Poema 51	322
Poema 52	328
Poema 53	334
Poema 54	340
Poema 55	346
Poema 56	352
Poema 57	358
Poema 58	364
Poema 59	370
Poema 60	376
Poema 61	380
Poema 62	386
Poema 63	392
Poema 64	398
Poema 65	406
Poema 66	412
Poema 67	418
Poema 68	424
Poema 69	428
Poema 70	434
Poema 71	440
Poema 72	444
Poema 73	448
Poema 74	454
Poema 75	460
Poema 76	466
Poema 77	472
Poema 78	478
Poema 79	484
Poema 80	488
Poema 81	494

INTRODUÇÃO

O Autor

Quem escreveu o Tao Te Ching? Essa é uma questão bastante discutida, e não de agora. Vejamos cada uma das hipóteses:

A autoria do Tao Te Ching é de Lao Tzu

Tradicionalmente, atribui-se a Lao Tzu a autoria desse clássico do taoísmo. A primeira referência nesse sentido foi feita pelo historiador Sima Qian 司馬遷 (146 a.C. a 86 a.C.), autor do livro "Registro Histórico" 史記. Entre as biografias apresentadas aí, encontra-se a de Lao Tzu. Eis os parágrafos dedicados à biografia de Lao Tzu na obra de Sima Qian:

> "*Lao Tzu era natural da vila Quren, distrito de Li, província de Ku, reino Chu. Seu sobrenome era Li, seu nome pessoal, Er; seu nome social, Boyang, seu nome póstumo Dan. Foi arquivista no reino Zhou.*

Confúcio foi ao reino Zhou perguntar a Lao Tzu acerca dos rituais. Lao Tzu respondeu:

> *- Todo o seu ensino não passa de palavras ditas por homens que se foram há muito tempo. Quando um homem se acomoda à sua época, ele anda em carruagens; quando não, ele caminha sem rumo, movido pelo vento. Ouvi dizer que o bom comerciante, quando quer guardar bem uma mercadoria, aparenta não ter nada. Da mesma forma, o homem virtuoso, de especial valor, parece um tolo. Deixe de lado sua arrogância e ambição, abandone o desejo e a cobiça. Tudo isso não é ganho nenhum para você. Isso é tudo que tenho a dizer.*

Confúcio foi embora e disse aos seus discípulos:

- Sei que um pássaro voa, que um peixe nada, que um animal caminha. Para capturar o que caminha, preparo armadilhas; para o que nada, posso lançar veneno; para o que voa, preparo arco e flecha. Quanto ao dragão, no entanto, não consigo nem imaginar como ele se eleva aos céus, levado pelos ventos e pelas nuvens. Depois de hoje, penso que Lao Tzu é um dragão.

Lao Tzu cultivou o Tao e seu Poder. Fundamentou seu ensinamento na vida sem reconhecimento e sem fama. Viveu muito tempo em Zhou, mas quando esse reino começou a decair, saiu de lá. Ao chegar à fronteira, o encarregado da vigilância lhe pediu:

- Já que está deixando este mundo, escreva alguma orientação para mim.

Lao Tzu, então, escreveu uma obra composta de dois livros, onde apresenta, em mais de cinco mil caracteres, o sentido do Tao e seu Poder. Após isso, foi embora, ninguém sabe para onde.

Outros dizem que Lao Lai Tzu era natural de Chu, escreveu uma obra em 15 volumes, onde expõe a aplicação dos ensinamentos da escola taoísta. Foi contemporâneo de Confúcio.

É muito possível que Lao Tzu tenha vivido mais de 160 anos. Alguns dizem que ultrapassou os 200 anos. Isso se deve ao cultivo do Tao, que lhe concedeu a longevidade. 120 anos após a morte de Confúcio, um historiador registrou a profecia feita por Tai Shi Dan, do reino Zhou, ao duque Xian de Qin:

No princípio, os reinos Qin e Zhou eram um só, e então se separaram. Logo estarão unidos mais uma vez, e então, após setenta anos, aparecerá um grande rei.

Uns dizem que Tai Shi Dan era Lao Tzu, outros dizem que não era. Ninguém sabe a verdade sobre isso. Lao Tzu foi um homem sábio que viveu ignorado. (Nota: Isso no registro de Sima Qian, afinal ele não era tão ignorado assim. Confúcio foi ao seu encontro e o considerou um dragão! O guarda da fronteira, certamente, um servidor menor do reino, o reconheceu e lhe pediu orientação!)

O filho de Lao Tzu foi Zong, comandou os exércitos do reino Wei e recebeu o feudo de Duangan. O filho de Zong foi Zhu. O filho de Zhu foi Gong. O tetraneto de Gong foi Jia. Jia foi funcionário do imperador Wen da dinastia Han. Seu filho, Jie, foi preceptor de Ang, rei de Jiaoxi, que viveu no reino Qi.

Os seguidores de Lao Tzu desprezam os ensinamentos de Confúcio, e os confucianos, por sua vez, desprezam a doutrina de Lao Tzu. Não é por isso que dizem: "Quem segue caminhos diferentes não diz nada de útil a respeito do caminho do outro"?

Li Er não agia e o povo se transformava por si mesmo; permanecia na pureza da quietude e o povo se organizava espontaneamente."

A autoria do Tao Te Ching é de Tai Shi Dan

A partir da dinastia Song do Sul (1127 a 1179 d.C.), estudiosos começam a defender a hipótese de que o autor do Tao Te Ching foi Tai Shi Dan, segundo a pista encontrada no próprio texto de Sima Qian. O argumento principal é que o livro teria sido escrito no início do Período dos Reinos Combatentes, séculos depois do que teria vivido Lao Tzu.

A autoria do Tao Te Ching é de Li Er

Essa hipótese, elaborada já no século XX, diz que Sima Qian confundiu dois personagens: Lao Tzu e Li Er. E teria sido este último, e não Lao Tzu, que viveu no Período dos Reinos Combatentes e foi o autor do Tao Te Ching.

A autoria do Tao Te Ching é coletiva e tardia

Segundo os partidários dessa hipótese, o Tao Te Ching é uma obra de autoria coletiva, formada ao longo de muito tempo e que reelabora os ensinamentos apresentados por Zhuang Zi. A análise do texto apontaria para essa direção, embora o entendimento comum seja que o Zhuang Zi (também escrito "Chuang Tzu", importante filósofo taoísta que viveu no século IV a.C, autor de um livro que leva o seu nome, e que influenciou fortemente a escola Zen de Budismo).

Ao longo do livro, chamaremos o autor de "Lao Tzu", mas o leitor deve ter em mente todas essas possibilidades de autoria.

A Obra

Idioma

O Tao Te Ching foi escrito em chinês clássico (Wenyanwen). Numa comparação simplória, essa língua está para o mandarim (atual língua oficial da China) assim como o latim está para o português moderno.

A língua clássica chinesa tem as seguintes características:

- é extremamente sintética: quase sempre, cada palavra é representada por um único caractere (diferentemente do mandarim, em que a maioria das palavras é formada por dois caracteres).

- nos textos antigos, não existia pontuação. Esperava-se que o leitor tivesse a cultura suficiente para perceber quando a frase acabava.

- uma mesma palavra pode cumprir diferentes funções gramaticais, dependendo do contexto. Por exemplo, "Tao" pode ser substantivo ("Caminho") ou verbo ("falar").

- os autores fazem uso frequente de alusões a fatos históricos, personagens conhecidos ou obras consagradas. Frequentemente, isso é feito de maneira muito sutil, e pode passar despercebido de muitos leitores.

- assim como na Medicina Tradicional Chinesa e no Tai Chi Chuan, os conceitos de "Cheio" e "Vazio" estão presentes na linguística chinesa. As palavras "Cheias" são aquelas com significado próprio (substantivos, verbos, adjetivos, advérbios). As palavras "Vazias" são aquelas que não tem significado próprio, mas estabelecem relações entre outras palavras e entre orações (conjunções, preposições, outras partículas gramaticais).

- particularmente, no Tao Te Ching, o autor escreve com pouquíssimas palavras "vazias", o que favorece a multiplicidade de interpretações, uma vez que é necessário deduzir que relação existe entre uma e outra palavra "cheia". Daí a importância de se ter à mão diferentes traduções. Cada uma é como uma pintura de uma paisagem tridimensional feita a partir de um ponto de vista único. Conhecendo diferentes entendimentos, podemos esboçar uma imagem mais inteira e próxima do original.

Texto

- O texto, originalmente, como relatado pelo historiador Sima Qian, foi escrito em dois volumes: o Tao Ching ("Clássico do Caminho" – capítulos 1 a 37) e o Te Ching ("Clássico do Poder" – capítulos 38 a 81). Curiosamente, as versões mais antigas já descobertas indicam que o Te Ching precedia o Tao Ching, isto é, a ordem inversa das edições mais difundidas.

- A versão mais comumente usada nas edições atuais é a do texto compilado por Wang Bi, filósofo que viveu entre 226 e 249 depois de Cristo.

- Em 1973, escavações arqueológicas nas tumbas imperiais da dinastia Han descobriram duas cópias do Tao Te Ching, escritas em seda, mais antigas que o texto de Wang Bi. Os estudos indicam que elas foram redigidas no início do século II antes de Cristo.

- Em 1993, foi encontrada a mais antiga versão do texto conhecida até agora, redigida em tiras de bambu, em uma época anterior ao século III a.C..

- Comparando-se esses diferentes textos, verificou-se que eles não diferem muito quanto ao conteúdo. Neles, o "Te Ching" precede o "Tao Ching", alguns versos aparecem em capítulos diferentes, e outros versos, até então desconhecidos, são incluídos, mas não alteram os conceitos fundamentais do livro.

- O fato de alguns versos aparecerem em capítulos diferentes é justificado pelo material usado na época. O texto era escrito em tiras de bambu, que eram amarradas com cordas. O livro era guardado enrolado. Com o passar do tempo, essas cordas se desfaziam e as tiras de bambu se misturavam. Ao fazer a manutenção do livro, algum escriba trocou as tiras de posição e a nova composição acabou se perpetuando quando o texto passou a ser escrito em outros materiais.

Estrutura

- O texto do Tao Te Ching compõe-se de pouco mais de 5.000 caracteres, e é dividido em 81 capítulos, que chamaremos de poemas, tendo em vista a linguagem poética frequentemente usada.

- Sintaxe: as palavras podem funcionar como substantivos, verbos, adjetivos,... dependendo do contexto. Conjunções, preposições, pronomes, são frequentemente omitidos. Não existia pontuação alguma. Por isso, encontramos trechos em que há mais de uma possibilidade de entendimento, como no primeiro verso do Poema 06:

谷神不死

A depender do tradutor, o entendimento pode ser:
"Vale! Espírito! Imortal!", ou
"O espírito do vale é imortal", ou
"Quem tem o espírito humilde como o vale não morre".

- erros de copistas - Além da sintaxe e do vocabulário, há outras pequenas armadilhas. As primeiras cópias do texto eram feitas à mão, e, por vezes, o copista confundia dois caracteres semelhantes. Felizmente, os estudos já esclareceram diversas dessas situações, e achados arqueológicos têm ajudado nessa tarefa.

- uso de caracteres alternativos – por vezes há dois caracteres que tem a mesma pronúncia e significado, que são intercambiáveis. Por exemplo: 床 e 牀 - ambos pronunciados "chuang2" (ver seção "Sobre o nosso texto" na página 33), com o mesmo significado de "cama". Outras vezes, por comodidade do copista, um caractere era "emprestado" para ser utilizado em lugar de outro. Por exemplo: o caractere 女 (nü3) significa "mulher", mas era usado, frequentemente, no lugar do caractere 汝 (ru3), significando "você".

O estilo de Lao Tzu

Precisão opcional: na língua clássica chinesa é possível expressar-se de maneira extremamente vaga ou extremamente exata, a gosto do escritor – todas as maneiras são possíveis e corretas. Lao Tzu prefere ser vago e, muitas vezes, usa uma única palavra visando todo o seu leque de significados.

Paralelismo: Lao Tzu utiliza diferentes imagens para ilustrar um determinado conceito. Esse recurso pode ser bem explícito, como no Poema 11, quando utiliza o espaço no eixo da roda, o vazio do jarro e as aberturas na parede para ilustrar a importante função do "vazio". Outras vezes acontece de maneira bem sutil, como no Poema 01, quando emparelha "Sem-nome" e "Não-ser" em uma categoria e "Com-nome" e "ser" em outra categoria.

Hipérbole: expressões aparentemente exageradas também fazem parte dos recursos utilizados por Lao Tzu. Isso acontece, principalmente, nas críticas ao confucionismo. Veja, no Poema 05, o verso "O Sábio não tem benevolência, todas as pessoas são "cães de palha" para ele." A crítica de Lao Tzu é voltada contra o valor confucionista denominado "benevolência". Ele não está dizendo que o Sábio considera as pessoas descartáveis.

Paradoxo: o escrito de Lao Tzu está repleto de aparentes contradições, como no Poema 36: "O suave e frágil vence o que é duro e forte." Em algumas situações, a contradição parece atingir as dimensões de um paradoxo inconciliável, como no Poema 64: "O Sábio anseia não ansiar,... aprende a não aprender."

Passagens não esclarecidas: apesar de, por séculos, estudiosos fazerem seus comentários, há alguns trechos cuja interpretação é disputadíssima. Não forçaremos uma interpretação nesses casos, e, muitas vezes, manteremos o caráter "obscuro" desses trechos.

ORIENTAÇÃO AO LEITOR

Para melhor aproveitamento deste livro, há, para cada poema, as seguintes seções: "Grandes Temas" e "Conceitos Centrais", que são explanadas abaixo.

Os Cinco Grandes Temas – temas predominantemente abordados pelos poemas.

a. **O Governo** – poemas que tratam do ato de governar, ou que aconselham o governante, ou descrevem um governo sábio.

Exemplo:

POEMA 17

Do Grande Supremo, os de baixo têm mera noção da existência;
Ao que vem em seguida, eles amam e louvam;
O que vem em seguida, eles temem;
O que vem em seguida, eles desprezam.
Quem não confia o bastante,
Não merece confiança.
Relaxe!
A sua palavra é valorizada.
O trabalho é realizado e a tarefa, cumprida.
E o povo comum dirá: "Fizemos naturalmente."

b. **A Guerra** – poemas que tratam do conflito bélico apresentam conselhos militares, falam do campo de batalha.

Exemplo:

POEMA 69

Os militares experientes tem um ditado:
"Não ouso ser o anfitrião, prefiro ser o convidado;
Não ouso avançar uma polegada, prefiro recuar um cúbito".
Isso chama-se marchar sem marchar;
Arregaçar as mangas em braços que não existem;
Dominar o inimigo que não existe;
Empunhar armas que não existem.
Não há desgraça maior que subestimar o inimigo.
Subestimar o meu inimigo é perder o meu tesouro.
Quando exércitos equivalentes se enfrentam,
Aquele que lamenta de tristeza é o vencedor.

c. **A Pessoa** – esse tema é evidenciado quando o autor trata do indivíduo, muitas vezes comparando a pessoa comum ao sábio.

Exemplo:

POEMA 8

Aquele que tem a suprema excelência é como a água.
A água tem sua excelência em beneficiar a todos, em tranquilidade;
Ocupando o lugar desprezado por todos.
Nisso já se aproxima do Tao.
Sua morada é o lugar excelente,
Sua mente é profunda por excelência,
Seu dom é celestial por excelência,
Sua palavra é confiável por excelência,
Seu governo é competente por excelência,
Seus atos são eficazes por excelência,
Suas ações são oportunas por excelência.
Basta manter a tranquilidade e não haverá falha.

d. **A Sociedade** – Lao Tzu critica a sociedade de sua época, apontando os erros e descrevendo uma sociedade ideal, onde o Tao está presente.

Exemplo:

POEMA 46

Quando o mundo tem o Tao,
Os cavalos de marcha trabalham nos campos.
Quando o mundo não tem o Tao,
As éguas, em armaduras, dão à luz no descampado.
A desgraça maior está em não saber se satisfazer com o que se tem.
O crime maior está na cobiça e na ambição.
Assim, a satisfação em saber se satisfazer
É a satisfação permanente.

e. **A Verdade** – compreende os trechos onde Lao Tzu fala sobre a realidade última, que muitas vezes está além da capacidade de compreensão humana.

Exemplo:

POEMA 14

Quando olhado, não é visto:

Seu nome é "Raso".

Quando escutado, não é ouvido:

Seu nome é "Esparso".

Quando é perseguido, não é obtido:

Seu nome é "Mínimo".

Com esses três não é possível investigar,

E tudo se confunde num só.

Superiormente, não reluz.

Inferiormente, não faz sombra.

Sua continuidade não pode ser nomeada.

Ao retornar ao imaterial, é chamado "Forma sem forma";

A imagem do imaterial é chamada "Nebulosa".

Quando está vindo, não se vê sua frente;

Quando se vai atrás dele, não se veem suas costas.

O Tao que mantém o passado,

Por possuir o controle do agora,

Conhece o princípio primordial.

Isso é chamado "marcas do Tao".

Conceitos importantes

No Tao Te Ching aparecem diversos conceitos que são, repetidamente, utilizados nos poemas. Uns estão relacionados com o ensinamento de Lao Tzu, outros são próprios da cultura chinesa e da época histórica. A seguinte relação enumera os conceitos mais importantes, que aparecem destacados com mais frequência nesse trabalho.

Tao 道

"O Tao que pode ser descrito em palavras não é o verdadeiro Tao" (Poema 01). Assim, uma pessoa não é capaz de explicar a outra o sentido do Tao.

"O grande som não se pode ouvir. A grande imagem não tem forma." (Poema 41). A compreensão do Tao está além dos nossos sentidos ordinários.

Mesmo assim, Lao Tzu se dispõe a discorrer sobre o Tao. É o princípio que dá origem a todas as coisas, visíveis e invisíveis. É o modo de ser natural e original de todas as coisas. É o curso de ação que não viola a natureza original. É o fim para o qual todas as coisas retornam. O Sábio se imbui do Tao pela prática e não pela mera apreensão intelectual. O Tao é o curso que o Sábio percorre em seu viver.

Poder 德

"Quem tem o Poder superior não é poderoso, por isso tem Poder. Quem tem poder inferior não larga seu poder, por isso não tem Poder." (Poema 38)

德 é traduzido, muitas vezes, como "Virtude". Mas, em textos taoístas, esse caractere significa a projeção do Tao no mundo dos sentidos; a qualidade da pessoa que alcançou o Tao. Tendo alcançado o Tao, a pessoa passa a manifestar, naturalmente, essa "virtude". Com isso em vista, a tradução que escolhi foi "Poder (do Tao)". É importante lembrar que os valores confucionistas de Amor Filial, Lealdade, Justiça, Confiança, Etiqueta, Benevolência, também são chamados de "Virtudes", e sofrem pesada crítica por parte de Lao Tzu, que os considera formalismos artificiais.

Esses dois conceitos estão presentes no título da obra de Lao Tzu. Os títulos de cada uma das duas partes que compõem esse livro: "Tao Ching" (Clássico do Caminho) e "Te Ching" (Clássico do Poder).

O Mundo 天下

天 = céu; 下 = abaixo. Assim, tudo que está sob o céu. Nos tempos antigos, significava tanto o mundo inteiro, quanto o mundo conhecido pelos chineses – o território sob o domínio do imperador. Assim, um leitor pode entender que um poema se refere ao mundo inteiro, enquanto outro vai entender que se refere ao antigo império chinês.

"Todos no mundo, ao saberem que o belo é belo, fazem com que o feio apareça." (Poema 02)

Coisa 物/事

Tanto 物 quanto 事 podem ser traduzidos como "coisa". 物 é a coisa em seu sentido mais físico, material, tangível, como um objeto. 事 é "coisa" que pode ser feita ou realizada, um conceito mais abstrato, como um assunto, um problema, uma situação – traduzi como "tarefa", "ato", "coisa", e assim por diante. Nos poemas que trabalharemos nas próximas etapas, uma rápida consulta ao original chinês vai esclarecer de que "coisa" trata o poema.

"Com Nome é a mãe de todas as coisas (物)." (Poema 01)

"Assim, o Sábio trata os assuntos (事) pelo Não-Agir," (Poema 02)

Vale a menção especial ao termo "Dez mil coisas" (萬物 / 万物). Significa "todas as coisas", "tudo que existe", especialmente com referência às coisas materiais.

"É de tal profundidade! É como o ancestral de todas as coisas!" (Poema 04)

Céu 天

Céu indica tanto a abóboda celeste, quanto a ordem espiritual. É um dos "Três Poderes" (Céu, Pessoa, Terra), relacionado com a dimensão espiritual. Nos tempos antigos, era a ideia antropomorfizada do princípio espiritual que julga, castiga e recompensa. Neste último sentido, não faz parte do ensinamento taoísta, mas aparece no Tao Te Ching como referência cultural e histórica.

"O Céu e a Terra não têm benevolência, todas as coisas são "cães de palha" para eles." (Poema 05)

Terra 地

Terra indica a dimensão física, o sustento material. É o segundo dos "Três Poderes".

"Sem Nome é o princípio do Céu e da Terra." (Poema 01)

Pessoa 人

Pessoa (ou "homem", no sentido de ser humano) pode indicar, além do indivíduo, a dimensão relacional humana. Também simboliza a própria vida e as relações estabelecidas entre todos os seres vivos.

"O que os homens temem é impossível não temer." (Poema 20)

O Sábio 聖人 / 圣人

Na maioria dos poemas, o Sábio é considerado positivamente. É aquele que alcançou o Tao, aquele cujo viver é um exemplo. Analisando o caractere, o grandioso (壬) que sabe quando ouvir (耳) e quando falar (口).

Quando considerado negativamente, é equivalente ao "Erudito" – ver próximo item.

"O Sábio não tem benevolência, todas as pessoas são "cães de palha" para ele." (Poema 05)

O Erudito e o Conhecimento

Sem meias-palavras, Lao Tzu despreza o erudito, o intelectual detentor do conhecimento obtido pelos sentidos ordinários e pelo estudo. A verdadeira sabedoria é alcançada por uma intuição desenvolvida através de uma "Contemplação", ou visão profunda (觀 / 观)

"Eliminando a sabedoria e descartando a inteligência, o povo se beneficiaria cem vezes mais." (Poema 19)

"Assim, o que cultiva o Poder vê (觀 / 观), em si mesmo, cada um dos outros"

Países e Estados 國 / 国

Quando foi escrito o Tao Te Ching, a China estava fragmentada em Estados (Países) menores, decorrência do enfraquecimento do poder central. Esses Estados eram governados por reis, sempre interessados em atrair para si os melhores estrategistas e conselheiros. O Período dos Reinos Combatentes, época em que viveu Lao Tzu, foi a era final de séculos de divisão, e cada Estado tinha a sua escrita, moeda e sistema de medidas. Apesar dessas diferenças, os Estados Centrais (中國 / 中国 – atual nome da China!) compartilhavam de uma base cultural comum, desenvolvida nas primeiras dinastias, e eram cercados por povos considerados bárbaros, alguns semi-aculturados, que viriam a ser incorporados à China e totalmente aculturados nos séculos posteriores.

Reis e Nobres

Durante os Períodos da Primavera e Outono e dos Reinos Combatentes, os antigos senhores feudais passaram a adotar títulos de realeza e a conceder títulos de nobreza aos familiares e aliados. Os termos utilizados para esses títulos de realeza e nobreza são traduzidos por seus equivalentes no feudalismo europeu:

王 – rei – termo originalmente usado apenas pelos soberanos da dinastia Zhou. Conforme o poder central enfraquecia, a alta nobreza passou a se designar 王.

公 – duque
侯 – marquês
伯 – conde
子 – visconde
男 – barão

"Se nobres e reis pudessem mantê-lo (o Tao), todos se submeteriam à autoridade deles." (Poema 32)

Povo

No Tao Te Ching são usados dois termos para "povo": 百姓 e 民. 百姓 significa, literalmente, "os cem sobrenomes", referindo-se ao fato de quase a totalidade dos chineses compartilharem pouco mais de cem sobrenomes.

"O Sábio não tem uma mente permanente. Ele faz da mente do povo comum a sua mente." (Poema 49)

Wu-wei 無為 / 无为

Literalmente, "não fazer", "não-ação".

Uma vez que há um caminho, um curso natural das coisas – o Tao, tudo o que temos que fazer deve estar em harmonia com o sentido e o ritmo desse caminho. A interferência nesse curso é o que causamos com a nossa ação não-esclarecida. Não fazer esse tipo de ação é Wu-wei. O tema é profundo, e há livros dedicados ao estudo desse conceito.

"O Sábio trata os assuntos pelo Não-Agir." (Poema 02)

Excelência/Bondade 善

Escolhi traduzir, na maioria das situações, 善 como "excelência em ser ou fazer algo". Tem, também, o sentido de bondade, ou de ser bom em algo.

"Aquele que tem a suprema excelência é como a água." (Poema 08)

Outras possibilidades de tradução:

"A suprema bondade é como a água."; "Bom é ser como a água".

Permanente 常

É a característica das coisas verdadeiras. Não é que seja imortal ou imutável, mas, sim, firme. Em alguns trechos do Tao Te Ching percebemos que só há uma coisa permanente – a mutação contínua.

"O Tao que pode ser descrito em palavras não é o Tao permanente." (Poema 01)

Saber se sentir satisfeito 知足

Significa contentar-se com o que se tem. É o tipo de saber que Lao Tzu louva de fato.

"Quem sabe se sentir satisfeito é rico." (Poema 33)

Utilidade/Aplicação 用

É a propriedade que caracteriza algo. É o meio pelo qual alguma coisa age.

"A fragilidade é a utilidade do Tao." (Poema 40)

Yin e Yang 陰陽 / 阴阳

Aspectos opostos e complementares de uma mesma realidade estão em contínua transformação e retroalimentação.

"As Dez Mil Coisas são portadoras do Yin e carregam o Yang." (Poema 42)

Os taoísmos

É possível ler e entender o Tao Te Ching como uma obra filosófica, onde se aprende a viver como um sábio. É possível ler e entender o Tao Te Ching como um manual de alquimia interna, onde estão veladas técnicas secretas de cultivo do elixir interno para alcançar a imortalidade. É possível ler o Tao Te Ching com devoção pelo seu conteúdo espiritualista. É possível ler o Tao Te Ching e apreciar o seu cunho materialista. De muitas formas, o que vamos ler e compreender do texto refletirá o que somos e temos. O propósito de uma leitura dirigida não é impor uma interpretação particular, mas possibilitar que cada um enriqueça a sua própria leitura (a sua leitura do livro e a sua leitura de si mesmo) na interação com o outro. Seja bem-vindo.

Sobre o nosso texto:

- para os interessados na língua chinesa, no estudo de cada poema do Tao Te Ching, cada um dos caracteres chineses do texto original aparecerá:
    1. em sua forma tradicional (usada até a década de 60 por toda a população chinesa e, desde então, somente em Taiwan, Hong Kong, Macau e nas comunidades chinesas por todo o mundo);
    2. em sua forma simplificada (usada atualmente na China, Malásia e Cingapura);
    3. em Pinyin (sistema de transcrição fonética oficial da língua chinesa na ONU), com utilização de algarismos para indicação do tom;
    4. em seguida, a tradução, ou a acepção com que é utilizado naquele trecho específico.
- com respeito à pronúncia dos caracteres, indicada pelo sistema Pinyin, como dito acima, é preciso fazer algumas observações (dispensáveis se o seu interesse não for a língua chinesa):
    1. será indicada a pronúncia em mandarim, que é a língua chinesa oficial atual, além de ser como os textos antigos são declamados em voz alta hoje em dia;

2. tradicionalmente, alguns caracteres apresentam duas pronúncias: (a) a coloquial, usada na conversação do dia a dia, e (b) a literária, empregada para a leitura em voz alta de textos clássicos, como o Tao Te Ching. Nesse segundo caso, a pronúncia pode mudar se, por exemplo, o caractere tiver uma função gramatical diferente. Por exemplo: 雨 é pronunciado "yu2" quando substantivo (chuva), e "yu3" quando verbo (chover). Na língua moderna, ele é sempre substantivo, assim é sempre pronunciado "yu2". Os caracteres que, na língua coloquial, tem uma pronúncia forte (isto é, com um dos quatro tons) e outra fraca (isto é, como tom neutro, que é indicado, na escrita, com um hífen antecedendo a sílaba), têm, na pronúncia literária, apenas a forma forte. Por exemplo: 了 é sempre "liao3", e nunca "-le".

Observações

Neste trabalho, "Te", quando associado ao conceito "Tao", é traduzido como "Poder", com a inicial maiúscula. Em outros contextos, traduzimos "Te" como "virtude". A palavra "Tao", quando refere-se ao conceito taoísta, não é traduzida.

Esses dois termos dão nome às duas grandes divisões do livro: o Tao Ching (poemas 1 a 37) e o Te Ching (poemas 38 a 81)

O texto tradicional do Tao Te Ching foi editado pelo filósofo Wang Bi, no século III d.C. Esse texto tradicional era o mais antigo conhecido até 1973, quando foram descobertos dois exemplares da obra de Lao Tzu nas tumbas imperiais da dinastia Han, em Mawangdui. Esses exemplares, manuscritos em seda, foram datados do fim do século III a.C. Em relação ao texto tradicional, eles tem algumas diferenças na redação, que não afetam o sentido geral do livro. No entanto, a grande diferença está na ordem dos poemas, já que dispõe os poemas atualmente numerados de 38 a 81 antes daqueles numerados de 1 a 37.

Esta tradução segue a versão de Wang Bi, inclusive com relação à ordem dos poemas. Mas em alguns pontos do texto fez-se a opção pela versão de Mawangdui. Isso foi feito quando a versão de Mawangdui pareceu gramaticalmente mais direta, ou quando acrescentava elementos que poderiam enriquecer o entendimento daquele trecho em particular.

A abreviação "PG", que aparece na tradução dos caracteres, quer dizer "Partícula Gramatical". Existem centenas de partículas gramaticais na língua clássica chinesa, chamadas "Palavras Vazias". Indico, em cada caso, qual a função específica da partícula gramatical naquele verso.

POEMA 01

	Caracteres tradicionais	**Caracteres simplificados**
1	道可道非常道	道可道非常道
2	名可名非常名	名可名非常名
3	無名天地之始	无名天地之始
4	有名萬物之母	有名万物之母
5	故常無欲	故常无欲
6	以觀其妙	以观其妙
7	常有欲	常有欲
8	以觀其徼	以观其徼
9	此兩者	此兩者
10	同出而異名	同出而异名
11	同謂之玄	同谓之玄
12	玄之又玄	玄之又玄
13	眾妙之門	众妙之门

1	O Tao que pode ser descrito em palavras não é o Tao permanente.
2	O Nome que pode ser nomeado não é o Nome permanente.
3	Sem Nome é o princípio do Céu e da Terra,
4	Com Nome é a mãe de todas as coisas.
5	Assim, estando sempre sem cobiça,
6	Conseguimos contemplar seu mistério.
7	Estando sempre com cobiça,
8	Conseguimos contemplar seu contorno.
9	Esses dois
10	Surgem juntos, mas recebem denominações diferentes.
11	Em conjunto, são chamados "Obscuro".
12	No Obscuro, há algo ainda mais obscuro,
13	O portal para a multitude de maravilhas.

Grande Tema: Verdade

Conceitos Centrais: Tao 道, o Céu 天, a Terra 地, as Dez Mil Coisas 萬物

Verso a verso, caractere por caractere:

v.1

Tao	ser possível	falar	não é	permanente	Tao
道	可	道	非	常	道
dao4	ke3	dao4	fei1	chang2	dao4

v.2

nome	ser possível	nomear	não é	permanente	Nome
名	可	名	非	常	名
ming2	ke3	ming2	fei1	chang2	ming2

v.3

não ter	nome	céu	terra	PG marcador atributivo	início
無/无	名	天	地	之	始
wu2	ming2	tian1	di4	zhi1	shi3

v.4

ter	nome	10.000	coisas	PG marcador atributivo	mãe
有	名	萬/万	物	之	母
you3	ming2	wan4	wu4	zhi1	mu3

v.5

por isso	constante	não ter	desejo
故	常	無/无	欲
gu4	chang2	wu2	yu4

v.6

para que	observar	seu	mistério
以	觀/观	其	妙
yi3	guan1	qi2	miao4

v.7

constante	ter	desejo
常	有	欲
chang2	you3	yu4

v.8

para que	observar	seu	contorno
以	觀/观	其	徼
yi3	guan1	qi2	jiao4

v.9

este	par	PG nominalização
此	兩/两	者
ci3	liang3	zhe3

v.10

igual	surgir	mas	diferente	nome
同	出	而	異/异	名
tong2	chu1	er2	yi4	ming2

v.11

junto	denominar	o (pronome oblíquo)	obscuro
同	謂/谓	之	玄
tong2	wei4	zhi1	xuan2

v.12

obscuro	este	e também	obscuro
玄	之	又	玄
xuan2	zhi1	you4	xuan2

v.13

multidão	milagres	PG marcador atributivo	porta
眾/众	妙	之	門/门
zhong4	miao4	zhi1	men2

Termos específicos:

妙 – miao4 – milagre, milagroso, maravilhoso, inescrutável, quase imperceptível. No poema, são os milagres ou maravilhas obtidas por quem alcança o Tao.

玄 – xuan2 – translúcido, indiscernível, aquilo que não pode ser plenamente conhecido ou descrito, o que está além da aparência. No poema, é a natureza comum ao "Com nome" e ao "Sem nome", o próprio Tao.

Comentários:

O Tao Te Ching começa com o célebre verso "O Tao que pode ser descrito em palavras não é o Tao permanente"(v.1). O Tao verdadeiro está além das palavras, além das descrições, além da compreensão ordinária.

"O nome que pode ser nomeado não é o Nome permanente" (v.2). O verso é construído num exato paralelo do anterior. As coisas, ao serem conhecidas, recebem um nome. Assim é com o Tao. O Tao, em sua manifestação "Sem nome", é o princípio da Terra (mundo material) e do Céu (mundo espiritual) (v.3); do Yin e do Yang; é a base para ação da causa primeira; o campo de onde tudo surge; a situação amorfa primordial anterior à criação. Em sua manifestação "Com nome"; o Tao é a criação, é quem gera todas as coisas que existem; a mãe das dez mil coisas (v.4).

A capacidade de obter tal compreensão está relacionada com o nosso desejo. Enquanto dominados pelo desejo (v.7), percebemos as dez mil coisas; o aspecto exterior e visível de tudo o que existe; o Tao passível de identificação (v.8).

Uma vez que não sejamos mais subjugados pelo desejo (v.5), podemos chegar ao "Sem nome"; ao "Tao que não pode ser descrito em palavras"; à verdadeira essência; ao mistério primordial (v.6).

Esses dois, o "Tao com nome" e o "Tao sem nome" (v.9), tem uma só natureza original e se diferem em seus nomes (v.10).

Dividimos em "Tao com nome" e "Tao sem nome", mas são uma coisa só: o Obscuro (v.11); o Tao. O mais obscuro dentro desse obscuro (v.12) é o "Portal para a Multitude de Maravilhas" (v.13).

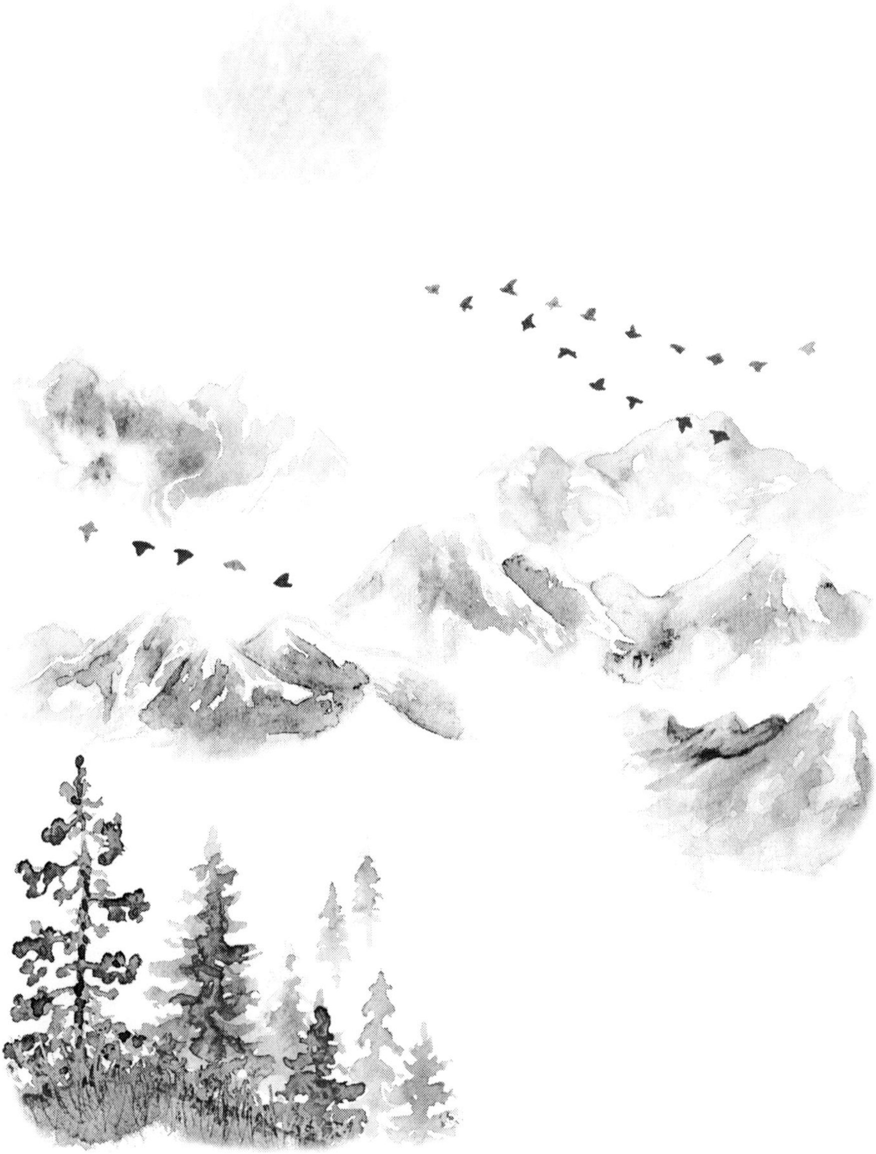

POEMA 02

	Caracteres tradicionais	Caracteres simplificados
1	天下	天下
2	皆知美之為美	皆知美之为美
3	斯惡已	斯恶已
4	皆知善之為善	皆知善之为善
5	斯不善已	斯不善已
6	故	故
7	有無相生	有无相生
8	難易相成	难易相成
9	長短相較	长短相较
10	高下相傾	高下相倾
11	意聲相和	意声相和
12	前後相隨	前后相随
13	是以聖人	是以圣人
14	處無為之事	处无为之事
15	行不言之教	行不言之教
16	萬物作焉而不辭	万物作焉而不辞
17	生而不有	生而不有
18	為而不恃	为而不恃
19	功成而弗居	功成而弗居
20	夫唯弗居	夫唯弗居
21	是以不去	是以不去

1	Sob o céu,
2	Todos, ao saberem que o belo é belo,
3	Fazem com que o feio apareça.
4	Todos, ao saberem que o apropriado é apropriado,
5	Fazem com que o inapropriado apareça.
6	Assim,
7	O existir e o não-existir geram-se mutuamente,
8	O difícil e o fácil determinam-se mutuamente,
9	O longo e o curto medem-se mutuamente,
10	O alto e o baixo voltam-se um para o outro,
11	O pensamento e a palavra harmonizam-se mutuamente,
12	O anterior e o posterior sucedem-se um ao outro.
13	Desta forma,
14	O Sábio trata os assuntos pelo Não-Agir,
15	Concede ensinamentos sem falar.
16	Ele não se esquiva de realizar as coisas.
17	Produz, mas não para possuir.
18	Conclui, sem depender de nada.
19	Ele obtém sucesso, mas não o guarda.
20	Ele não reivindica ganho,
21	Por isso não o perde.

Grandes Temas: Verdade, Pessoa

Conceitos Centrais: o Mundo 天下, o Sábio 聖人, o Não-agir 無為, as Dez Mil Coisas 萬物

Verso a verso, caractere por caractere:

v.1

Todo mundo	
天	下
tian1	xia4

v.2

todos	saber	belo	PG pronome objeto -o, -a	ser como	belo
皆	知	美	之	為/为	美
jie1	zhi1	mei3	zhi1	wei2	mei3

v.3

então	detestável	completado
斯	惡/恶	已
si1	e4	yi3

v.4

todos	saber	bom	PG pronome objeto -o, -a	ser como	bom
皆	知	善	之	為/为	善
jie1	zhi1	shan4	zhi1	wei2	shan4

v.5

então	não	bom	completado
斯	不	善	已
si1	bu4	shan4	yi3

v.6

assim
故
gu4

v.7

ter	não ter	mutuamente	gerar
有	無/无	相	生
you3	wu2	xiang1	sheng1

v.8

difícil	fácil	mutuamente	formar
難/难	易	相	成
nan2	yi4	xiang1	cheng2

v.9

longo	curto	mutuamente	comparar, combinar
長/长	短	相	較/较
chang2	duan3	xiang1	jiao4

v.10

alto	baixo	mutuamente	virar
高	下	相	傾/倾
gao1	xia4	xiang1	qing1

v.11

pensamento	voz	mutuamente	harmonia
意	聲/声	相	和
yi4	sheng1	xiang1	he2

v.12

frente, antes	atrás, depois	mutuamente	perseguir
前	後/后	相	隨/随
qian2	hou4	xiang1	sui2

v.13

Este	maneira	sábio	pessoa
是	以	聖/圣	人
shi4	yi3	sheng4	ren2

v.14

organizar	Não-ação		PG marcador atributivo	assunto
處/处	無/无	為/为	之	事
chu3	wu2	wei2	zhi1	shi4

v.15

praticar	não	palavra	PG marcador atributivo	ensinamento
行	不	言	之	教
xing2	bu4	yan2	zhi1	jiao4

v.16

10.000	coisas	empreender	nisso	e	não	recusar
萬/万	物	作	焉	而	不	辭/辞
wan4	wu4	zuo4	yan1	er2	bu4	ci2

v.17

produzir	mas	não	possuir
生	而	不	有
sheng1	er2	bu4	you3

v.18

fazer	mas	não	depender de
為/为	而	不	恃
wei2	er2	bu4	shi4

v.19

trabalho	realizar	mas	não	estocar
功	成	而	弗	居
gong1	cheng2	er2	fu2	ju1

v.20

seja como for	unicamente	não	estocar
夫	唯	弗	居
fu1	wei2	fu2	ju1

v.21

este	maneira	não	ir embora
是	以	不	去
shi3	yi3	bu4	qu4

Termos específicos:

相 – xiang1 – mútuo, recíproco. Neste poema, a interrelação entre opostos que constituem, juntos, uma unidade.

不言之教 – bu4 yan2 zhi1 jiao4 – o "ensinamento sem palavras". Baseando-nos no Poema 01, concluimos que é o ensinamento do Tao (que não pode ser expresso em palavras).

Comentários:

Neste mundo (v.1), as pessoas procuram estabelecer parâmetros para distinguir o belo do feio (v.2 e v.3), o bom do ruim (v.4 e v.5). Esses opostos, no entanto, não se excluem. O existir e o não-existir (v.7), o difícil e o fácil (v.8), o longo e o curto (v.9), o alto e o baixo (v.10), o pensamento e a voz (v.11), o anterior e o posterior (v.12) são aspectos de uma só realidade. Cada um desses aspectos contém o germe do seu oposto, cada um regula o outro e é condição para a existência do outro. O Sábio, sabendo disso (v.13), não procura fazer tais distinções. Antes, é pelo "Não-agir" que ele realiza (v.14), e pratica o seu ensinamento, apresentado sem palavras (v.15). Todas as coisas são acolhidas nesse processo – nenhuma é recusada (v.16). E, agindo pelo "Não-agir", ele realiza, mas não se apega ao resultado (v.17, v.18 e v.19). E é por não apegar-se (v.20), que o resultado perdura (v.21). O ditado popular diz que para carregar água nas mãos, não se pode apertar com força. Se você quiser prender a água, ela escorrerá entre seus dedos.

O Sábio não tem apego porque não estabelece as distinções que a pessoa comum faz. A pessoa comum vai procurar se afastar do feio e se aproximar do belo, categorias que ela mesma estabeleceu. O sábio já transcendeu todas essas divisões. Para ele, essa distinção é a causa da desordem.

POEMA 03

	Caracteres tradicionais	Caracteres simplificados
1	不尚賢	不尚贤
2	使民不爭	使民不争
3	不貴難得之貨	不贵难得之货
4	使民不為盜	使民不为盗
5	不見可欲	不见可欲
6	使心不亂	使心不乱
7	是以	是以
8	聖人之治	圣人之治
9	虛其心	虚其心
10	實其腹	实其腹
11	弱其志	弱其志
12	強其骨	强其骨
13	常使民無知無欲	常使民无知无欲
14	使夫知者不敢為也	使夫知者不敢为也
15	為無為則無不治	为无为则无不治

1	Não privilegiar os homens capazes
2	Faz com que o povo não crie conflitos;
3	Não valorizar o que é difícil de obter
4	Faz com que o povo não se torne ladrão;
5	Não ver o que pode vir a ser desejado
6	Faz com que a mente não se confunda.
7	Por isso,
8	No governo do Sábio,
9	Esvaziam-se suas mentes,
10	Enchem-se suas barrigas,
11	Enfraquecem-se suas vontades,
12	Fortalecem-se seus ossos.
13	Mantém-se sempre o povo sem conhecimento e sem desejo,
14	Assim, aquele que sabe governa sem o fazer.
15	Agindo, sem agir, não há o que não possa ser governado.

Grandes Temas: Governo

Conceitos Centrais: o Sábio 聖人, o Não-agir 無為, o Povo 民

Verso a verso, caractere por caractere:

v.1

não	exaltar	valoroso
不	尚	賢/贤
bu4	shang4	xian2

v.2

fazer com que	povo	não	brigar
使	民	不	爭/争
shi3	min2	bu4	zheng1

v.3

não	valorizar	difícil	obter	PG marcador atributivo	bem material
不	貴/贵	難/难	得	之	貨/货
bu4	gui4	nan2	de2	zhi1	huo4

v.4

fazer com que	povo	não	passar a ser	roubar
使	民	不	為/为	盜/盗
shi3	min2	bu4	wei2	dao4

v.5

não	ver	ser possível	desejo
不	見/见	可	欲
bu2	jian4	ke3	yu4

v.6

fazer com que	coração, mente	não	confusão
使	心	不	亂/乱
shi3	xin1	bu2	luan4

v.7

esse	maneira
是	以
shi4	yi3

v.8

sábio	pessoa	PG marcador atributivo	governar, organizar
聖/圣	人	之	治
sheng4	ren2	zhi1	zhi4

v.9

esvaziado	seu	coração, mente
虛/虚	其	心
xu1	qi2	xin1

v.10

preenchido	sua	barriga
實/实	其	腹
shi2	qi2	fu4

v.11

enfraquecer	sua	vontade
弱	其	志
ruo4	qi2	zhi4

v.12

fortalecer	seu	osso
強/强	其	骨
qiang2	qi2	gu3

v.13

constante	fazer com que	povo	sem	saber	sem	desejar
常	使	民	無/无	知	無/无	欲
chang2	shi3	min2	wu2	zhi1	wu2	yu4

v.14

fazer com que	qualquer que seja	saber	PG marcador nominalização	não	ousar	tornar-se	PG declaração
使	夫	知	者	不	敢	為/为	也
shi3	fu1	zhi1	zhe3	bu4	gan3	wei2	ye3

v.15

fazer	não haver	agir	PG se...então...	não haver	não	governar
為/为	無/无	為/为	則/则	無/无	不	治
wei2	wu2	wei2	ze2	wu2	bu2	zhi4

Termos específicos:

賢 – xian2 – pessoa virtuosa, de elevada competência.

心 – xin1 – centro das atividades intelectuais e emocionais.

Comentários:

A orientação apresentada nesse poema pode causar estranhamento se vista como indicação do correto ordenamento da sociedade. Nos círculos taoístas, o poema é interpretado como se referindo ao indivíduo. O uso da palavra "osso" no v.12 endossa essa opção que seguiremos aqui.

"Exaltar o valoroso" (v.1) significa dar importância aos aspectos exteriores e superficiais. O que nos fascina os olhos, causa tumulto em nosso interior (v.2), mobiliza nossas energias para alcançar status social, riqueza, supremacia política. Priorizar a conquista de bens materiais (v.3) nos leva à ambição sem limites, e chegamos a correr o risco de abrir mão da nossa integridade para obtê-los (v.4). Se nos permitirmos ser capturados pela visão daquilo que é desejável (v.5), nossa mente será confundida (v.6). Por isso, nossa sabedoria interna deve governar (v.8), esvaziando a mente de distrações (v.9), nutrindo nosso Dantian (v.10), enfraquecendo nossos desejos (v.11), o que preserva o nosso Qi do Rim, manifestado nos ossos (v.12). O cuidado constante com o nosso corpo, não se deixando seduzir pelas aparências e pelos desejos (v.13), conduz-nos ao Wu-wei, ao estado em que tudo está como deve estar (v.14 e v.15).

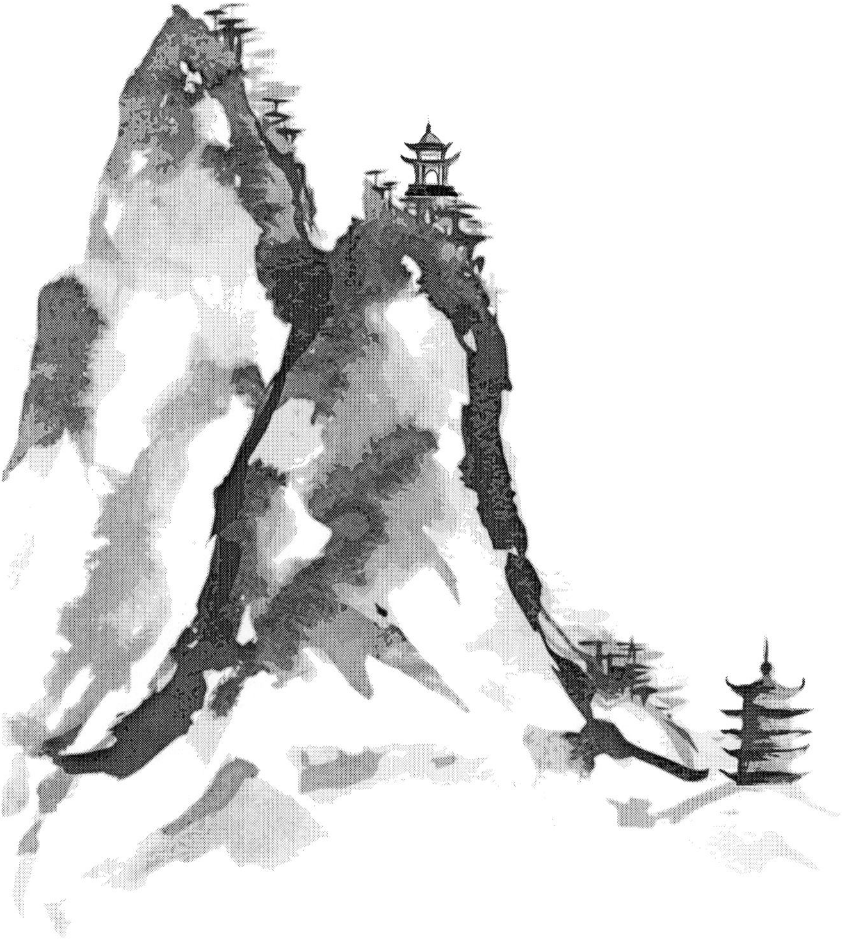

POEMA 04

	Caracteres tradicionais	Caracteres simplificados
1	道沖	道冲
2	而用之有弗盈也	而用之有弗盈也
3	淵兮似萬物之宗	渊兮似万物之宗
4	挫其銳	挫其锐
5	解其紛	解其纷
6	和其光	和其光
7	同其塵	同其尘
8	湛兮似或存	湛兮似或存
9	吾不知誰之子	吾不知谁之子
10	象帝之先	象帝之先

1	O Tao transborda,
2	Mas em sua aplicação não se chega ao máximo.
3	É de tal profundidade! É como o ancestral de todas as coisas!
4	Desbasta suas pontas afiadas,
5	Desfaz os bordados,
6	Ameniza seu brilho,
7	Torna homogênea a poeira.
8	É de tal serenidade! Como se de existência incerta!
9	Eu não sei de quem ele é filho,
10	Parece anterior aos deuses.

Grandes Temas: Verdade

Conceitos Centrais: o Tao 道, Aplicação 用, as Dez Mil Coisas 萬物

Verso a verso, caractere por caractere:

v.1

Tao	transbordar
道	沖/冲
dao4	chong1

v.2

mas	utilidade	PG marcador atributivo	existir	não	completamente cheio	PG declaração
而	用	之	有	弗	盈	也
er2	yong4	zhi1	you3	fu2	ying2	ye3

v.3

profundo	PG pausa enfática	semelhante	10.000	coisas	PG marcador atributivo	ancestral
淵/渊	兮	似	萬/万	物	之	宗
yuan1	xi1	si4	wan4	wu4	zhi1	zong1

v.4

esmagar	seu	afiado
挫	其	銳/锐
cuo4	qi2	rui4

v.5

desatar	sua	orla de tecidos
解	其	紛/纷
jie3	qi2	fen1

v.6

conciliar	seu	brilho
和	其	光
he2	qi2	guang1

v.7

Compartilhar	sua	poeira
同	其	塵/尘
tong2	qi2	chen2

v.8

plácido, imóvel	PG pausa enfática	semelhante	de alguma forma	existir
湛	兮	似	或	存
zhan4	xi1	si4	huo4	cun2

v.9

eu	não	sei	quem	PG marcador atributivo	filho
吾	不	知	誰/谁	之	子
wu2	bu4	zhi1	shui2	zhi1	zi3

v.10

aparência	deus ancestral	PG marcador atributivo	prévio
象	帝	之	先
xiang4	di4	zhi1	xian1

Termos específicos:

沖 – chong1 – Transbordante. No dicionário, transbordar até se esvaziar.

盈 – ying2 – Repleto, superabundante.

帝 – di4 – A divindade, ou divindades, governantes celestiais.

Comentários:

O Tao está sempre a transbordar (v.1) – jorra vida e sabedoria. Mas, por mais que transborde, o que existe de sua aplicação e utilidade nunca abarrota o mundo (v.2). A profundidade do Tao é grandiosa. Assim como é difícil discernir o que há no fundo de um lago muito profundo, assim é com o Tao. É como discernir o princípio das coisas (v.3). Toda conquista e avanço humano não são nada em comparação, e servem como obstáculos. O poder das armas afiadas deve ser posto de lado (v.4), os ornamentos e a vaidade devem cair por terra (v.5). Tanto o brilho quanto o abandono (indicado pela poeira) são compartilhados por todos – ninguém se destaca por isso ou aquilo (v.6 e v.7). O Tao se mantém plácido, como um imenso e profundo lago, não se discerne o que pode viver em seu interior (v.8). Contemplando o Tao, não compreendo o que possa ser maior do que ele, ou que possa tê-lo criado (v.9). Na verdade, sua qualidade é de algo anterior a qualquer deus (v.10).

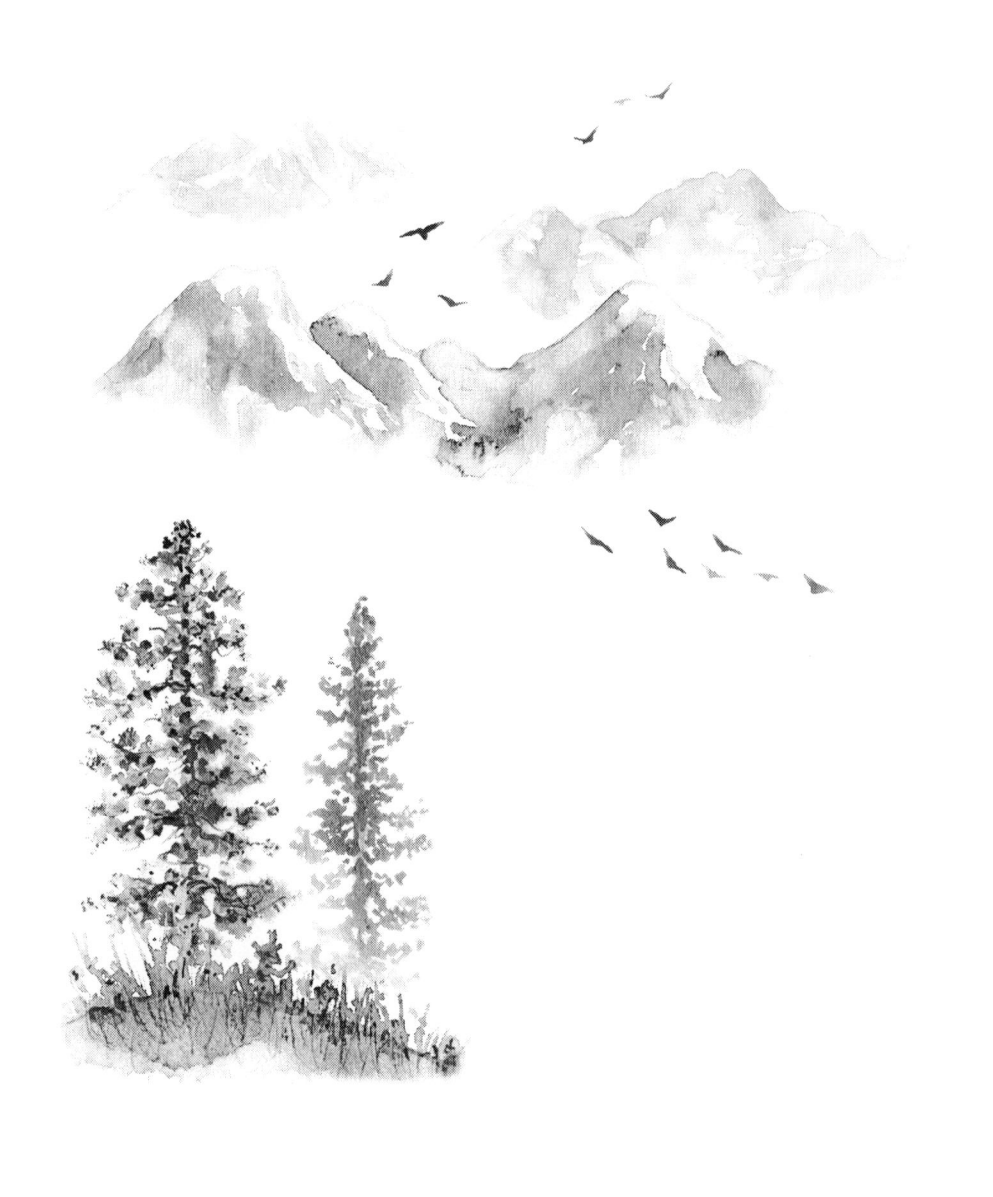

POEMA 05

	Caracteres tradicionais	**Caracteres simplificados**
1	天地不仁	天地不仁
2	以萬物為芻狗	以万物为刍狗
3	聖人不仁	圣人不仁
4	以百姓為芻狗	以百姓为刍狗
5	天地之間	天地之间
6	其猶橐籥乎	其犹橐龠乎
7	虛而不屈	虚而不屈
8	動而愈出	动而愈出
9	多言數窮	多言数穷
10	不如守中	不如守中

1	O Céu e a Terra não têm benevolência,
2	Todas as coisas são "cães de palha" para eles.
3	O Sábio não tem benevolência,
4	Todas as pessoas são "cães de palha" para ele.
5	O espaço entre Céu e Terra
6	Não se assemelha a um fole?
7	Vazio, mas não se esgota;
8	Quanto mais se move, mais sai dele.
9	Quanto mais palavras, maior a pobreza.
10	Não vale tanto quanto proteger o centro.

Grandes Temas: Verdade, Pessoa

Conceitos Centrais: o Céu 天, a Terra 地, o Tao 道, as Dez Mil Coisas 萬物, o povo comum 百姓

Verso a verso, caractere por caractere:

v.1

Céu	Terra	não	Benevolência
天	地	不	仁
tian1	di4	bu4	ren2

v.2

usar....como	10.000	coisas	ser como	palha	cachorro
以	萬/万	物	為/为	芻/刍	狗
yi3	wan4	wu4	wei2	chu2	gou3

v.3

sábio	pessoa	não	benevolência
聖/圣	人	不	仁
sheng4	ren2	bu4	ren2

v.4

usar....como	100	sobrenomes	ser como	palha	cachorro
以	百	姓	為/为	芻/刍	狗
yi3	bai3	xing4	wei2	chu2	gou3

v.5

Céu	Terra	PG marcador atributivo	meio
天	地	之	間/间
jie3	qi2		fen1

v.6

ele	assemelhar-se	fole		PG marcador interrogativo
其	猶/犹	橐	籥/龠	乎
qi2	you2	tuo2	yue4	hu4

v.7

vazio	mas	não	murchar
虛/虚	而	不	屈
xu1	er2	bu4	qu1

v.8

movimento	e	cada vez mais	sair
動/动	而	愈	出
dong4	er2	yu4	chu1

v.9

muito	palavra	numerosa	pobreza
多	言	數/数	窮/穷
duo1	yan2	shu4	qiong2

v.10

não	como	proteger	centro
不	如	守	中
bu4	ru2	shou3	xian1

Termos específicos:

芻狗 – chu2 gou3 – Cão de palha. De acordo com o relato de Zhuangzi, no volume "Movimento do Céu", os cães de palha compunham a cerimônia fúnebre: "Antes de serem oferecidos nos altares, os cães de palha são guardados em cofres, cobertos de bordados. Antes de tocá-los, o representante do morto e o responsável pelas preces devem submeter-se ao jejum e à abstinência. Porém, uma vez realizada a oferenda, os empregados do templo pisoteiam os bonecos, que, arrebentados, são recolhidos e lançados ao fogo."

屈 – qu1 – Curvar-se, dobrar-se, como um balão que se esvazia.

中 – zhong1 – Centro. No caso, o espaço central, "vazio", do fole.

Comentários:

Tanto o verso "Céu e Terra não têm benevolência" (v.1) quanto "O Sábio não tem benevolência" devem ser lidos sob dois aspectos. O primeiro, é que, para o Céu, a Terra e o Sábio, todas as coisas (v.2) e o povo comum (v.4) não merecem tratamento especial. O Céu, a Terra e o Sábio tratam a todos indiferentemente, sem estabelecer preferências. O segundo aspecto é percebido quando lembramos que o taoísmo e o confucionismo se encontravam em campos opostos. Enquanto o taoísmo apontava o "Não-agir" como a solução existencial, o confucionismo elencava uma lista de virtudes a serem cultivadas para o ordenamento social. Dentre essas virtudes, uma que se destacava era a Benevolência. E é contra essa virtude que Laozi dispara suas críticas nesse poema. Os grandes poderes da natureza – Céu e Terra – não tem essa virtude. Desastres assolam pessoas de todas as qualidades. Coisas ruins acontecem a pessoas boas. Tal como eles, o Sábio já está no Tao, por que haveria ele de se mostrar benevolente?

O Céu e a Terra são as forças de cuja interação brota a vida. O espaço entre o Céu e a Terra (v.5) é semelhante a um fole (v.6). O fole é aparentemente vazio, mas se o fosse de fato, estaria murcho e dobrado (v7). Conforme o fole é posto a funcionar, o ar se move em seu interior e é soprado para fora (v.8). Da mesma forma, o movimento entre o Céu e a Terra gera todas as coisas. O potencial criativo do vazio é um dos mistérios do Tao. Quanto mais se tenta explicá-lo, mais pobre é a nossa compreensão (v.9). Em vez de gastar palavras, o melhor a fazer é proteger o centro, ou o vazio central pleno de potencial.

POEMA 06

	Caracteres tradicionais	Caracteres simplificados
1	谷神不死	谷神不死
2	是謂玄牝	是谓玄牝
3	玄牝之門	玄牝之门
4	是謂天地根	是谓天地根
5	綿綿若存	绵绵若存
6	用之不勤	用之不勤

1	O Espírito do Vale não morre,
2	É chamado "Fêmea Misteriosa".
3	O portal da "Fêmea Misteriosa"
4	É chamado "Raiz do Céu e da Terra".
5	Contínuo, como se sempre existente,
6	Sua aplicação não se esgota.

Grandes Temas: Verdade

Conceitos Centrais: o Céu 天, a Terra 地, a aplicação 用

Verso a verso, caractere por caractere:

v.1

vale entre montanhas	espírito	não	morte
谷	神	不	死
gu3	shen2	bu4	si3

v.2

esse	chamar-se	obscuro	fêmea
是	謂/谓	玄	牝
shi4	wei4	xuan2	pin4

v.3

obscuro	fêmea	PG marcador atributivo	porta
玄	牝	之	門/门
xuan2	pin4	zhi1	men2

v.4

esse	chamar-se	Céu	Terra	raiz, base
是	謂/谓	天	地	根
shi4	wei4	tian1	di4	gen1

v.5

contínuo, prolongado	contínuo, prolongado	parecer	existir, materializar
綿/绵	綿/绵	若	存
mian2	mian2	ruo4	cun2

v.6

ele	pronome oblíquo -o, -a	não	consumir
用	之	不	勤
yong4	zhi1	bu4	qin2

Termos específicos:

牝 – pin4 – a fêmea dos animais. Figura das qualidades de receptividade e fertilidade.

Comentários:

A expressão "espírito do vale" denota as qualidades do vale. O vale recebe as águas dos rios, ele é a região das terras férteis, ele situa-se abaixo das montanhas. Acolhimento, fertilidade, vacuidade, são as qualidades ressaltadas por Lao Tzu.

Acolhimento – Ele abarca tudo que existe, tudo está nele acolhido.

Fertilidade – É dele que surgem todas as coisas, o princípio de tudo que existe, a mãe das dez mil coisas (poema 1).

Vaziez – Se o vale tivesse a concretude da montanha, não haveria espaço para abarcar tudo que existe. É por ele ser vazio que é possível o acolhimento e a fertilidade.

"Espírito do Vale" é outro nome para o Tao. Enquanto o tempo existir, o Tao existe. Ele não morre (v.1), por possuir essas três virtudes.

O Tao também é chamado "Fêmea obscura". Os mesmos atributos do vale cabem na descrição do feminino. O espaço vazio do útero é que permite que aí seja acolhido e cresça um novo ser (v.2).

A compreensão (ou porta de acesso ao entendimento) do que seja o "Espírito do Vale" ou a "Fêmea Obscura" (v.3) nos revela o fundamento do universo (v.4). Existe uma continuidade aparente que faz com que ele tenha realidade concreta aos nossos olhos (v.5). Sua atividade é ininterrupta, e o que o alimenta não é consumido (v.6).

POEMA 07

	Caracteres tradicionais	**Caracteres simplificados**
1	天長地久	天长地久
2	天地所以	天地所以
3	能長且久者	能长且久者
4	以其不自生	以其不自生
5	故能長生	故能长生
6	是以聖人	是以圣人
7	後其身而身先	后其身而身先
8	外其身而身存	外其身而身存
9	非以其無私耶	非以其无私耶
10	故能成其私	故能成其私

1	O Céu perdura, a Terra subsiste.
2	O que faz com que o Céu e a Terra
3	Possam ter tão longa existência,
4	É o fato de não viverem para si mesmos.
5	Por isso, existem por muito tempo.
6	Da mesma forma, o sábio,
7	Colocando-se por último, mantém-se à frente.
8	Desapegando-se de si mesmo, conserva a si mesmo.
9	Isso não seria exatamente porque renuncia ao seu Ego?
10	É desta forma que ele realiza o seu Eu.

Grandes Temas: Sábio

Conceitos Centrais: o Céu 天, a Terra 地, o Sábio 聖人

Verso a verso, caractere por caractere:

v.1

céu	extenso	terra	muito tempo
天	長/长	地	久
tian1	chang2	di4	jiu3

v.2

céu	terra	PG nominalização de objeto da oração	usar...como
天	地	所	以
tian1	di4	suo3	yi3

v.3

capaz de	extenso	e também	muito tempo	PG nominalização do sujeito da oração
能	長/长	且	久	者
neng2	chang2	qie3	jiu3	zhe3

v.4

por meio de	seu	não	si mesmo	vida
以	其	不	自	生
yi3	qi2	bu2	zi4	sheng1

v.5

assim	capaz de	extenso	vida
故	能	長/长	生
gu4	neng2	chang2	sheng1

v.6

esse	maneira	sábio	pessoa
是	以	聖/圣	人
shi4	yi3	sheng4	ren2

v.7

atrás	seu	própria pessoa	mas	própria pessoa	primeiro
後/后	其	身	而	身	先
hou4	qi2	shen1	er2	shen1	xian1

v.8

colocar fora	seu	própria pessoa	mas	própria pessoa	existir
外	其	身	而	身	存
wai4	qi2	shen1	er2	shen1	cun2

v.9

não é que	por meio de	seu	não ter	si próprio	PG interrogativa
非	以	其	無/无	私	耶
fei1	yi3	qi2	wu2	si1	ye2

v.10

assim	capaz de	tornar-se	seu	si próprio
故	能	成	其	私
gu4	neng2	cheng2	qi2	si1

Termos específicos:

自 – zi4 – pronome reflexivo, si mesmo.

身 – shen1 – a própria pessoa, a minha pessoa, a pessoa dele, etc.

私 – si1 – privado, auto-interesse, privativo, si próprio.

Comentários:

O Céu e a Terra, aos olhos humanos, parecem eternos (v.1). A razão pela qual o Céu e a Terra podem ser tão duradouros (v.2 e v.3) é que ambos não vivem para si mesmos (v.4). É por isso que podem ter uma existência tão longa (v.5). Da mesma maneira, o Sábio (v.6) coloca-se por último e, ao fazê-lo, fica adiante dos demais (v.7). Há aí um paradoxo, muito semelhante ao encontrado nos evangelhos: "Os últimos serão os primeiros e os primeiros serão os últimos". Ao abandonar a si mesmo, ele se salva (v.8). Não seria isso por ele se esvaziar de si mesmo? - Pergunta Lao Tzu (v.9). E, ao fazê-lo, encontra seu verdadeiro Eu (v.10).

POEMA 08

	Caracteres tradicionais	Caracteres simplificados
1	上善若水	上善若水
2	水善利萬物而不爭	水善利万物而不争
3	處眾人之所惡	处众人之所恶
4	故幾於道	故几于道
5	居善地	居善地
6	心善淵	心善渊
7	予善天*	予善天*
8	言善信	言善信
9	政善治**	政善治**
10	事善能	事善能
11	動善時	动善时
12	夫唯不爭故無尤	夫唯不争故无尤

1	Aquele que tem a suprema excelência é como a água.
2	A água tem sua excelência em beneficiar a todos, em tranquilidade;
3	Ocupa o lugar desprezado por todos.
4	Nisso já se aproxima do Tao.
5	Sua morada é o lugar excelente,
6	Sua mente é profunda por excelência,
7	Sua entrega é celestial por excelência,
8	Sua palavra é confiável por excelência,
9	Seu governo é competente por excelência,
10	Seus atos são eficazes por excelência,
11	Suas ações são oportunas por excelência.
12	Basta manter a tranquilidade e não haverá falha.

Grandes Temas: Sábio

Conceitos Centrais: o Céu 天, a Terra 地, o Sábio 聖人, Excelência/Bondade 善,

Verso a verso, caractere por caractere:

v.1

acima	bondade	semelhante a	água
上	善	若	水
shang4	shan4	ruo4	shui3

v.2

água	excelência	favorável	10.000	coisas	e	não	conflito
水	善	利	萬/万	物	而	不	爭/争
shui3	shan4	li4	wan4	wu4	er2	bu4	zheng1

v.3

localizar	multitude	pessoa	PG marcador atributivo	PG nominalização de objeto da oração	detestar
處/处	眾/众	人	之	所	惡/恶
chu3	zhong4	ren2	zhi1	suo3	e4

v.4

então	quase	PG preposição de localização	Tao
故	幾/几	於/于	道
gu4	ji1	yu2	dao4

v.5

morada	excelência	lugar
居	善	地
ju1	shan4	di4

v.6

coração, mente	excelência	profundo
心	善	淵/渊
xin1	shan4	yuan1

v.7 *

dar	excelência	céu
予	善	天
yu3	shan4	tian1

v.8

falar	excelência	confiar
言	善	信
yan2	shan4	xin4

v.9 **

governar	excelência	colocar em ordem
政	善	治
zheng4	shan4	zhi4

v.10

coisa, assunto	excelência	capaz de
事	善	能
shi4	shan4	neng2

v.11

mover	excelência	tempo, ocasião
動/动	善	時/时
dong4	shan4	shi2

v.12

Em todo caso,	somente	não	conflito	então	não ter	erro
夫	唯	不	爭/争	故	無/无	尤
fu1	wei2	bu4	zheng1	gu4	wu2	you2

Termos específicos:

善 – shan4 – bondade, excelência, "ser bom em alguma coisa". O taoísmo considera a "Bondade" 善 como um valor central, mas totalmente diferente da "Benevolência" 仁 do confucionismo, identificada como uma postura não-natural, superficial, nas relações humanas.

Comentários:

A bondade suprema é semelhante à água. Ela procura os lugares mais baixos, a humildade é seu modo de ação (v.1). A excelência da água está em ser benéfica a todos, sem precisar entrar em conflito com eles para demonstrar seu valor (v.2). A água busca os lugares que as multidões desprezam, ou seja, os vales, os baixios, os locais de pouco destaque e visibilidade (v.3). É, praticamente, a mesma qualidade do Tao, lembrando que este também é chamado "Espírito do Vale" por essa qualidade (v.4). A seguir, o poema segue descrevendo o Sábio, aquele que, por ter a suprema bondade, é como a água. Para o Sábio, o lugar onde ele mora é o melhor dos lugares (v.5). Sua mente é onde estão as maiores profundezas, ou a sabedoria mais profunda (v.6). Sua generosidade é própria do Céu (v.7). Sua palavra é sempre digna de confiança (v.8). Em seu governo, tudo está perfeitamente organizado (v.9). Realiza seus atos com plena eficácia (v.10). Seus movimentos, ou ações, são feitos em seu devido tempo, nem um instante mais tarde, nem um momento mais cedo (v.11). Seja como for, se o Sábio se mantiver tranquilo como a água, tudo estará certo (v.12).

Observações:

* O v.7 segue os textos mais antigos, o caractere 予 está no lugar do seu homófono 與, que significa "dar". Os textos mais recentes (isto é, do século III d.C em diante) apresentam esse verso diferente: 與善仁 / 与善仁, ou "Sua generosidade é a benevolência por excelência", implicitando que é superior à "Benevolência" dos confucionistas.

** No v.9, alguns textos antigos escrevem 正 (zheng4, "retificar"), em vez de 政 (zheng4, "governar").

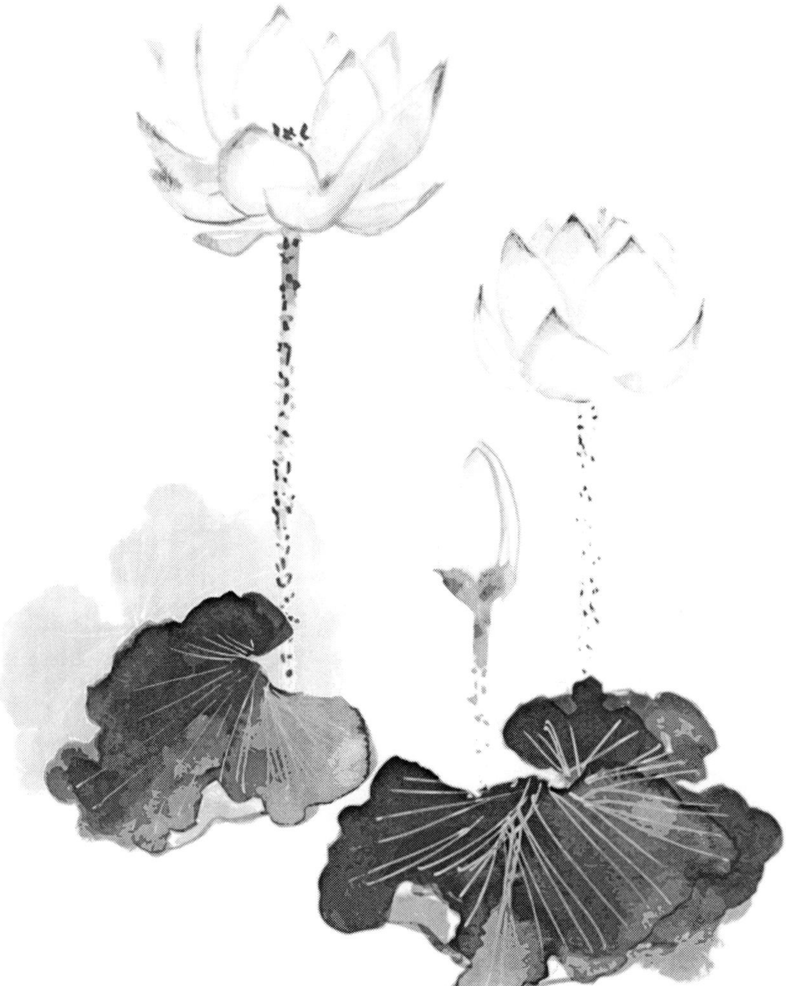

POEMA 09

	Caracteres tradicionais	**Caracteres simplificados**
1	持而盈之	持而盈之
2	不如其已	不如其已
3	揣而銳之	揣而锐之
4	不可長保	不可长保
5	金玉滿堂	金玉满堂
6	莫之能守	莫之能守
7	富貴而驕	富贵而骄
8	自遺其咎	自遗其咎
9	功遂身退	功遂身退
10	天之道	天之道

1	Manter o vaso cheio
2	Não é tão bom quanto esgotar o eu mesmo.
3	Afiar continuamente um punhal
4	Faz com que ele não dure muito.
5	Um salão cheio de ouro e jade
6	Não pode ser mantido em segurança.
7	Orgulhar-se de riquezas e honrarias
8	Faz com que elas mesmas sejam perdidas.
9	Concluir o trabalho e afastar-se,
10	Esse é o Tao do Céu.

Grandes Temas: Sábio, Verdade

Conceitos Centrais: o Céu 天, o Tao 道

Verso a verso, caractere por caractere:

v.1

conservar	a fim de que	preencher	PG pronome objeto -o, -a
持	而	盈	之
chi2	er2	ying2	zhi1

v.2

não	como	dele	finalizar
不	如	其	已
bu4	ru2	qi2	yi3

v.3

afiar	a fim de que	pontiagudo	PG pronome objeto -o, -a
揣	而	銳/锐	之
zhui1	er2	rui4	zhi1

v.4

não	ser possível	longo	proteger
不	可	長/长	保
bu4	ke3	chang2	bao3

v.5

ouro	jade	cheio	saguão
金	玉	滿/满	堂
jin1	yu4	man3	tang2

v.6

ninguém	PG pronome objeto -o, -a	ser capaz	manter seguro
莫	之	能	守
mo4	zhi1	neng2	shou3

v.7

fortuna	valioso	a fim de que	orgulhoso
富	貴/贵	而	驕/骄
fu4	gui4	er2	jiao1

v.8

por si	abandonar	dele	arruinado
自	遺/遗	其	咎
zi4	yi2	qi2	jiu4

v.9

trabalho	cumprir	ele próprio	recuar
功	遂	身	退
gong1	sui4	shen1	tui4

v.10

céu	PG marcador atributivo	Tao
天	之	道
tian1	zhi1	dao4

Termos específicos:

玉 – yu4 – jade. Desde a antiguidade, o jade é considerado uma pedra de alto valor, estando relacionada, por um lado, ao poder imperial, e, por outro, à imortalidade.

Comentários:

Ter cada vez mais coisas, para Lao Tzu, não vale tanto quanto abandonar a si mesmo (v.1 e v.2). Por mais que nos preparemos para o embate, não é possível manter guarda para sempre (v.3 e v.4). Um saguão cheio de ouro e pedras preciosas atrai tanta atenção que fica impossível mantê-lo a salvo dos ladrões (v.5 e v.6). A ostentação de bens faz com que eles sejam alvo de cobiça alheia (v.7 e v.8). O Sábio simplesmente faz o que é para ser feito. Conclui e se afasta, sem apegar-se ao resultado, sem demandar reconhecimento (v.8, v.9 e v.10). A parte inicial do poema pode ser vista também como uma crítica aos governantes ambiciosos (vasos que querem ser repletos), ao poder militar (armas afiadas) e aos ricos (saguão cheio de ouro e pedras preciosas).

POEMA 10

	Caracteres tradicionais	Caracteres simplificados
1	載營魄抱一	载营魄抱一
2	能無離乎	能无离乎
3	專氣致柔	专气致柔
4	能嬰兒乎	能婴儿乎
5	滌除玄覽	涤除玄览
6	能無疵乎	能无疵乎
7	愛民治國	爱民治国
8	能無知乎	能无知乎
9	天門開闔	天门开阖
10	能為雌乎	能为雌乎
11	明白四達	明白四达
12	能無為乎	能无为乎
13	生之畜之	生之畜之
14	生而不有	生而不有
15	為而不恃	为而不恃
16	長而不宰	长而不宰
17	是謂玄德	是谓玄德

1	Fazendo uso da alma, abraça-se o Um;
2	É possível, então, sempre O manter?
3	Concentrando o Qi, alcançamos a suavidade;
4	É possível, então, ser como um bebê?
5	Purificando a visão profunda,
6	É possível livrá-la de máculas?
7	Amar o povo e dirigir o país,
8	Pode ser feito sem o conhecimento?
9	Abrir as portas do céu,
10	Pode ser feito com feminilidade?
11	Ter a visão clara dos quatro extremos,
12	É possível pelo não-agir?
13	Gerar, nutrir;
14	Gerar sem se apoderar;
15	Realizar sem condicionantes;
16	Fazer crescer sem dominar;
17	Isso se chama Poder misterioso.

Grandes Temas: Verdade, Governo, Sábio

Conceitos Centrais: o Povo 民, o País 國, o Céu 天, o Poder (Virtude) 德

Verso a verso, caractere por caractere:

v.1

carregar bagagem	engajar	alma corpórea	abraçar	um
載/载	營/营	魄	抱	一
zai4	ying2	po4	bao4	yi1

v.2

ser capaz de	sem	afastar	PG interrogativa
能	無/无	離/离	乎
neng2	wu2	li2	hu1

v.3

concentrar	Qi	fazer com que alcance	suavidade
專/专	氣/气	致	柔
zhuan1	qi4	zhi4	rou2

v.4

ser capaz de	bebê		PG interrogativa
能	嬰/婴	兒/儿	乎
neng2	ying1	er2	hu1

v.5

lavar	remover	oculto	observar
滌/涤	除	玄	覽/览
di2	chu2	xuan2	lan3

v.6

ser capaz de	sem	defeito	PG interrogativa
能	無/无	疵	乎
neng2	wu2	ci1	hu1

v.7

cuidar de	povo	governar	país
愛/爱	民	治	國/国
ai4	min2	zhi4	guo2

v.8

ser capaz de	sem	saber	PG interrogativa
能	無/无	知	乎
neng2	wu2	zhi1	hu1

v.9

céu	portal	abrir	porta
天	門/门	開/开	闔/阖
tian1	men2	kai1	he2

v.10

ser capaz de	ser como	feminino	PG interrogativa
能	為/为	雌	乎
neng2	wei2	ci2	hu1

v.11

claridade	brancura	quatro	alcançar
明	白	四	達/达
ming2	bai2	si4	da2

v.12

ser capaz de	sem	agir	PG interrogativa
能	無/无	為/为	乎
neng2	wu2	wei2	hu1

v.13

gerar	PG pronome objeto -o, -a	nutrir	PG pronome objeto -o, -a
生	之	畜	之
sheng1	zhi1	xu4	zhi1

v.14

gerar	mas	não	possuir
生	而	不	有
sheng1	er2	bu4	you3

v.15

fazer	mas	não	depender
為/为	而	不	恃
wei2	er2	bu4	shi4

v.16

fazer crescer	mas	não	dominador
長/长	而	不	宰
zhang3	er2	bu4	zai3

v.17

isso	denominar	obscuro	virtude/poder
是	謂/谓	玄	德
shi4	wei4	xuan2	de2

Termos específicos:

魄 – Po4 – alma corpórea. Segundo uma crença chinesa, quando a pessoa morre, as sete almas corpóreas (Po) ficam sepultadas com o corpo, e as três almas etéreas (Hun) ficam vagando livremente, ou vão para o mundo espiritual.

氣 – qi4 – Qi, Chi, Ki, "Bioenergia", "Energia Vital", "Matéria fundamental". No pensamento chinês, Qi é o constituinte básico de tudo que existe – objetos materiais, espirituais, emocionais ou intelectuais. Na Medicina Tradicional Chinesa, o Qi próprio é o que mantém-nos vivos. Uma parte do Qi próprio é o Qi original, ou constitucional, que vai sendo gasto conforme envelhecemos. A preservação do Qi e a "imortalidade" são os temas da alquimia taoísta.

Comentários:

O taoísmo não relega o aspecto físico a segundo plano. O corpo não é inferior à alma ou ao espírito. Nesse poema, Lao Tzu apresenta uma série de perguntas: Usando a nossa alma corpórea, abraçamos o Um (a virtude/

poder do Tao) (v.1), será que conseguiremos mantê-lo por longo tempo? (v.2). Se preservarmos o nosso Qi (v.3), obteremos a flexibilidade e vitalidade de um bebê? (v.4) Utilizando o método de abraçar o poder/virtude do Tao e concentrar o Qi, obtemos as demais capacidades: a visão profunda sem máculas (v.5 e v.6), governar o país e amar o povo sem impor-lhe o conhecimento artificial (v.7 e v.8), revelar os mistérios do céu suavemente (v.9 e v.10), revelar os mistérios da terra pelo não-agir (v.11 e v.12), gerar e alimentar sem nos apoderarmos do que criamos (v.13 e v.14), realizar as coisas de maneira livre (v.15), promover o crescimento sem se assenhorar dele (v.16). É uma forma tão extraordinária de agir, que é chamada virtude (ou poder) misteriosa.

POEMA 11

	Caracteres tradicionais	**Caracteres simplificados**
1	三十輻	三十辐
2	共一轂	共一毂
3	當其無	当其无
4	有車之用	有车之用
5	埏埴以為器	埏埴以为器
6	當其無	当其无
7	有器之用	有器之用
8	鑿戶牖以為室	凿户牖以为室
9	當其無	当其无
10	有室之用	有室之用
11	故有之以為利	故有之以为利
12	無之以為用	无之以为用

1	Trinta raios de uma roda
2	Reúnem-se no eixo,
3	Mas é o seu vazio (onde o eixo se encaixa)
4	Que concede função ao carro.
5	A argila dá forma ao vaso,
6	Mas é o seu vazio
7	Que lhe dá utilidade.
8	Portas e janelas se destacam na parede,
9	Mas é o seu vazio (sua abertura)
10	Que torna útil a casa.
11	Haver busca o acúmulo.
12	Não-haver busca a função.

Grandes Temas: Verdade

Conceitos Centrais: utilidade 用

Verso a verso, caractere por caractere:

v.1

três	dez	raios de uma roda
三	十	輻/辐
san1	shi2	fu2

v.2

juntar	um	cubo da roda
共	一	轂/毂
gong4	yi1	gu3

v.3

PG marcador locativo	seu	não haver
當/当	其	無/无
dang1	qi2	wu2

v.4

haver	carro	PG genitivo	utilidade
有	車/车	之	用
you3	che1	zhi1	yong4

v.5

lama	argila	por meio de	tornar-se	vasilha
埏	埴	以	為/为	器
shan1	zhi2	yi3	wei2	qi4

v.6

PG marcador locativo	seu	não haver
當/当	其	無/无
dang1	qi2	wu2

v.7

haver	vasilha	PG genitivo	utilidade
有	器	之	用
you3	qi4	zhi1	yong4

v.8

cinzel	porta	janela de treliça	por meio de	tornar-se	cômodo da casa
鑿/凿	戶/户	牖	以	為/为	室
zao2	hu4	you3	yi3	wei2	shi4

v.9

PG marcador locativo	seu	não haver
當/当	其	無/无
dang1	qi2	wu2

v.10

haver	cômodo da casa	PG genitivo	utilidade
有	室	之	用
you3	shi4	zhi1	yong4

v.11

então	haver	algo	por meio de	tornar-se	ganho
故	有	之	以	為/为	利
gu4	you3	zhi1	yi3	wei2	li4

v.12

sem	algo	por meio de	tornar-se	utilidade
無/无	之	以	為/为	用
wu2	zhi1	yi3	wei2	yong4

Termos específicos:

無 – wu2 – "não haver". Antônimo de 有 – you3. Nesse poema, os dois termos estão em constante oposição. Lao Tzu aponta a importância do 無 (não haver).

Comentários:

Os raios da roda de um carro (v.1) se encontram no vazio onde se encaixa o eixo (v.2). Graças a esse vazio, a roda pode girar e daí surge a função do carro (v.3 e v.4). A argila é a substância que forma o vaso (v.5). Mas é o vazio que ela delimita que dá função ao vaso (v.6 e v.7). Janelas e portas são como que "recortadas" da parede de um cômodo (v.8). São esses "recortes" que dão utilidade ao cômodo (v.9 e v.10). Aquilo que existe, vai se acumulando – ou ainda, quem quer possuir, visa ao lucro (v.11). A ausência promove a função – ou ainda, quem se esvazia, faz acontecer (age pelo não-agir).

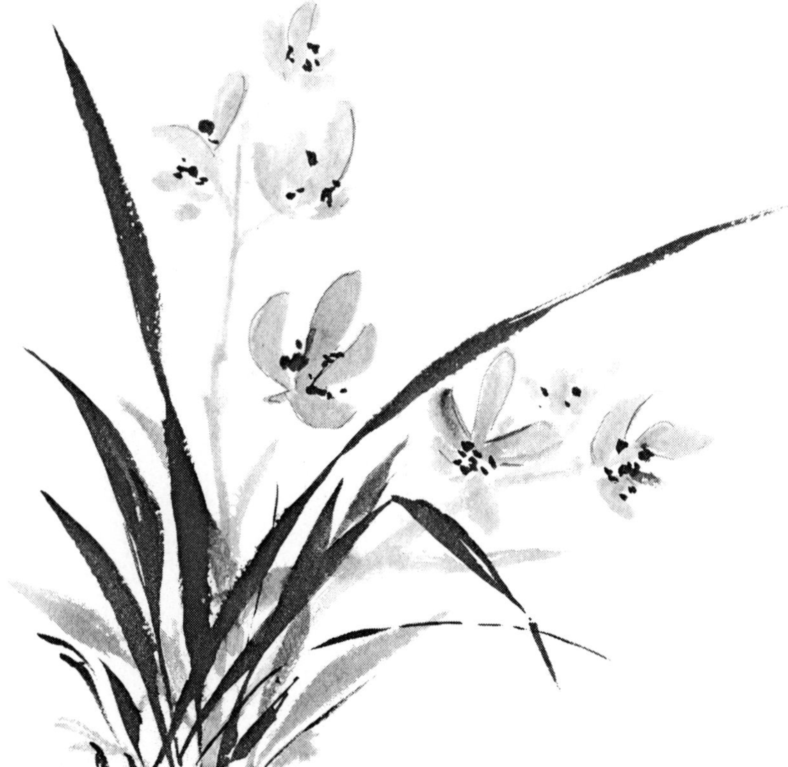

POEMA 12

	Caracteres tradicionais	Caracteres simplificados
1	五色令人目盲	五色令人目盲
2	五音令人耳聾	五音令人耳聋
3	五味令人口爽	五味令人口爽
4	馳騁畋獵	驰骋畋猎
5	令人心發狂	令人心发狂
6	難得之貨	难得之货
7	令人行妨	令人行妨
8	是以聖人	是以圣人
9	為腹不為目	为腹不为目
10	故去彼取此	故去彼取此

1	As cinco cores tornam as pessoas cegas;
2	As cinco notas musicais tornam as pessoas surdas;
3	Os cinco sabores tornam as pessoas sem paladar;
4	Galopadas e caçadas nos campos
5	Deixam as pessoas com a mente perturbada;
6	Haver objetos que são difíceis de se obter
7	Faz com que haja necessidade de os esconder.
8	Por isso, o Sábio
9	Age em prol da barriga e não em prol do olho,
10	Recusa este e busca aquele.

Grandes Temas: Verdade, Pessoa

Conceitos Centrais: Sábio 聖人

Verso a verso, caractere por caractere:

v.1

cinco	cor	causar	pessoa	olho	cego
五	色	令	人	目	盲
wu3	se4	ling4	ren2	mu4	mang2

v.2

cinco	notas musicais	causar	pessoa	ouvido	surdo
五	音	令	人	耳	聾/聋
wu3	yin1	ling4	ren2	er2	long2

v.3

cinco	sabor	causar	pessoa	boca	dormente
五	味	令	人	口	爽
wu3	wei4	ling4	ren2	kou3	shuang3

v.4

galopar	galopar*	entrar numa caçada	ir caçar
馳/驰	騁/骋	畋	獵/猎
chi2	cheng3	tian2	lie4

v.5

causar	pessoa	mente, coração	aparecer	loucura
令	人	心	發/发	狂
ling4	ren2	xin1	fa1	kuan2

v.6

difícil	obter	PG atributivo	bem material
難/难	得	之	貨/货
nan2	de2	zhi1	huo4

v.7

causar	pessoa	agir	obstáculo
令	人	行	妨
ling4	ren2	xing2	fang2

v.8

isso	por meio	sábio	pessoa
是	以	聖/圣	人
shi4	yi3	sheng4	ren2

v.9

em prol de	barriga, estômago	não	em prol de	olho
為/为	腹	不	為/为	目
wei4	fu4	bu4	wei4	mu4

v.10

assim	descartar	aquele	segurar	este
故	去	彼	取	此
gu4	qu4	bi3	qu3	ci3

Termos específicos:

五色 – wu3se4 – cinco cores: as cinco cores do espectro de acordo com os antigos chineses: amarelo, vermelho, verde (ou azul), branco e preto.

五音 – wu3yin1 – as cinco notas musicais da escala pentatônica (semelhantes às produzidas pelas teclas pretas de um piano).

五味 – wu3wei4 – os cinco sabores: picante, doce, azedo, amargo, salgado.

騁 – cheng3 – além de "galopar", tem o sentido de "desejo desenfreado".

腹 – fu4 – barriga, ventre, também sinônimo do Dantian 丹田, região na qual a pessoa concentra sua atenção ao realizar uma prática meditativa.

Comentários:

A profusão de estímulos visuais perturba a nossa visão (v.1), deixamos de enxergar em profundidade. Da mesma forma, a profusão de sons perturba a nossa audição (v.2) e a abundância de sabores deixa nosso paladar amortecido (v.3). Passeios e caçadas, ou seja, diversões (v.4) distraem e perturbam, chegando a enlouquecer nossa mente (v.5). Fazer com que as pessoas deem valor a determinados bens materiais (v.6) faz com que tenhamos de mantê-los escondidos (v.7). O Sábio (v.8) não dá valor às coisas atraentes e sedutoras, mas às interiores, que nutrem a pessoa (v.9). Ele recusa o superficial (no poema, "este", referindo-se às coisas visualmente atraentes) e guarda o profundo (no poema, "aquele", referindo-se às coisas que nutrem interiormente).

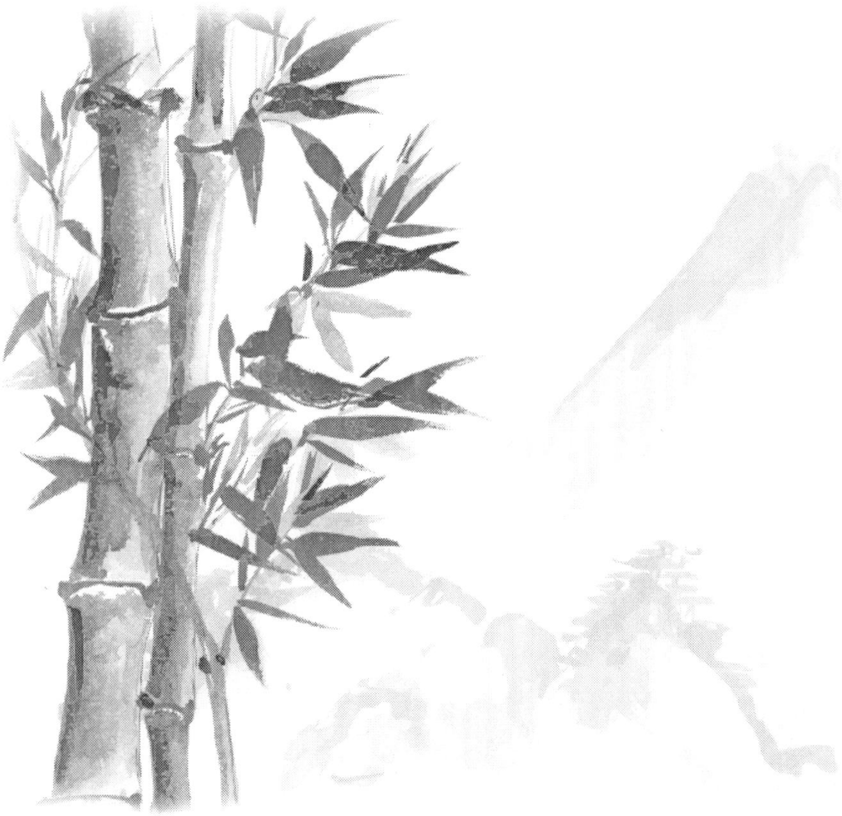

POEMA 13

	Caracteres tradicionais	Caracteres simplificados
1	寵辱若驚	宠辱若惊
2	貴大患若身	贵大患若身
3	何謂寵辱若驚	何谓宠辱若惊
4	寵之為下也*	宠之为下也*
5	得之若驚	得之若惊
6	失之若驚	失之若惊
7	是謂寵辱若驚	是谓宠辱若惊
8	何謂貴大患若身	何谓贵大患若身
9	吾所以有大患者	吾所以有大患者
10	為吾有身	为吾有身
11	及吾無身	及吾无身
12	吾有何患	吾有何患
13	故貴以身為天下	故贵以身为天下
14	若可寄天下	若可寄天下
15	愛以身為天下	爱以身为天下
16	若可託天下	若可托天下

1	O elogio rebaixa, causa temor.
2	Considere as grandes desgraças como a si mesmo.
3	O que quer dizer "O elogio rebaixa, causa temor"?
4	O elogiado torna-se inferior,
5	Receber o elogio causa temor,
6	Deixar de tê-lo causa temor.
7	Isso é que quer dizer "O elogio rebaixa, causa temor".
8	O que quer dizer "Considere as grandes desgraças como a si mesmo"?
9	Para que eu sofra grande desgraça,
10	É preciso que eu tenha um eu-mesmo.
11	Se eu não tivesse um eu-mesmo,
12	Que desgraça eu poderia sofrer?
13	Assim, àquele que valoriza a si mesmo tanto quanto valoriza o mundo
14	Pode-se confiar o mundo.
15	Àquele que ama o mundo tanto quanto o próprio eu
16	Pode-se entregar o mundo.

Grandes Temas: Verdade

Conceitos Centrais: Mundo 天下, Si-mesmo 身

Verso a verso, caractere por caractere:

v.1

favorecido	humilhação	semelhante a	sobressalto
寵/宠	辱	若	驚/惊
chong3	ru3	ruo4	jing1

v.2

valioso	grande	perturbar	semelhante	si-mesmo
貴/贵	大	患	若	身
gui4	da4	huan4	ruo4	shen1

v.3

o que?	chamar-se	favorecido	humilhação	semelhante	sobressalto
何	謂/谓	寵/宠	辱	若	驚/惊
he2	wei4	chong3	ru3	ruo4	jing1

v.4

elogio	ser	inferior
寵/宠	為/为	下
chong3	wei2	xia4

v.5

obter	PG objeto direto	semelhante	sobressalto
得	之	若	驚/惊
de2	zhi1	ruo4	jing1

v.6

perder	PG objeto direto	semelhante	sobressalto
失	之	若	驚/惊
shi1	zhi1	ruo4	jing1

v.7

isto	chamar-se	elogio	humilhação	semelhante	sobressalto
是	謂/谓	寵/宠	辱	若	驚/惊
shi4	wei4	chong3	ru3	ruo4	jing1

v.8

o que?	chamar-se	valioso	grande	perturbação	semelhante	si-próprio
何	謂/谓	貴/贵	大	患	若	身
he2	wei4	gui4	da4	huan4	ruo4	shen1

v.9

eu	PG marcador nominalização objeto	por meio	haver	grande	perturbação	PG marcador nominalização sujeito
吾	所	以	有	大	患	者
wu2	suo3	yi3	you3	da4	huan4	zhe3

v.10

ser	eu	haver	si-próprio
為/为	吾	有	身
wei2	wu2	you3	shen1

v.11

se não	eu	não haver	si-próprio
及	吾	無/无	身
ji2	wu2	wu2	shen1

v.12

eu	haver	que?	perturbação
吾	有	何	患
wu2	you3	he2	huan4

v.13

assim	valioso	por meio	si-próprio	tornar-se	o mundo	
故	貴/贵	以	身	為/为	天	下
gu4	gui4	yi3	shen1	wei2	tian1	xia4

v.14

dessa forma	pode ser	entregar	o mundo	
若	可	寄	天	下
ruo4	ke3	ji4	tian1	xia4

v.15

amar	por meio	si-próprio	tornar-se	o mundo	
愛/爱	以	身	為/为	天	下
ai4	yi3	shen1	wei2	tian1	xia4

v.16

dessa forma	pode ser	assumir responsabilidade	o mundo	
若	可	託/托	天	下
ruo4	ke3	tuo1	tian1	xia4

Termos específicos:

寵 – chong3 – elogiar, no sentido de adular. Ainda: favorecer, preferir, fazer as vontades de alguém.

驚 – jing1 – sobressaltado. Estado de insegurança, inquietação (como um cavalo arisco).

Comentários:

O poema começa com duas afirmações de difícil entendimento: Quem recebe um elogio é rebaixado, fica sujeito a sobressaltos (v.1); e valorize as perturbações que encontrar na vida tanto quanto você valoriza o próprio eu (v.2). Em seguida, o autor passa a explicar essas duas sentenças. O que significa que o elogio rebaixa alguém? (v.4). Para auxiliar a nossa compreensão, lembremo-nos do poema anterior. Todas as impressões trazidas do mundo exterior tem o potencial de causar perturbação. Da mesma forma, um elogio recebido de alguém vai nos perturbar (v.4) se passamos a nos considerar devedores dessa pessoa. Além disso, um elogio pode nos tornar dependentes de um reconhecimento externo, de maneira que nos perturbamos quando não somos elogiados (v.5 e v.6). Após essas considerações (v.7), o autor volta a sua atenção para o segundo verso enigmático. O que significa dar o mesmo valor aos problemas e a si mesmo? (v.8). Para Lao Tzu, a razão pela qual eu sofro "desgraças" é que tenho um eu-mesmo, uma identidade (v.9 e v.10). Se não houvesse essa identidade que sofresse, como eu sofreria "desgraças"? (v.11 e v.12). O poema termina com outras duas afirmações que também merecem reflexão: Se alguém é capaz de valorizar o mundo e a si mesmo de maneira igual, é digno de que lhe seja confiado o mundo (v.13 e v.14). Quem ama do mesmo jeito o mundo e a si mesmo, é digno de que lhe seja entregue o mundo (v.15 e v.16). Se contemplamos a nós mesmos e a tudo que nos cerca com equanimidade, sem preferências e sem apegos, nossa atuação será perfeita, beneficiando sem distinções. Sendo capazes disso, nós nos tornamos dignos de dirigir o mundo.

POEMA 14

	Caracteres tradicionais	Caracteres simplificados
1	視之不見	视之不见
2	名曰夷	名曰夷
3	聽之不聞	听之不闻
4	名曰希	名曰希
5	搏之不得	搏之不得
6	名曰微	名曰微
7	此三者不可致詰	此三者不可致诘
8	故混而為一	故混而为一
9	其上不皦	其上不皦
10	其下不昧	其下不昧
11	繩繩不可名	绳绳不可名
12	復歸於無物	复归于无物
13	是謂無狀之狀	是谓无状之状
14	無物之象	无物之象
15	是謂惚恍	是谓惚恍
16	迎之不見其首	迎之不见其首
17	隨之不見其後	随之不见其后
18	執古之道	执古之道
19	以御今之有	以御今之有
20	能知古始	能知古始
21	是謂道紀	是谓道纪

1	Quando olhado, não é visto:
2	Seu nome é "Invisível".
3	Quando escutado, não é ouvido:
4	Seu nome é "Inaudível".
5	Quando é agarrado, não é obtido:
6	Seu nome é "Intangível".
7	Com esses três não é possível investigar,
8	E tudo se confunde num só.
9	Superiormente, não reluz.
10	Inferiormente, não faz sombra.
11	Aclamado, não pode ser nomeado.
12	Ao retornar ao imaterial,
13	Ele é chamado "Aparência sem aparência",
14	"Imagem do imaterial".
15	Ele é chamado "Confuso e Obscuro".
16	Quando está vindo, não se vê sua frente;
17	Quando se vai atrás dele, não se veem suas costas.
18	O Tao que mantém o passado,
19	E, por meio disso, possui o controle do agora,
20	Conhece o princípio primordial.
21	Isso é chamado "marcas do Tao".

Grandes Temas: Verdade

Conceitos Centrais: Coisa 物, Tao 道

Verso a verso, caractere por caractere:

v.1

olhar para	PG pronome objeto	não	ver
視/视	之	不	見/见
shi4	zhi1	bu4	jian4

v.2

nome	dizer	invisível
名	曰	夷
ming2	yue1	yi2

v.3

escutar	PG pronome objeto	não	ouvir
聽/听	之	不	聞/闻
ting1	zhi1	bu4	wen2

v.4

nome	dizer	inaudível
名	曰	希
ming2	yue1	xi1

v.5

pegar	PG pronome objeto	não	obter
搏	之	不	得
bo2	zhi1	bu4	de2

v.6

nome	dizer	intangível
名	曰	微
ming2	yue1	wei1

v.7

este	três	PG nominalização	não	ser possível	fazer chegar	investigar
此	三	者	不	可	致	詰/诘
ci3	san1	zhe3	bu4	ke3	zhi4	jie2

v.8

então	misturado	mas	tornar-se	um
故	混	而	為/为	一
gu4	hun4	er2	wei2	yi1

v.9

seu	em cima	não	reluzir
其	上	不	皦
qi2	shang4	bu4	jiao3

v.10

seu	embaixo	não	indistinto, sombrio
其	下	不	昧
qi2	xia4	bu4	mei4

v.11

louvar	louvar	não	é possível	nome
繩/绳	繩/绳	不	可	名
sheng2	sheng2	bu4	ke3	ming2

v.12

retornar	voltar para casa	em	não haver	coisa
復/复	歸/归	於/于	無/无	物
fu4	gui1	yu2	wu2	wu4

v.13

este	chamar-se	não haver	aparência	PG atributivo	aparência
是	謂/谓	無/无	狀/状	之	狀/状
shi4	wei4	wu2	zhuang4	zhi1	zhuang4

v.14

não haver	coisa	PG atributivo	imagem
無/无	物	之	象
wu2	wu4	zhi1	xiang4

v.15

isto	chamar-se	confuso e obscuro	
是	調/谓	惚	恍
shi4	wei4	hu1	huang3

v.16

receber	PG pronome objeto	não	ver	sua	cabeça
迎	之	不	見/见	其	首
ying2	zhi1	bu4	jian4	qi2	shou3

v.17

seguir	PG pronome objeto	não	ver	seu	atrás
隨/随	之	不	見/见	其	後/后
sui2	zhi1	bu4	jian4	qi2	hou4

v.18

segurar	antigo	PG atributivo	Tao
執/执	古	之	道
zhi2	gu3	zhi1	dao4

v.19

por meio	dirigir	agora	PG atributivo	haver
以	御	今	之	有
yi3	yu4	jin1	zhi1	you3

v.20

conseguir	conhecer	antigo	início
能	知	古	始
neng2	zhi1	gu3	shi3

v.21

isto	chamar-se	Tao	registro
是	謂/谓	道	紀/纪
shi4	wei4	dao4	ji4

Termos específicos:

無 – wu2 – "não haver". Antônimo de 有 – you3, "haver".

名 – ming2 – "nome". A identidade de um conceito.

Comentários:

Este poema procura fazer uma descrição do Tao. Empreitada difícil, pois o Tao está além dos conceitos. O Tao é olhado, mas não é visto (v.1). Está na categoria das coisas invisíveis (v.2). O Tao é escutado, mas não é ouvido (v.3). Está na categoria das coisas inaudíveis (v.4). O Tao pode ser alcançado, mas não pode ser obtido (v.5). Está na categoria das coisas intangíveis (v.6). Não é possível analisá-lo por esses três sentidos – visão, audição ou tato – que aí representam os nossos sentidos naturais (v.7). Nessa indistinção e indiscernibilidade, ele se torna um (v.8). O autor continua, através de paradoxos, a sua tentativa de transmitir a ideia do Tao. Pelo lado de cima, ele não reluz, ao contrário de todas as coisas que se tornam mais visíveis ao serem iluminadas (v.9). Por outro lado, o que está oculto da luz não é sombreado (v.10). Nesses últimos versos, o Tao é diferenciado de qualquer conceito racionalmente elaborado – o que você consegue imaginar, não é. O Tao é exaltado por muitos, mas não tem um Nome (v.11). Ao ser identificado com a imaterialidade (v.12), ele é chamado "Aparência sem aparência" (v.13), "Imagem do imaterial" (v.14), "Indistinto e obscurso" (v.15). Quando ele vem em nossa direção, não vemos o seu rosto (v.16). Quando ele está à nossa frente, não vemos suas costas (v.17). O Tao, firmando o passado (v.18), dirige a existência do presente (v.19). É possível conhecer seu princípio primordial (v.20) pelo que é chamado "registro" do Tao.

A realidade do Tao não pode ser apreendida pelos sentidos ordinários. Cada um deles percebe o Tao de maneira particular e superficial.

Ele está além da visão que separa cima e baixo, dentro e fora, eu e o outro. Ele está em constante movimento, e recebe diferentes nomes em cada momento ou função. Assim, a vida se movimenta, entre o material e o imaterial, e um não vem antes do outro.

Ao longo do tempo, há o Tao.

Essas características, percepções e funções, são as marcas do Tao, ou o registro dele no mundo perceptível.

POEMA 15

	Caracteres tradicionais	Caracteres simplificados
1	古之善為道者*	古之善为道者*
2	微妙玄通	微妙玄通
3	深不可識	深不可识
4	夫唯不可識	夫唯不可识
5	故強為之容	故强为之容
6	豫兮若冬涉川	豫兮若冬涉川
7	猶兮若畏四鄰	犹兮若畏四邻
8	儼兮其若客	俨兮其若客
9	渙兮若冰之將釋	涣兮若冰之将释
10	敦兮其若樸	敦兮其若朴
11	曠兮其若谷	旷兮其若谷
12	混兮其若濁	混兮其若浊
13	孰能濁	孰能浊
14	以靜之徐清	以静之徐清
15	孰能安	孰能安
16	以久動之徐生	以久动之徐生
17	保此道者	保此道者
18	不欲盈	不欲盈
19	夫唯不盈	夫唯不盈
20	故能敝不新成**	故能敝不新成**

1	Na antiguidade, os perfeitos seguidores do Tao
2	Eram sutis, obscuros e a tudo alcançavam.
3	Impossível conhecê-los em profundidade.
4	Não se podendo conhecê-los,
5	Forçamos uma descrição:
6	Precavidos, como quem atravessa um rio no inverno;
7	Tímidos, como quem receia todos os vizinhos;
8	Discretos, como um hóspede;
9	Desvanecidos, como o gelo que derrete;
10	Simplórios, como um pedaço de pau;
11	Amplos, como os vales;
12	Confusos, como a água turva;
13	Quem, a partir do que era turvo,
14	Por meio do repouso, poderia fazer clarear aos poucos?
15	Quem, a partir do que estava em repouso,
16	Por meio do movimento prolongado, poderia fazer crescer aos poucos?
17	Aquele que guarda esse Tao,
18	Não deseja tornar-se repleto.
19	A fim de não tornar-me repleto,
20	Esvazio-me para evitar me saturar.

Grandes Temas: Verdade, Pessoa

Conceitos Centrais: Excelência/Bondade 善, Tao 道

Verso a verso, caractere por caractere:

v.1

antiguidade	PG atributivo	excelente	ser	Tao	PG nominalização
古	之	善	為/为	道*	者
gu3	zhi1	shan4	wei2	dao4	zhe3

v.2

indiscernível	inescrutável	obscuro	passar através, transmitir
微	妙	玄	通
wei1	miao4	xuan2	tong1

v.3

profundo	não	ser possível	conhecer
深	不	可	識/识
shen1	bu4	ke3	shi2

v.4

seja como for	de fato	não	ser possível	conhecer
夫	唯	不	可	識/识
fu1	wei2	bu4	ke3	shi2

v.5

então	forte	para ser	PG pronome objeto	aspecto
故	強/强	為/为	之	容
gu4	qiang2	wei2	zhi1	rong2

v.6

precaver	PG pausa rítmica	semelhante	inverno	atravessar um rio	rio
豫	兮	若	冬	涉	川
yu4	xi1	ruo4	dong1	she4	chuan1

v.7

temeroso	PG pausa rítmica	semelhante	temer	quatro	vizinho
猶/犹	兮	若	畏	四	鄰/邻
you2	xi1	ruo4	wei4	si4	lin2

v.8

cerimonioso	PG pausa rítmica	aqueles	semelhante	visita
儼/俨	兮	其	若	客
yan3	xi1	qi2	ruo4	ke4

v.9

dissolver	PG pausa rítmica	semelhante	gelo	PG pronome objeto	PG ação futura	derreter
渙/涣	兮	若	冰	之	將/将	釋/释
huan4	xi1	ruo4	bing1	zhi1	jiang1	shi4

v.10

simples	PG pausa rítmica	aqueles	semelhante	pedaço de pau
敦	兮	其	若	樸/朴
dun1	xi1	qi2	ruo4	pu3

v.11

amplo	PG pausa rítmica	aqueles	semelhante	vale
曠/旷	兮	其	若	谷
kuang4	xi1	qi2	ruo4	gu3

v.12

misturado	PG pausa rítmica	aqueles	semelhante	turvo
混	兮	其	若	濁/浊
hun4	xi1	qi2	ruo4	zhuo2

v.13

quem	ter capacidade	turvo
孰	能	濁/浊
shu2	neng2	zhuo2

v.14

através de	quietude	PG objeto	calmamente	claro
以	靜/静	之	徐	清
yi3	jing4	zhi1	xu2	qing1

v.15

quem	ter capacidade	tranquilidade
孰	能	安
shu2	neng2	an1

v.16

através de	tempo prolongado	movimento	PG objeto	calmamente	brotar
以	久	動/动	之	徐	生
yi3	jiu3	dong4	zhi1	xu2	sheng1

v.17

proteger	este	Tao	PG nominalização
保	此	道	者
bao3	ci3	dao4	zhe3

v.18

não	desejar	repleto
不	欲	盈
bu4	yu4	ying2

v.19

seja como for	de fato	não	repleto
夫	唯	不	盈
fu1	wei2	bu4	ying2

v.20

então	ser capaz	esvaziar	não	novo	completar
故	能	敝**	不	新	成
gu4	neng2	bi4	bu4	xin1	cheng2

Termos específicos:

兮 – xi1 – uma partícula gramatical, que aparece repetidamente nesse poema. Pode ser entendida como um travessão (–) dentro de um texto.

混 – hun4 – confuso, misturado. Aparece muitas vezes nos poemas como uma qualidade positiva. O taoísta não quer se destacar dos demais, ele permanece "misturado" com as massas populares.

盈 – ying2 – repleto, repleção. Estar totalmente completo e pleno. Para o taoísmo, mais uma forma de estagnar-se.

Comentários:

Ao propor seu caminho para a solução dos problemas da época, Lao Tzu localiza a sociedade ideal num passado longínquo. Seguindo essa linha, ele inicia esse poema: Aqueles que se empoderavam do Tao na antiguidade (v.1) alcançavam tudo que precisassem de maneira inescrutável e imperceptível (v.2). Essas qualidades também eram deles próprios, daí não ser possível conhecê-los em profundidade (v.3). Por isso, para descrevê-los é necessário uma aproximação grosseira (v.4 e v.5). As metáforas apresentadas (v.6 a v.12) salientam seu caráter discreto e simples. As comparações com o vale e o pedaço de pau são revisitadas várias vezes ao longo do livro. Somente essas pessoas empoderadas com o Tao são capazes de tornar claro o que é turvo, através da quietude (v.13 e v.14). Somente eles são capazes de fazer crescer o que está latente, através de um movimento lento e contínuo (v.15 e v.16). "Quietude" e "movimento lento e contínuo" são aspectos da "Não-ação" (Wu wei 無為). Aqueles que guardam esse Tao (v.17) não desejam se tornar perfeitos (v.18). E por se manterem nessa humildade, sem nunca se considerar "plenos" (v.19), podem estar sempre se doando, sem precisar buscar o próprio preenchimento (v.20).

Observações:

* No verso 1, optei pelo texto de Mawangdui. O texto de Wang Bi traz "士者" (aquele que é entendido) no lugar de "道者" (aquele que está no Tao). São termos sinônimos no contexto, mas o último é mais claro. Existe o termo "道士", combinando os dois caracteres, que significa "o adepto do Taoísmo".

** No verso 20, optei pela versão de Mawangdui, corrigida pelos estudiosos, que traz "敝" (esvaziar). O texto de Wang Bi traz "蔽" (ocultar).

POEMA 16

	Caracteres tradicionais	Caracteres simplificados
1	致虛極	致虚极
2	守靜篤	守静笃
3	萬物並作	万物并作
4	吾以觀復	吾以观复
5	夫物芸芸	夫物芸芸
6	各復歸其根	各复归其根
7	歸根曰靜	归根曰静
8	是謂復命	是谓复命
9	復命曰常	复命曰常
10	知常曰明	知常曰明
11	不知常	不知常
12	妄作凶	妄作凶
13	知常容	知常容
14	容乃公	容乃公
15	公乃王	公乃王
16	王乃天	王乃天
17	天乃道	天乃道
18	道乃久	道乃久
19	沒身不殆	没身不殆

1	Alcançar o Vazio é o ponto máximo;
2	Guardar a quietude é a norma principal.
3	Todas as coisas surgem solidariamente,
4	E contemplamos o seu retorno.
5	As coisas existem em uma variedade de expressões,
6	Cada uma retorna à sua origem.
7	Retornar à origem é quietude;
8	Isso é chamado retornar à vida ordenada.
9	Retornar à vida ordenada é o Permanente.
10	Conhecer o Permanente é entendimento.
11	Não conhecer o Permanente
12	É perder-se na desgraça.
13	Conhecer o Permanente é ter tolerância;
14	Tolerância leva à comunhão;
15	Comunhão leva a ser rei;
16	Ser rei leva ao Céu;
17	O céu leva ao Tao;
18	O Tao leva à longa existência.
19	Até o seu fim, não haverá perigo.

Grandes Temas: Verdade, Pessoa

Conceitos Centrais: Permanente 常, Tao 道, as Dez Mil Coisas 萬物

Verso a verso, caractere por caractere:

v.1

resultar	vazio	ápice
致	虛/虚	極/极
zhi4	xu1	ji2

v.2

manter em segurança	quietude	comprometido
守	靜/静	篤/笃
shou3	jing4	du3

v.3

10.000	coisas	juntamente	surgir
萬/万	物	並/并	作
wan4	wu4	bing4	zuo4

v.4

eu	aplicar a	contemplar	retornar
吾	以	觀/观	復/复
wu2	yi3	guan1	fu4

v.5

seja como for	coisa	múltiplas formas	
夫	物	芸	芸
fu1	wu4	yun2	yun2

v.6

cada um	retornar	voltar para casa	sua	raiz
各	復/复	歸/归	其	根
ge4	fu4	gui1	qi2	gen1

v.7

voltar para casa	raiz	dizer	quietude
歸/归	根	曰	靜/静
gui1	gen1	yue1	jing4

v.8

isto	chamar-se	retornar	vida, destino
是	謂/谓	復/复	命
shi4	wei4	fu4	ming4

v.9

retornar	vida	dizer	permanente
復/复	命	曰	常
fu4	ming4	yue1	chang2

v.10

conhecer	permanente	falar	claridade
知	常	曰	明
zhi1	chang2	yue1	ming2

v.11

não	conhecer	permanente
不	知	常
bu4	chi1	chang2

v.12

à toa	surgir	desgraça
妄	作	凶
wang4	zuo4	xiong1

v.13

conhecer	permanente	tolerância
知	常	容
zhi1	chang2	rong2

v.14

tolerância	para então	comum, público
容	乃	公
rong2	nai3	gong1

v.15

comum, público	para então	rei
公	乃	王
gong1	nai3	wang2

v.16

rei	para então	céu
王	乃	天
wang2	nai3	tian1

v.17

céu	para então	Tao
天	乃	道
tian1	nai3	dao4

v.18

Tao	para então	tempo prolongado
道	乃	久
dao4	nai3	jiu3

v.19

perecer	indivíduo	não	perigo
沒/没	身	不	殆
mo4	shen1	bu4	dai4

Termos específicos:

公 - gong1 - de uso comum, público. Dependendo do contexto, "duque" (um dos títulos de nobreza na Era dos Estados Combatentes).

沒身 - mo4shen1 - literalmente "(até) o corpo submergir", ou seja, "até a morte", "até o fim".

Comentários:

Conseguir esvaziar-se de si mesmo é o objetivo máximo (v.1). O maior compromisso a ser mantido é preservar a quietude (v.2). Mantendo o vazio e a quietude, observo todas as coisas surgindo em mútua dependência (v.3) e retornando à sua origem (v.4). O mundo material se apresenta em profusão de formas (v.5), cada uma delas, ao final, retorna à sua origem (v.6). Ao retornar à sua origem, é dito que se aquietaram (v.7). Isto é chamado "retornar ao destino estabelecido" (v.8). Retornar ao destino estabelecido é o que permanece (v.9). Conhecer o que é permanente chama-se esclarecimento (v.10). Não conhecer o que é permanente é vagar sem destino em meio à desgraça (v.11 e v.12). Conhecer o que é permanente conduz à tolerância (v.13). Tolerância com os seres e circunstâncias faz com que valorizemos aquilo que é de todos (v.14). Tendo a visão da superioridade daquilo que é comum sobre o que é particular, tornamo-nos capazes de liderar o povo (v.15). A arte da liderança nos leva a conhecer as coisas espirituais (v.16). Conhecer as coisas espirituais nos conduz ao Tao (v.17). O Tao leva-nos a ter longa vida (v.18), que poderemos gozar até o fim, sem perigos (v.19).

POEMA 17

	Caracteres tradicionais	Caracteres simplificados
1	太上	太上
2	下知有之	下知有之
3	其次	其次
4	親而譽之	亲而誉之
5	其次	其次
6	畏之	畏之
7	其次	其次
8	侮之	侮之
9	信不足焉	信不足焉
10	有不信焉	有不信焉
11	悠兮	悠兮
12	其貴言	其贵言
13	功成事遂	功成事遂
14	百姓皆謂	百姓皆谓
15	我自然	我自然

1	Do Grande Supremo,
2	Os de baixo só sabem da existência.
3	Aqueles que vêm em seguida,
4	Dele zelam e o louvam.
5	Aqueles que vêm em seguida,
6	Temem-no.
7	Aqueles que vêm em seguida,
8	Desprezam-no.
9	Quem não confia nele o bastante,
10	Não receberá confiança dele.
11	Relaxe!
12	A sua palavra é valorizada.
13	O trabalho é realizado e a tarefa, cumprida.
14	E o povo comum dirá:
15	"Fizemos naturalmente."

Grandes Temas: Verdade, Governo, Sociedade

Conceitos Centrais: Coisa 事, Povo 百姓

Verso a verso, caractere por caractere:

v.1

máximo	superior
太	上
tai4	shang4

v.2

inferior	saber	haver	PG pronome objeto
下	知	有	之
xia4	zhi1	you3	zhi1

v.3

dele	seguinte
其	次
qi2	ci4

v.4

cuidar	e	aclamar	PG pronome objeto
親/亲	而	譽/誉	之
qin1	er2	yu4	zhi1

v.5

dele	seguinte
其	次
qi2	ci4

v.6

ter medo	PG pronome objeto
畏	之
wei4	zhi1

v.7

dele	seguinte
其	次
qi2	ci4

v.8

desrespeitar	PG pronome objeto
侮	之
wu3	zhi1

v.9

confiar	não	suficiente	PG preposição + pronome objeto
信	不	足	焉
xin4	bu4	zu2	yan1

v.10

haver	não	confiar	PG preposição + pronome objeto
有	不	信	焉
you3	bu4	xin4	yan1

v.11

relaxado	PG pausa rítmica
悠	兮
you1	xi1

v.12

dele	valioso	palavra
其	貴/贵	言
qi2	gui4	yan2

v.13

trabalho	concluir	tarefa	cumprir
功	成	事	遂
gong1	cheng2	shi4	sui4

v.14

povo		todo	declarar
百	姓	皆	謂/谓
bai3	xing4	jie1	wei4

v.15

eu	sozinho	maneira
我	自	然
wo3	zi4	ran2

Termos específicos:

太上 – tai4shang4 – o governante.

悠 – you1 – de coração tranquilo.

Comentários:

Este poema é um conselho ao governante. A partir das relações entre governantes e governados estabelecidas ao longo da história, Lao Tzu aponta o caminho correto para dirigir o povo. Inicialmente, os subordinados sabiam apenas que o governante existia (v.1 e v.2), isto é, não havia interferência do governo em suas vidas cotidianas. No estágio seguinte, os subordinados eram compelidos a respeitá-lo e adorá-lo (v.3 e v.4). Em seguida, os subordinados temem o governante (v.5 e v.6), ou seja, o poder é assegurado pelo medo. Por fim, o povo perde todo o medo do governo e não tem o mínimo respeito por ele (v.7 e v.8). Essa decadência ao longo das eras é provocada por o governante não confiar suficientemente no Tao (v.9) e, assim, não ser imbuído do seu Poder (v.10). Qual a saída? Relaxar, isto é, Wu-wei, Não-ação (v.11), ouvir o Tao (v.12). Dessa maneira, tudo que deve ser feito será realizado (v.13), e o povo atribuirá a si mesmo a conclusão do trabalho (v.14 e v.15)

POEMA 18

	Caracteres tradicionais	Caracteres simplificados
1	大道廢	大道废
2	有仁義	有仁义
3	智慧出	智慧出
4	有大僞	有大伪
5	六親不和	六亲不和
6	有孝慈	有孝慈
7	國家昏亂	国家昏乱
8	有忠臣	有忠臣

1	Quando o grande Tao é abandonado,
2	Aparecem a benevolência e a justiça.
3	Quando surge a sabedoria,
4	Aparece a hipocrisia.
5	Quando os Seis Relacionamentos não são harmônicos,
6	Aparecem o amor filial e a compaixão.
7	Quando a pátria está em confusão,
8	Aparecem os servidores leais.

Grandes Temas: Verdade, Sociedade

Conceitos Centrais: Tao 道

Verso a verso, caractere por caractere:

v.1

grande	Tao	ser negligenciado
大	道	廢/废
da4	dao4	fei4

v.2

haver	benevolência	justiça
有	仁	義/义
you3	ren2	yi4

v.3

cognição	discernimento	sair
智	慧	出
zhi4	hui4	chu1

v.4

haver	grande	artificial
有	大	偽/伪
you3	da4	wei3

v.5

seis	parentescos	não	harmonia
六	親/亲	不	和
liu4	qin1	bu4	he2

v.6

haver	amor filial	amor compassivo
有	孝	慈
you3	xiao4	ci2

v.7

país	família	confuso	confusão
國/国	家	昏	亂/乱
guo2	jia1	hun1	luan4

v.8

haver	devoto	alto funcionário
有	忠	臣
you3	zhong1	chen2

Termos específicos:

仁 – ren2 – virtude confuciana da benevolência.

義 – yi4 – virtude confuciana da justiça.

六親 – liu4qin1 – literalmente "Seis parentescos". Originalmente, a expressão dizia respeito às relações entre uma pessoa e seu pai (1), sua mãe (2), seus irmãos mais velhos (3), seus irmãos mais novos (4), seu cônjuge (5) e seus filhos (6). Mais recentemente passou a designar todas as relações familiares. No confucionismo, essas relações são rigidamente hierarquizadas e reguladas.

孝 – xiao4 – virtude confuciana do amor filial.

慈 – ci2 – virtude confuciana do amor compassivo.

忠 – zhong1 – virtude confuciana da lealdade.

Comentários:

Nesse poema, Lao Tzu faz um dos ataques mais diretos à escola rival, de Confúcio. Em meio ao caos do Período dos Reinos Combatentes, e com o olhar voltado para uma antiguidade remota onde a vida teria sido perfeita, o autor declara: Quando os homens abandonam o Tao, passam a cultivar a benvolência e a justiça (v.1 e v.2). Quando acaba a sabedoria, recorre-se ao artificialismo e à afetação (v.3 e v.4). Pelo fato das relações familiares não serem mais harmônicas é que louvam-se o amor filial e o amor compassivo. Quando a nação está em confusão, os movimentos políticos palacianos são mais evidentes, o governante precisa de auxílio e de apoio, aí aparecem os ministros leais. A figura do ministro (ou outro servidor) leal é louvada em outras escolas, como a confucionista e a moísta. Mas, para o taoísmo, é um sintoma de um problema no governo.

POEMA 19

	Caracteres tradicionais	Caracteres simplificados
1	絕聖棄智	绝圣弃智
2	民利百倍	民利百倍
3	絕仁棄義	绝仁弃义
4	民復孝慈	民复孝慈
5	絕巧棄利	绝巧弃利
6	盜賊無有	盗贼无有
7	此三者以為文不足	此三者以为文不足
8	故令有所屬	故令有所属
9	見素抱樸	见素抱朴
10	少私寡欲	少私寡欲

1	Eliminando a sabedoria e descartando a inteligência,
2	O povo se beneficia cem vezes mais.
3	Eliminando a benevolência e descartando a justiça,
4	O povo retorna ao amor filial e à compaixão.
5	Eliminando as técnicas e descartando o ganho,
6	Acabam-se os ladrões e os bandidos.
7	Essas três recomendações não bastam;
8	É necessário, ainda, incluir:
9	Aparência modesta, com simplicidade no interior;
10	Reduzir o egoísmo e diminuir os desejos.

Grandes Temas: Sociedade

Conceitos Centrais: Povo 民

Verso a verso, caractere por caractere:

v.1

romper	santo, sábio	descartar	inteligência
絕/绝	聖/圣	棄/弃	智
jue2	sheng4	qi4	zhi4

v.2

povo	vantagem	100	múltiplo
民	利	百	倍
min2	li4	bai3	bei4

v.3

romper	benevolência	descartar	justiça
絕/绝	仁	棄/弃	義/义
jue2	ren2	qi4	yi4

v.4

povo	retornar	amor filial	amor compassivo
民	復/复	孝	慈
min2	fu4	xiao4	ci2

v.5

romper	engenhosidade	descartar	lucro
絕/弃	巧	棄/弃	利
jue2	qiao3	qi4	li4

v.6

ladrão	bandido	não	haver
盜/盗	賊/贼	無/无	有
dao4	zei2	wu2	you3

v.7

esses	três	PG nominalização sujeito	através de	tornar	com conhecimento	não	suficiente
此	三	者	以	為/为	文	不	足
ci3	san1	zhe3	yi3	wei2	wen2	bu4	zu2

v.8

assim	necessário	haver	PG nominalização objeto	conectar
故	令	有	所	屬/属
gu4	ling4	you3	suo3	zhu3

v.9

ver	simples	segurar firme	simples, em estado natural
見/见	素	抱	樸/朴
jian4	su4	bao4	pu3

v.10

pouco	si mesmo	raro	desejo
少	私	寡	欲
shao3	si1	gua3	yu4

Termos específicos:

絕 – jue2 – cortar uma corda, romper, quebrar, separar.

棄 – qi4 – jogar fora, descartar, abandonar, renunciar, rejeitar, abolir.

Comentários:

Continuando a crítica ao confucionismo, Lao Tzu apresenta quatro conjuntos de recomendações ao governante:

- eliminar a sabedoria e descartar a inteligência, para que o povo se beneficie cem vezes mais (v.1 e v.2);

- eliminar a benevolência e descartar a justiça, e retornar aos sentimentos naturalmente bons (v.3 e v.4);

- eliminar as técnicas e descartar o ganho, para que não haja razão para alguém se tornar ladrão (v.5 e v.6); e, considerando que isso possa ser insuficiente (v.7), ele acrescenta um "comando" (v.8).
- manter um exterior modesto e uma simplicidade interior, diminuir o egoísmo e os desejos (v.9 e v.10).

O último conjunto de recomendações pode ser considerado um sumário dos outros três. Ele apresenta de maneira positiva (o que deve se fazer) aquilo que os outros três apresentam de maneira negativa (o que deixar de fazer).

Instituições exteriores inventadas pelo homem devem dar lugar a elementos da constituição interna orgânica da natureza.

Sabedoria/Inteligência – são os conhecimentos acumulados, que apenas nos enchem e não nos fazem felizes.

Benevolência/justiça - a ação caridosa que deve ser cultivada para que alguém seja socialmente reconhecido como "justo".

Técnicas/ganho - as invenções e a tecnologia são logo apropriadas por alguns poucos para gerar lucro a partir da exploração de muitos.

Para Lao Tzu, o aperfeiçoamento do homem e da sociedade não é feito pelo acúmulo de qualidades e ações deliberadas, mas pelo puro esvaziamento de todas as artificialidades. Ele prega uma "desregulamentação" das virtudes, para que a grande Virtude, que é o poder expresso do Tao possa, simplesmente, acontecer. Daí o nome do livro: "Clássico do Tao e seu Poder (Te). Tao e Te são grandes temas.

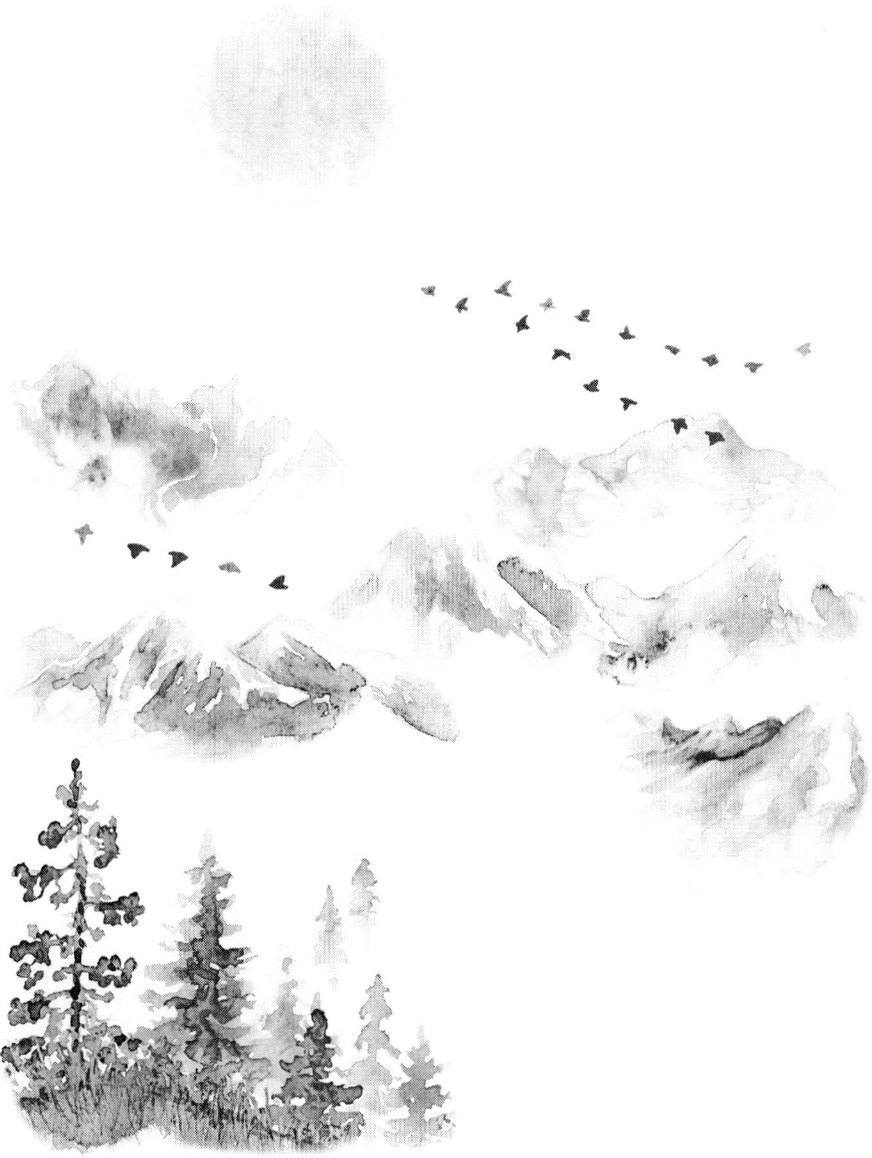

POEMA 20

	Caracteres tradicionais	**Caracteres simplificados**
1	絕學無憂	绝学无忧
2	唯之與阿	唯之与阿
3	相去幾何	相去几何
4	善之與惡	善之与恶
5	相去若何	相去若何
6	人之所畏	人之所畏
7	不可不畏	不可不畏
8	荒兮其未央哉	荒兮其未央哉
9	眾人熙熙	众人熙熙
10	如享太牢	如享太牢
11	如春登臺	如春登台
12	我獨怕兮其未兆	我独怕兮其未兆
13	如嬰兒之未孩	如婴儿之未孩
14	儽儽兮若無所歸	累累*兮若无所归
15	眾人皆有餘	众人皆有余
16	而我獨若遺	而我独若遗
17	我愚人之心也哉	我愚人之心也哉
18	沌沌兮	沌沌兮
19	俗人昭昭	俗人昭昭
20	我獨若昏	我独若昏
21	俗人察察	俗人察察
22	我獨悶悶	我独闷闷
23	澹兮其若海	澹兮其若海
24	飂兮若無止	风**兮若无止
25	眾人皆有以	众人皆有以
26	而我獨頑似鄙	而我独顽似鄙
27	我獨異於人	我独异于人
28	而貴食母	而贵食母

1	Eliminando-se a erudição, acabam-se as preocupações.
2	Entre "Um-hum!" e "Oh!",
3	Quanta diferença há?
4	Entre o agradável e o odioso,
5	Que diferença há?
6	O que os homens temem
7	É impossível não temer.
8	Oh, que imensa aridez!
9	O povão fica radiante,
10	Como quem desfruta de um grande banquete,
11	Como quem passeia pelos terraços de primavera.
12	Eu, por outro lado, não manifesto um sinal de preocupação.
13	Como um bebê que ainda não sorri,
14	Como se, exausto, não tivesse para onde retornar.
15	O povão vive pela fartura,
16	Enquanto eu não me importo com nada.
17	Minha mente é a de um estúpido!
18	Alheio a tudo.
19	As pessoas comuns querem o brilho,
20	Mas eu sou nebuloso.
21	As pessoas comuns investigam a fundo,
22	Eu, por outro lado, fico em minha perplexidade.
23	Cheio de marolas, como o mar!
24	Inquieto, como o vento agitado!
25	As pessoas comuns tem os meios e fins precisos,
26	Eu sou rude e desprezível.
27	Eu sou diferente dos outros,
28	Dou valor à mãe que alimenta.

Grandes Temas: Sociedade, Governo

Conceitos Centrais: Pessoa 人, Excelência/Bondade 善

Verso a verso, caractere por caractere:

v.1

romper	estudo	sem	ansiedade
絕/绝	學/学	無/无	憂/忧
jue2	xue2	wu2	you1

v.2

concordar	PG "algo"	e	oh!
唯	之	與/与	阿
wei2	zhi1	yu3	a1

v.3

entre si	ir	quanto	que?
相	去	幾/几	何
xiang1	qu4	ji3	he2

v.4

bom	PG "algo"	e	mau
善	之	與/与	惡/恶
shan4	zhi1	yu3	e4

v.5

entre si	ir	semelhante	que?
相	去	若	何
xiang1	qu4	ruo4	he2

v.6

pessoa	PG atributivo	PG nominalização objeto	temer
人	之	所	畏
ren2	zhi1	suo3	wei4

v.7

não	ser possível	não	temer
不	可	不	畏
bu4	ke3	bu4	wei4

v.8

desolação	PG pausa rítmica	seu	ainda não	concluído	PG exclamativa
荒	兮	其	未	央	哉
huang1	xi1	qi2	wei2	yang1	zai1

v.9

multidão	pessoa	radiante	radiante
衆/众	人	熙	熙
zhong4	ren2	xi1	xi1

v.10

semelhante	agraciado com um presente	grandioso	rebanho
如	享	太	牢
ru2	xiang3	tai4	lao2

v.11

semelhante	primavera	subir	terraço
如	春	登	臺/台
ru2	chun1	deng1	tai2

v.12

eu	apenas	ter medo	PG pausa rítmica	seu	ainda não	surgir
我	獨/独	怕	兮	其	未	兆
wo3	du2	pa4	xi1	qi2	wei2	zhao4

v.13

semelhante	bebê recém-nascido	PG atributivo	ainda não	sorriso infantil
如	嬰/婴	兒/儿	之	未	孩
ru2	ying1	er2	zhi1	wei2	hai2

v.14

exausto	exausto	PG pausa rítmica	semelhante	não haver	PG nominalização objeto	retornar
儽/累*	儽/累*	兮	若	無/无	所	歸/归
lei3	lei3	xi1	ruo4	wu2	suo3	gui1

v.15

multidão	pessoa	todos	ter	sobra
衆/众	人	皆	有	餘/余
zhong4	ren2	jie1	you3	yu2

v.16

mas	eu	sozinho	semelhante	negligente
而	我	獨/独	若	遺/遗
er2	wo3	du2	ruo4	yi2

v.17

eu	tolo	pessoa	PG atributivo	mente	PG equivalência entre dois termos nominais anteriores	PG exclamativa
我	愚	人	之	心	也	哉
wo3	yu2	ren2	zhi1	xin1	ye3	zai1

v.18

distraído	distraído	PG pausa rítmica
沌	沌	兮
dun4	dun4	xi1

v.19

comum	pessoa	mostrar	brilhante
俗	人	昭	昭
su2	ren2	zhao1	zhao1

v.20

eu	sozinho	semelhante	nebuloso
我	獨/独	若	昏
wo3	du2	ruo4	hun1

v.21

comum	pessoa	escrutinar	escrutinar
俗	人	察	察
su2	ren2	cha2	cha2

v.22

eu	sozinho	aparência estúpida	
我	獨/独	悶/闷	悶/闷
wo3	du2	men4	men4

v.23

plácido	PG pausa rítmica	seu	semelhante	mar
澹	兮	其	若	海
dan4	xi1	qi2	ruo4	hai3

v.24

murmúrio do vento	PG pausa rítmica	semelhante	não haver	parar
飂/风	兮	若	無/无	止
liao2/feng1**	xi1	ruo4	wu2	zhi3

v.25

multidão	pessoa	todos	ter	meios
衆/众	人	皆	有	以
zhong4	ren2	jie1	you3	yi3

v.26

mas	eu	sozinho	rude	parecido	vulgar
而	我	獨/独	頑/顽	似	鄙
er2	wo3	du2	wan2	si4	bi3

v.27

eu	sozinho	diferir	de	pessoa
我	獨/独	異/异	於/于	人
wo3	du2	yi4	yu2	ren2

v.28

e	valorizo	nutrir	mãe
而	貴/贵	食	母
er2	gui4	si4	mu3

Observações:

* Verso 14: O caractere儽 (lei3) tornou-se obsoleto e foi substituído, já há séculos, por累 (lei4), que originalmente significava "empilhado" e incorporou o significado de "exausto".

** Verso 24: O caractere 飂 (liao2) tornou-se obsoleto e não é usado em textos modernos. Nas versões do Tao Te Ching em ortografia simplificada, ele é substituído por风, que é, na verdade, simplificação de風 (feng1 – vento).

Termos específicos:

太牢 – tai4lao2 – o maior banquete sacrificial, no qual era oferecida a carne de três animais diferentes: o boi, o porco e a ovelha.

春臺 – chun1tai2 – terraços com jardins.

食 - caractere com duas pronúncias, cada qual com seu significado. Shi2 – comer. Si4 – dar de comer.

Comentários:

Lao Tzu dirige sua crítica ferrenha contra a figura construída do sábio cheio de conhecimento. Isso pode nos causar estranhamento, pois cultivamos um "sábio chinês" na nossa imaginação. Talvez um velhinho frágil, de vetusta barba, em atitude circunspecta, ouvindo nossas angústias, pontuando nossa fala com um eventual "Um-hum" de concordância ou um "Oh!" de admiração. Lao Tzu simplesmente aniquila essa fantasia (v.1 a v.3). Discussões teóricas sobre a beleza e a feiura levam a delimitações conceituais artificiais (v.4 e v.5). Disso nada se conclui para o bom proveito da vida. O que os homens temem, continuam a temer (v.6 e v.7). O discurso desses sábios é de uma aridez sem fim (v.8), mas cativa o povão, que se deleita ao ouvir (V.9 a v.11). Lao Tzu não se importa com nada disso (v.12). Mantém sua inocência e não se perturba com esses assuntos (v.14). É como o bebê que ainda não aprendeu a sorrir. Ele mantém sua pureza, ignorando os estímulos exteriores (v.13). O povão gosta da abundância e busca a fartura (v.15). Lao Tzu não está nem aí para isso (v16). É tido como um tolo (v.17 e v.18), e não liga. As pessoas comuns querem ser reconhecidas e valorizadas (v.19). Lao Tzu permanece nas sombras (v.20). As pessoas comuns gostam de mostrar argúcia e raciocínio brilhante (v.21). Lao Tzu mantém uma aparência de estúpido (v.22). Fica plácido, sereno e impassível, como o mar de poucas ondas (v.23). Em vez de estático e imóvel, convencido da verdade e pronto a prová-la, ele se agita como o vento inconstante (v.24). O povão trabalha pelo refinamento das técnicas e das obras (v.25). Lao Tzu é rude e desengonçado (v.26). Ele é diferente dos demais (v.27), pois valoriza "a mãe que alimenta" (v.28). A "mãe de todas as coisas" é o Tao (ver poema 1), e falar que é alimentado por essa mãe quer dizer que ele é sustentado pelo Tao.

POEMA 21

	Caracteres tradicionais	Caracteres simplificados
1	孔德之容	孔德之容
2	唯道是從	唯道是从
3	道之為物	道之为物
4	唯恍唯惚	唯恍唯惚
5	惚兮恍兮	惚兮恍兮
6	其中有象	其中有象
7	恍兮惚兮	恍兮惚兮
8	其中有物	其中有物
9	窈兮冥兮	窈兮冥兮
10	其中有精	其中有精
11	其精甚真	其精甚真
12	其中有信	其中有信
13	自古及今	自古及今
14	其名不去	其名不去
15	以順衆父*	以顺众父*
16	吾何以知	吾何以知
17	衆父之然哉**	众父之然哉**
18	以此	以此

1	A expressão do grande Poder
2	Está em seguir o Tao.
3	A materialização do Tao
4	É, de fato, indefinida e indistinta.
5	Indistinta!! Indefinida!!
6	Em seu interior estão as formas.
7	Indefinida!! Indistinta!!
8	Em seu interior estão as coisas.
9	Profundo!! Obscuro!!
10	Em seu interior está a essência.
11	Sua essência é o mais verdadeiro.
12	Nela está a certeza.
13	Desde tempos antigos até agora,
14	Seu nome não se perdeu.
15	A ele segue o patriarca dos povos.
16	Como eu conheço
17	A natureza do patriarca dos povos?
18	Por isso.

Grandes Temas: Verdade

Conceitos Centrais: Tao 道, Poder (Virtude) 德

Verso a verso, caractere por caractere:

v.1

grande	poder, virtude	PG atributivo	aparência
孔	德	之	容
kong3	de2	zhi1	rong2

v.2

somente	Tao	isto	ir junto
唯	道	是	從/从
we2	dao4	shi4	cong2

v.3

Tao	PG atributivo	fazer-se	matéria
道	之	為/为	物
dao4	zhi1	wei2	wu4

v.4

somente	confuso	somente	distraído
唯	恍	唯	惚
wei2	huang3	wei2	hu1

v.5

distraído	PG pausa rítmica	confuso	PG pausa rítmica
惚	兮	恍	兮
hu1	xi1	huang3	xi1

v.6

dele	centro	haver	imagem
其	中	有	象
qi2	zhong1	you3	xiang4

v.7

confuso	PG pausa rítmica	distraído	PG pausa rítmica
恍	兮	惚	兮
huang3	xi1	hu1	xi1

v.8

dele	centro	haver	matéria
其	中	有	物
qi2	zhong1	you3	wu4

v.9

afastamento	PG pausa rítmica	escuridão	PG pausa rítmica
窈	兮	冥	兮
yao3	xi1	ming2	xi1

v.10

dele	centro	haver	essência
其	中	有	精
qi2	zhong1	you3	jing1

v.11

dele	essência	extremamente	verdade
其	精	甚	真
qi2	jing1	shen4	zhen1

v.12

dele	centro	haver	confiança
其	中	有	信
qi2	zhong1	you3	xin4

v.13

desde	antigo	até	agora
自	古	及	今
zi4	gu3	ji2	jin1

v.14

dele	nome	não	ir embora
其	名	不	去
qi2	ming2	bu4	qu4

v.15

por meio de	seguir	multidão	pai
以	順/顺	衆/众	父
yi3	shun4	zhong4	fu4

v.16

eu	qual	modo	saber
吾	何	以	知
wu2	he2	yi3	zhi1

v.17

multidão	pai	PG atributivo	natureza	PG exclamativa
衆/众	父	之	然	哉
zhong4	fu4	zhi1	ran2	zai1

v.18

por meio de	esse
以	此
yi3	ci3

Observações:

* Verso 15: Optei pela versão de Mawangdui. O texto de Wang Bi traz 以閱衆甫 (A ele observa o originador das multidões).

** Verso 17: Optei pela versão de Mawangdui. O texto de Wang Bi traz 衆甫之狀哉 (O aspecto do originador das multidões).

Termos específicos:

信 – xin4 – confiança, sinceridade, fé. A qualidade da pessoa (人) de palavra (言).

Comentários:

Lembrando que o Tao Te Ching é o "Clássico do Tao e seu Poder", temos aqui uma menção a esse poder: ele se manifesta naquele que segue o Tao. O caractere 德 significa, comumente, "virtude, moralidade", mas a filosofia taoísta utiliza-o para expressar a manifestação do Tao em alguém, ou o poder vindo do Tao. Vários capítulos vão se dedicar ao tema desse Poder.

Quando o Tao está para ser manifestado como esse Poder (v.1 e v.2), não é bem discernível (v.3 a v.5). Mas em seu interior está a ideia, a materialidade e a essência de todas as coisas (v.6 a v.12).

E, numa espécie de círculo que contém a si mesmo, dentro da essência está aquilo que não perde o nome (v.13 e v.14), isto é, o Tao. O patriarca de todos os povos, isto é, a origem de tudo, se conforma ao Tao e por isso existe (v.15). Se não se conformasse ao Tao, não existiria (v.16 a v.18).

POEMA 22

	Caracteres tradicionais	**Caracteres simplificados**
1	曲則全	曲则全
2	枉則直	枉则直
3	窪則盈	洼则盈
4	弊則新	弊则新
5	少則得	少则得
6	多則惑	多则惑
7	是以聖人抱一	是以圣人抱一
8	為天下式	为天下式
9	不自見故明	不自见故明
10	不自是故彰	不自是故彰
11	不自伐故有功	不自伐故有功
12	不自矜故長	不自矜故长
13	夫唯不爭	夫唯不争
14	故天下莫能與之爭	故天下莫能与之争
15	古之所謂曲則全者	古之所谓曲则全者
16	豈虛言哉	岂虚言哉
17	誠全而歸之	诚全而归之

1	Dobrando-se, está inteiro;
2	Curvando-se, está reto;
3	Sendo oco, está cheio;
4	Sendo gasto, está novo;
5	Sendo pouco, é ganho;
6	Sendo muito, é perda.
7	Por isso, o sábio abraça o Um,
8	Tornando-se modelo para o mundo.
9	Não se exibe, por isso ilumina;
10	Não se mostra, por isso se destaca;
11	Não se empenha, por isso tem sucesso;
12	Não se enaltece, por isso dura mais tempo.
13	Como não luta,
14	Não há ninguém no mundo que lute contra ele.
15	O que os antigos diziam: "Dobrando-se, está inteiro",
16	Não teria valor?
17	Verdadeiramente, tudo se integra assim.

Grandes Temas: Verdade, Pessoa

Conceitos Centrais: Tao 道, si mesmo 自, o mundo 天下

Verso a verso, caractere por caractere:

v.1

curvo	portanto	inteiro
曲	則/则	全
qu1	ze2	quan2

v.2

dobrado	portanto	reto
枉	則/则	直
wang3	ze2	zhi2

v.3

água estagnada	portanto	abundante
窪/洼	則/则	盈
wa1	ze2	ying2

v.4

destruído	portanto	novo
弊	則/则	新
bi4	ze2	xin1

v.5

pouco	portanto	obter
少	則/则	得
shao3	ze2	de2

v.6

muito	portanto	ilusão
多	則/则	惑
duo1	ze2	huo4

v.7

isso	por meio de	sábio		abraça	um
是	以	聖/圣	人	抱	一
shi4	yi3	sheng4	ren2	bao4	yi1

v.8

fazer-se	mundo		modelo
為/为	天	下	式
wei2	tian1	xia4	shi4

v.9

não	si mesmo	considerar como	então	claro
不	自	見/见	故	明
bu4	zi4	jian4	gu4	ming2

v.10

não	si mesmo	demonstrar	então	manifestar
不	自	是	故	彰
bu4	zi4	shi4	gu4	zhang1

v.11

não	si mesmo	ofensiva	então	haver	sucesso
不	自	伐	故	有	功
bu4	zi4	fa2	gu4	you3	gong1

v.12

não	si mesmo	compaixão	então	longo
不	自	矜	故	長/长
bu4	zi4	jin1	gu4	chang2

v.13

seja como for	somente	não	confronto
夫	唯	不	爭/争
fu1	wei2	bu4	zheng1

v.14

então	mundo		de jeito nenhum	ter capacidade	com	PG pronome objeto	confrontar
故	天	下	莫	能	與/与	之	爭/争
gu4	tian1	xia4	mo4	neng2	yu3	zhi1	zheng1

v.15

antigo	PG atributivo	PG nominalização objeto	dizer	curvo	portanto	inteiro	PG nominalização sujeito
古	之	所	謂/谓	曲	則/则	全	者
gu3	zhi1	suo3	wei4	qu1	ze2	quan2	zhe3

v.16

PG dúvida retórica	vazio	palavra	PG exclamativa
豈/岂	虛/虚	言	哉
qi3	xu1	yan2	zai1

v.17

genuíno	completo	e	retorna	PG pronome objeto
誠/诚	全	而	歸/归	之
cheng2	quan2	er2	gui1	zhi1

Termos específicos:

自見 – zi4jian4 – querer se mostrar.

自是 – zi4shi4 – querer ser reconhecido.

自伐 – zi4fa2 – aplicar-se sozinho.

自矜 – zi4jin1 – auto-comiseração.

Comentários:

O poema descreve o sábio ideal do taoísmo. Exteriormente, ele não tem nenhum brilho, e pode inclusive ser alvo de desprezo, mas seu interior está preenchido pelo poder do Tao. Seu aspecto pode ser torto, curvo, esgotado, defeituoso, insuficiente; mas sua essência é completa, reta, abundante, nova, toda-includente (v.1 a v.5). A fartura externa é ilusória (v.6). O Sábio abraçou o Tao (v.7) e tornou-se exemplo para o mundo (v.8). Ele não se exibe, mas ilumina (v.9); não busca o reconhecimento, por isso se destaca (v.10); não interfere, por isso tem sucesso (v.11); não se exalta, por isso perdura (v.12). Basta apenas não lutar (v.13) e não haverá quem queira confrontá-lo (v.14). A observação dos antigos é que gerou esse dito (v.15) de muito valor (v.16). Tudo que há se integra e retorna ao Tao (v.17).

POEMA 23

	Caracteres tradicionais	**Caracteres simplificados**
1	希言自然	希言自然
2	故飄風不終朝	故飘风不终朝
3	驟雨不終日	骤雨不终日
4	孰為此者	孰为此者
5	天地尚不能久有	天地尚不能久有
6	而況於人乎	而况于人乎
7	故從事於道者	故从事于道者
8	道者	道者
9	同於道	同于道
10	德者	德者
11	同於德	同于德
12	失者	失者
13	同於失	同于失
14	同於道者	同于道者
15	道亦樂得之	道亦乐得之
16	同於德者	同于德者
17	德亦樂得之	德亦乐得之
18	同於失者	同于失者
19	失亦樂得之	失亦乐得之
20	信不足	信不足
21	焉有不信焉	焉有不信焉

1	Falar pouco é natural,
2	Assim como uma ventania não dura a manhã inteira,
3	E um temporal não dura o dia inteiro.
4	De onde vem isso?
5	Do Céu e da Terra, tão antigos, mas não eternos.
6	Não é assim com o homem também?
7	Assim, é preciso estar de acordo com o Tao.
8	Aquele que está de acordo com o Tao
9	É um com o Tao.
10	Aquele que está de acordo com o Poder
11	É um com o Poder.
12	Aquele que está de acordo com a perda
13	É um com a perda.
14	Aquele que é um com o Tao
15	É prazeirosamente recebido pelo Tao.
16	Aquele que é um com o Poder
17	É prazeirosamente recebido pelo Poder.
18	Aquele que é um com a perda
19	É prazeirosamente recebido pela perda
20	Se sua confiança é insuficiente
21	Como terá confiança depositada em você?

Grandes Temas: Verdade, Pessoa

Conceitos Centrais: Tao 道, Poder (Virtude) 德, Céu 天, Terra 地

Verso a verso, caractere por caractere:

v.1

escasso	falar	naturalmente	
希	言	自	然
xi1	yan2	zi4	ran2

v.2

assim	ventania	vento	não	inteiro	manhã
故	飄/飘	風/风	不	終/终	朝
gu4	piao1	feng1	bu4	zhong1	zhao1

v.3

súbito, precipitado	chuva	não	inteiro	dia
驟/骤	雨	不	終/终	日
zhou4	yu3	bu4	zhong1	ri4

v.4

como	tornar-se	este	PG nominalização
孰	為/为	此	者
shu2	wei2	ci3	zhe3

v.5

céu	terra	mesmo sendo	não	ter capacidade	longo tempo	haver
天	地	尚	不	能	久	有
tian1	di4	shang4	bu4	neng2	jiu3	you3

v.6

e	comparar	com	pessoa	PG interrogativa
而	況/况	於	人	乎
er2	kuang4	yu2	ren2	hu1

v.7

então	de acordo	atividade	em	Tao	PG nominalização
故	從/从	事	於/于	道	者
gu4	cong2	shi4	yu2	dao4	zhe3

v.8

Tao	PG nominalização
道	者
dao4	zhe3

v.9

junto	com	Tao
同	於/于	道
tong2	yu2	dao4

v.10

poder (virtude)	PG nominalização
德	者
de2	zhe3

v.11

junto	com	virtude (poder)
同	於/于	德
tong2	yu2	de2

v.12

abandonar	PG nominalização
失	者
shi1	zhe3

v.13

junto	com	abandono
同	於/于	失
tong2	yu2	shi1

v.14

junto	com	Tao	PG nominalização
同	於/于	道	者
tong2	yu2	dao4	zhe3

v.15

Tao	por sua vez também	alegria	obter	PG pronome objeto
道	亦	樂/乐	得	之
dao4	yi4	le4	de2	zhi1

v.16

junto	com	poder (virtude)	PG nominalização
同	於/于	德	者
tong2	yu2	de2	zhe3

v.17

poder (virtude)	por sua vez também	alegria	obter	PG pronome objeto
德	亦	樂/乐	得	之
de2	yi4	le4	de2	zhi1

v.18

junto	com	abandono	PG nominalização
同	於/于	失	者
tong2	yu2	shi1	zhe3

v.19

abandona	por sua vez também	alegria	obter	PG pronome objeto
失	亦	樂/乐	得	之
shi1	yi4	le4	de2	zhi1

v.20

confiança	não	suficiente
信	不	足
xin4	bu4	zu2

v.21

como	haver	não	confiança	PG preposição + objeto
焉	有	不	信	焉
yan1	you3	bu4	xin4	yan1

Termos específicos:

失 – shi1 – perder, abandonar, desprover.

德 – de2 – poder, virtude. Como vimos no módulo introdutório, a tradução de 德 merece atenção. Significa "Virtude", mas não como qualidade ou comportamento aprendido, mas como algo que emana naturalmente da pessoa que alcançou o Tao. Além disso, existe um cognato (palavra com a mesma origem) de 德, com a mesma pronúncia (de2), que é 得 (obter). Em alguns textos clássicos, o último aparece substituindo o primeiro. O verso 14 pode ser lido de acordo com esse entendimento, ou seja, "O Tao, por sua vez, também alcança ("obtém") o sujeito". De fato, quando o sujeito está junto com o Tao, a "obtenção" (de2 得) é o poder (de2 德), a qualidade própria e emanada do Tao.

Comentários:

Quando se trata do Tao, o natural é falar pouco sobre ele (v.1). O discurso teórico é limitado, assim como a ventania, que não dura uma manhã (v.2), ou a tempestade, que não dura um dia inteiro (v.3). E nos interrogamos: por que as coisas são assim ? (v.4). As palavras são capazes de descrever as coisas que existem num limite temporal, como o Céu e a Terra (v.5), mas o Tao é supratemporal. E em relação ao mundo humano ? (v.6) O terreno sobre o qual se desenvolvem as atividades humanas determinará o resultado. Assim, devemos dirigí-las para o supratemporal – o Tao e seu poder. Nossas atividades devem seguir o Tao (v.7), Se seguem o Tao (v.8), unimo-nos ao Tao (v.9). Se seguem o Poder (virtude), unimo-nos ao Poder (v.10 e v.11). Aquele, porém, que abandona o Tao (v.12) fica abandonado (v.13). Quem se une ao Tao, também é recebido por ele (v.14 e v.15). Quem se une ao Poder (virtude), também é recebido por ele (v.16 e v.17). Quem se une a perda, também é recebido por ela (v.18 e v.19). A união ao Tao e ao Poder (virtude) é fundamentada na confiança (ou fé). Se essa confiança for insuficiente, como terá certeza de ter sido recebido por eles (v.20 e v. 21).

POEMA 24

	Caracteres tradicionais	**Caracteres simplificados**
1	企者不立	企者不立
2	跨者不行	跨者不行
3	自見者不明	自见者不明
4	自是者不彰	自是者不彰
5	自伐者無功	自伐者无功
6	自矜者不長	自矜者不长
7	其在道也曰	其在道也曰
8	餘食贅行	余食赘行
9	物或惡之	物或恶之
10	故有道者不處 *	故有道者不处 *

1	Quem se põe nas pontas dos pés não se firma;
2	Quem afasta muito as pernas não caminha;
3	Quem se exibe não ilumina;
4	Quem se mostra não se destaca;
5	Quem se empenha não tem sucesso;
6	Quem se enaltece não dura muito.
7	Quem está com o Tao diz:
8	"Restos de comida, conduta supérflua".
9	Dessas coisas sente repugnância.
10	Quem tem o Tao não fica neste lugar.

Grandes Temas: Verdade, Pessoa

Conceitos Centrais: Tao 道

Verso a verso, caractere por caractere:

v.1

ficar na ponta dos pés, aguardando algo com ansiedade	PG nominalização	não	firme de pé
企	者	不	立
qi34	zhe3	bu4	li4

v.2

sentar-se com as pernas abertas	PG nominalização	não	caminhar
跨	者	不	行
kua4	zhe3	bu4	xing2

v.3

si mesmo	ver	PG nominalização	não	claro
自	見/见	者	不	明
zi4	jian4	zhe3	bu4	ming2

v.4

si mesmo	afirmado	PG nominalização	não	evidente
自	是	者	不	彰
zi4	shi4	zhe3	bu4	zhang1

v.5

si mesmo	orgulhoso	PG nominalização	não haver	sucesso
自	伐	者	無/无	功
zi4	fa2	zh3	wu2	gong

v.6

si mesmo	comiseração	PG nominalização	não	tratar com respeito
自	矜	者	不	長/长
zi4	jin1	zhe3	bu4	zhang3

v.7

ele	estar em	Tao	PG marcador de tópico	dizer
其	在	道	也	曰
qi2	zai4	dao4	ye3	yue1

v.8

excesso	alimento	supérfluo	conduta
餘/余	食	贅/赘	行
yu2	shi2	zhui4	xing2

v.9

coisa	por vezes	sentir aversão	PG pronome objeto
物	或	惡/恶	之
wu4	huo4	wu4	zhi1

v.10*

então	haver	Tao	PG nominalização	não	ficar em
故	有	道	者	不	處/处
gu4	you3	dao4	zhe3	bu4	chu3

* O texto de Mawangdui, além de diferenças menores ao longo do poema, diverge bastante no último verso: 故有欲者弗居 (lit. "Assim, aquele que tem desejo não reside (no Tao)")

Termos específicos:

行 – xing2 – caminhar, conduta, agir. Segundo Gao Heng (1900-1986, professor do Instituto de Filosofia da Academia Chinesa de Ciências), o caractere no verso 8 não seria 行, mas 衣 (roupa). Essa confusão teria sido causada pela semelhança entre as formas arcaicas desses caracteres:

Assim, o verso 8 seria lido como "comida excessiva, roupas desnecessárias".

Comentários:

Quem se põe nas pontas dos pés, ansiando por algo, não se firma de pé (v.1). Quem fica com os pés muito afastados, demasiadamente preso ao chão, tem dificuldade para andar (v.2). Quem se tem em alta conta não é esclarecido (v.3). Quem se exibe não se destaca (v.4). Quem se enaltece não tem sucesso (v.5). Quem tem pena de si mesmo não dura muito tempo (v.6). Quem está com o Tao, ao contemplar essas atitudes, diz (v.7): "Excesso de comida, atitudes exageradas" (v.8), das coisas materiais se afasta (v.9). Quem está com o Tao não tem nada a ver com isso (v.10).

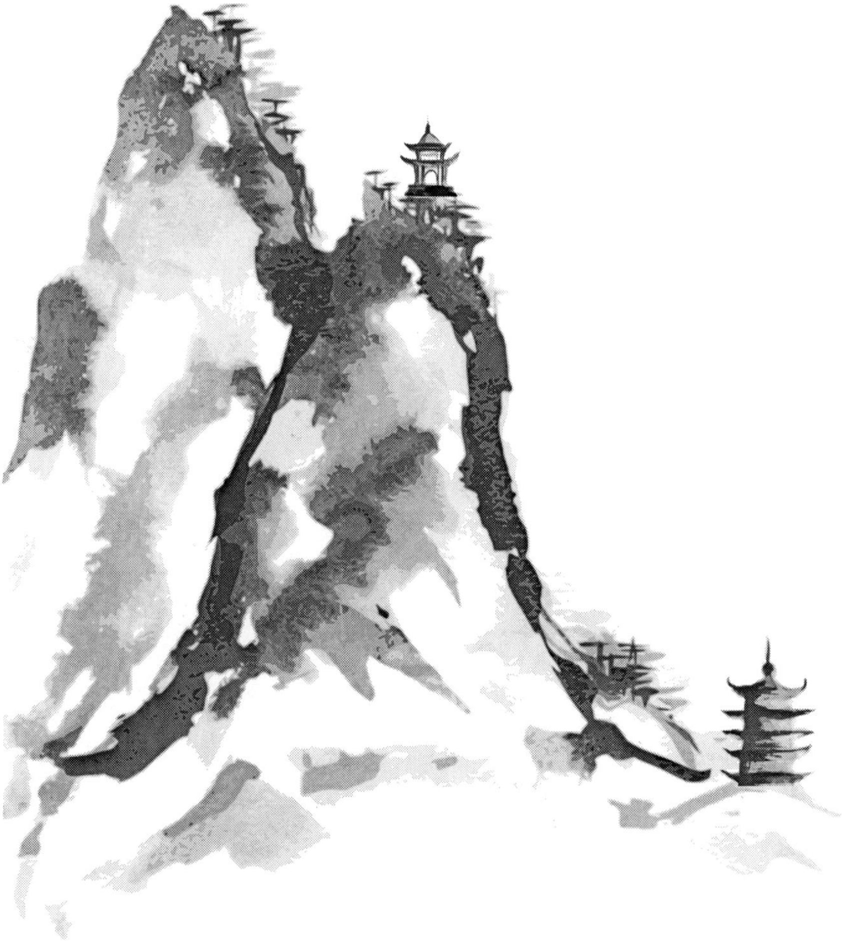

POEMA 25

	Caracteres tradicionais	Caracteres simplificados
1	有物混成	有物混成
2	先天地生	先天地生
3	寂兮寥兮	寂兮寥兮
4	獨立不改	独立不改
5	周行而不殆	周行而不殆
6	可以為天下母	可以为天下母
7	吾不知其名	吾不知其名
8	字之曰道	字之曰道
9	強為之名曰大	强为之名曰大
10	大曰逝	大曰逝
11	逝曰遠	逝曰远
12	遠曰反	远曰反
13	故道大	故道大
14	天大	天大
15	地大	地大
16	王亦大	王亦大
17	域中有四大	域中有四大
18	而王居其一焉	而王居其一焉
19	人法地	人法地
20	地法天	地法天
21	天法道	天法道
22	道法自然	道法自然

1	Existe uma coisa indistintamente formada,
2	Anterior ao Céu e à Terra.
3	Intangível! Silenciosa!
4	Incondicionada e imutável.
5	Circula sem causar dano.
6	Pode ser considerada a mãe do mundo.
7	Não sei o seu nome;
8	Chamo-a de Tao.
9	Obrigando-me a considerá-la, denomino-a "Grande".
10	Sendo Grande, denomino-a "Aquela que parte".
11	Sendo a que parte, denomino-a "Distante".
12	Sendo Distante, denomino-a "Aquela que retorna".
13	O Tao é grande,
14	O Céu é grande,
15	A Terra é grande,
16	O Rei é grande.
17	Existem esses quatro grandes,
18	E o Rei é um dentre eles.
19	O Homem é regido pela Terra.
20	A Terra é regida pelo Céu.
21	O Céu é regido pelo Tao.
22	O Tao é regido pela própria natureza.

Grandes Temas: Verdade, Pessoa

Conceitos Centrais: Tao 道, Mundo 天下, Céu 天, Terra 地, Pessoa 人, Rei 王

Verso a verso, caractere por caractere:

v.1

haver	coisa	confuso	formado
有	物	混	成
you3	wu4	hun4	cheng2

v.2

anterior	céu	terra	nascer
先	天	地	生
xian1	tian1	di4	sheng1

v.3

silencioso	PG pausa rítmica	vazio	PG pausa rítmica
寂	兮	廖	兮
ji4	xi1	liao2	xi1

v.4

sozinho	firme	não	mudar
獨/独	立	不	改
du2	li4	bu4	gai4

v.5

circular	andar	mas	não	perigo
周	行	而	不	殆
zhou1	xing2	er2	bu4	dai4

v.6

é possível	por meio de	tornar-se	mundo		mãe
可	以	為/为	天	下	母
ke3	yi3	wei2	tian1	xia4	mu3

v.7

eu	não	sei	dele	nome
吾	不	知	其	名
wu2	bu4	zhi1	qi2	ming4

v.8

nomear	PG pronome objeto	dizer	Tao
字	之	曰	道
zi4	zhi1	yue1	dao4

v.9

obrigar	tornar-se	PG pronome objeto	nome	dizer	grande
強/强	爲/为	之	名	曰	大
qiang2	wei2	zhi1	ming2	yue1	da4

v.10

grande	dizer	ir embora
大	曰	逝
da4	yue1	shi4

v.11

ir embora	dizer	distante
逝	曰	遠/远
shi4	yue1	yuan3

v.12

distante	dizer	reverter
遠/远	曰	反
yuan3	yue1	fan3

v.13

então	Tao	grande
故	道	大
gu4	dao4	da4

v.14

céu	grande
天	大
tian1	da4

v.15

terra	grande
地	大
di4	da4

v.16

rei	também	grande
王	亦	大
wang2	yi1	da4

v.17

limite	dentro	haver	quatro	grande
域	中	有	四	大
yu4	zhong1	you3	si4	da4

v.18

mas	rei	morar	dele	um	nisso
而	王	居	其	一	焉
er2	wang2	ju1	qi2	yi1	yan1

v.19

pessoa	regulamento	terra
人	法	地
ren2	fa3	di4

v.20

terra	regulamento	céu
地	法	天
di4	fa3	tian1

v.21

céu	regulamento	Tao
天	法	道
tian1	fa3	dao4

v.22

Tao	regulamento	naturalmente	
道	法	自	然
dao4	fa3	zi4	ran2

Termos específicos:

名 – ming2 – nome. Era o nome que a pessoa recebia ao nascer.

字 – zi4 – nome. Era o nome que o homem escolhia para si após tornar-se adulto (ou seja, após casar-se).

Comentários:

Como é descrito o Tao por Lao Tzu? É uma coisa constituída de maneira obscura (v.1), anterior ao surgimento do Céu e da Terra (v.2). É algo silencioso e em repouso (v.3), que se mantém por si mesmo e não muda (v.4). Tem uma órbita, ou um modo de se mover, sem ameaçar ninguém (v.5). É a mãe do mundo (v.6). Lao Tzu denomina esse algo de "Tao", na falta de melhor nome (v.7 e v.8). Apresenta atributos que caracterizam seu movimento: grande, partindo, distante, retornando; num ciclo contínuo (v.9 a v.12). Entre os entes que apresentam esses atributos, o Tao, o Céu, a Terra e o Rei (v.13 a v.17), o fator humano, que tanto prezamos, é apenas um deles (v.18). Na realidade, a humanidade ocupa a posição mais baixa nessa hierarquia. A sociedade humana está sujeita ao mundo material (v.19). O mundo material está sujeito ao mundo espiritual (v.20). O mundo espiritual está sujeito ao Tao (v.21), e o Tao sujeita-se a si mesmo (v.22).

POEMA 26

	Caracteres tradicionais	Caracteres simplificados
1	重為輕根	重为轻根
2	靜為躁君	静为躁君
3	是以聖人	是以圣人
4	終日行不離輜重	终日行不离辎重
5	雖有榮觀	虽有荣观
6	燕處超然	燕处超然
7	奈何萬乘之主	奈何万乘之主
8	而以身輕天下	而以身轻天下
9	輕則失本	轻则失本
10	躁則失君	躁则失君

1   O peso é a raiz da leveza;
2   A quietude é a senhora da agitação.
3   Por isso, o sábio
4   Caminha o dia inteiro sem se afastar de seu carro de bagagem.
5   Apesar dos guardas pessoais
6   E dos locais de repasto, ele mantém sua atenção.
7   Como é possível que um rei com dez mil carros
8   Negligencie a si mesmo diante do mundo?
9   Pela leveza, perde-se a raiz;
10   Pela agitação, perde-se o senhorio.

Grandes Temas: Verdade, Pessoa, Guerra

Conceitos Centrais: Sábio 聖人, Mundo 天下

Verso a verso, caractere por caractere:

v.1

pesado	ser	leve	raiz
重	為/为	輕/轻	根
zhong4	wei2	qing1	gen1

v.2

quietude	ser	agitação	senhor
靜/静	為/静	躁	君
jing4	wei2	zao4	jun1

v.3

por isso		sábio	pessoa
是	以	聖/圣	人
shi4	yi3	sheng4	ren2

v.4

completo	dia	mover	não	distante	carroça coberta	enfatizar
終/终	日	行	不	離/离	輜/辎	重
zhong1	ri4	xing2	bu4	li2	zi1	zhong4

v.5

ainda que	haver	abundante	torre de vigia
雖/虽	有	榮/荣	觀/观
sui1	you3	rong2	guan4

v.6

servir refeição	local	exceder	maneira
燕	處/处	超	然
yan4	chu4	chao1	ran2

v.7

como é possível		10.000	carro de guerra	PG atributivo	dono
奈	何	萬/万	乘	之	主
nai4	he2	wan4	sheng4	zhi1	zhu3

v.8

mas	por	si próprio	leve	mundo	
而	以	身	輕/轻	天	下
er2	yi3	shen1	qing1	tian1	xia4

v.9

leve	e então	perder	raiz
輕/轻	則/则	失	本
qing1	ze2	shi1	ben3

v.10

agitado	e então	perder	senhor
躁	則/则	失	君
zao4	ze2	shi1	jun1

Termos específicos:

輜 – zi1 1 – antigo carro de guerra, coberto, utilizado para transporte de armas e suprimentos.

觀 – caractere com duas pronúncias, cada uma com um campo de significados. Guan1 = contemplar, apreciar uma paisagem. Guan4 = torre de vigia, numa muralha ou numa fortaleza.

Comentários:

Lao Tzu utiliza o conceito de "pesado" associado ao de "tranquilidade". É preciso ter uma base firme para expressar a leveza (v.1). A tranquilidade deve governar a agitação (v.2). Por isso, o sábio faz tudo o que é preciso o dia inteiro, sem descuidar daquilo que é essencial (v.3 e v.4). Mesmo que meios externos suportem a nossa vida, nosso cuidado deve ser constante (v.5 e v.6). É a mesma atitude de um comandante, mantendo o foco principal, sem se distrair com fatores menores (v.7 e v.8). A leveza, sem a firmeza, faz-nos perder a raiz (v.9). A agitação, sem a tranquilidade, faz com que percamos o controle do que estaria ao nosso alcance (v.10).

O corpo é a raiz material do espírito.

Muitas tradições consideram o corpo como algo a ser abandonado para haver o progresso espiritual. Chegam a submeter o corpo a castigos e sofrimento para cultivar o espírito.

Para o taoísmo, no entanto, o cuidado com o corpo é uma disciplina para o desenvolvimento espiritual. A partir dessa visão desenvolveram-se as várias técnicas de alquimia interna da medicina chinesa.

Essas técnicas todas têm, em comum, o cultivo da quietude corporal e da estabilidade mental.

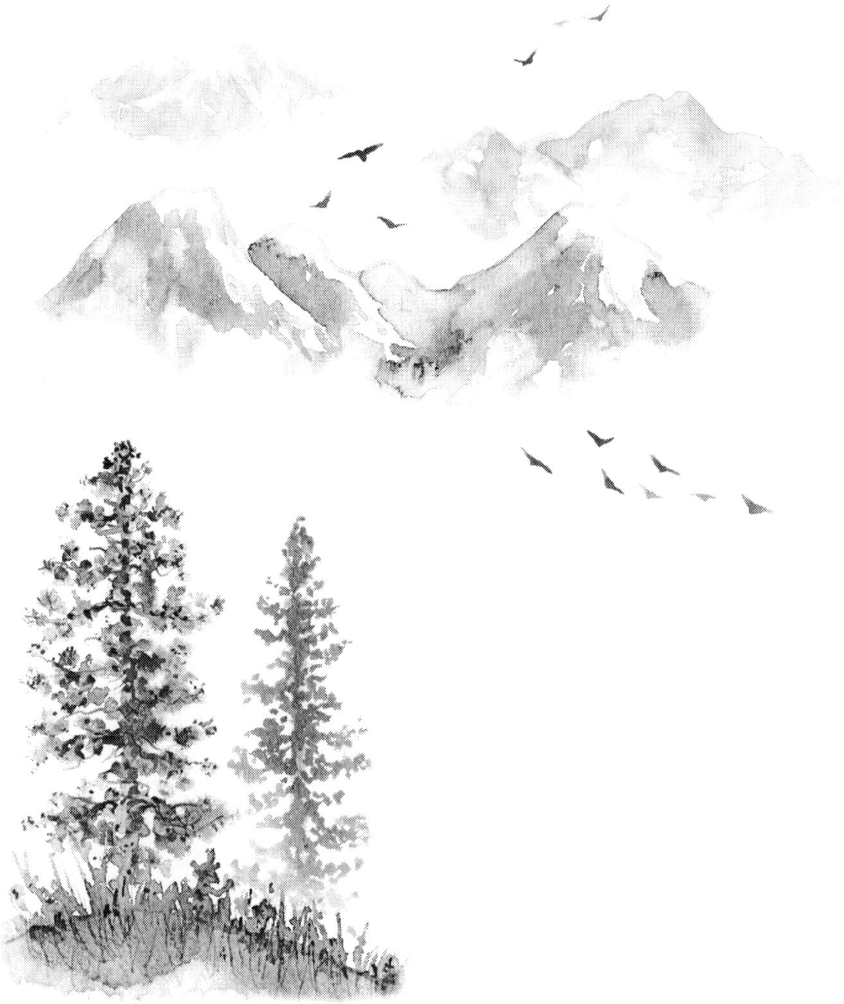

POEMA 27

	Caracteres tradicionais	**Caracteres simplificados**
1	善行無轍迹	善行无辙迹
2	善言無瑕謫	善言无瑕谪
3	善數不用籌策	善数不用筹策
4	善閉無關楗	善闭无关楗
5	而不可開	而不可开
6	善結無繩約	善结无绳约
7	而不可解	而不可解
8	是以聖人	是以圣人
9	常善救人	常善救人
10	故無棄人	故无弃人
11	常善救物	常善救物
12	故無棄物	故无弃物
13	是謂襲明	是谓袭明
14	故善人者	故善人者
15	不善人之師	不善人之师
16	不善人者	不善人者
17	善人之資	善人之资
18	不貴其師	不贵其师
19	不愛其資	不爱其资
20	雖智大迷	虽智大迷
21	是謂要妙	是谓要妙

1	Quem tem excelência no caminhar não deixa pegadas;
2	Quem tem excelência no falar não se engana nem ofende;
3	Quem tem excelência no cálculo não usa instrumento de contagem;
4	Quem tem excelência no fechar não precisa de ferrolhos;
5	E não se abre o que ele fecha.
6	Quem tem excelência no amarrar não precisa de cordas;
7	E não se desata o que ele amarra.
8	Assim, o Sábio
9	Tem sempre excelência em salvar as pessoas;
10	E não as abandona.
11	Tem sempre excelência em salvar os seres;
12	E não os abandona.
13	Nisso é chamado "Aquele que segue a Luz".
14	Assim, a pessoa excelente
15	É mestra das pessoas que não são excelentes.
16	As pessoas que não são excelentes
17	São a matéria-prima das pessoas excelentes.
18	Se o mestre não é valorizado,
19	Se a matéria-prima não é amada,
20	Ainda que haja sabedoria, haverá grande confusão.
21	Esse é um milagre essencial.

Grandes Temas: Verdade, Pessoa

Conceitos Centrais: Excelência 善, Sábio 聖人

Verso a verso, caractere por caractere:

v.1

excelente	andar	não haver	rastro	pegada
善	行	無/无	轍/辙	迹
shan4	xing2	wu2	zhe2	ji1

v.2

excelente	falar	não haver	falha	reprovar
善	言	無/无	瑕	謫/谪
shan4	yan2	wu2	xia2	zhe2

v.3

excelente	calcular	não	usar	varetas para cálculo	tiras de bambu
善	數/数	不	用	籌/筹	策
shan4	shu3	bu4	yong4	chou2	ce4

v.4

excelente	trancar	não haver	fechar	tranca
善	閉/闭	無/无	關/关	楗
shan4	bi4	wu2	guan1	jian4

v.5

mas	não	ser possível	abrir
而	不	可	開/开
er2	bu4	ke3	kai1

v.6

excelente	nó	não haver	corda	amarrar
善	結/结	無/无	繩/绳	約/约
shan4	jie2	wu2	sheng2	yue1

v.7

mas	não	ser possível	desamarrar
而	不	可	解
er2	bu4	ke3	jie3

v.8

	por isso	sábio	pessoa
是	以	聖/圣	人
shi4	yi3	sheng4	ren2

v.9

constante	excelente	salvar	pessoa
常	善	救	人
chang2	shan4	jiu4	ren2

v.10

então	não	descartar	pessoa
故	無/无	棄/弃	人
gu4	wu2	qi4	ren2

v.11

constante	excelente	salvar	coisa
常	善	救	物
chang2	shan4	jiu4	wu4

v.12

então	não	descarta	coisa
故	無/无	棄/弃	物
gu4	wu2	qi4	wu4

v.13

isso	chamar-se	seguir e perpetuar	claridade
是	謂/谓	襲/袭	明
shi4	wei4	xi2	ming2

v.14

então	excelente	pessoa	PG marcador tópico
故	善	人	者
gu4	shan4	ren2	zhe3

v.15

não	excelente	pessoa	PG atributivo	mestre
不	善	人	之	師/师
bu4	shan4	ren2	zhi1	shi1

v.16

não	excelente	pessoa	PG marcador tópico
不	善	人	者
bu4	shan4	ren2	zhe3

v.17

excelente	pessoa	PG atributivo	recursos
善	人	之	資/资
shan4	ren2	zhi1	zi1

v.18

não	dar valor	seu	mestre
不	貴/贵	其	師/师
bu4	gui4	qi2	shi1

v.19

não	ter afeição	seus	recursos
不	愛/爱	其	資/资
bu4	ai4	qi2	zi1

v.20

ainda que	sabedoria	grande	desorientado
雖/虽	智	大	迷
sui1	zhi4	da4	mi2

v.21

isso	chamar-se	necessário	milagre
是	謂/谓	要	妙
shi4	wei4	yao4	miao4

Termos específicos:

籌策 – chou2ce4 – antigo instrumento para cálculo, anterior ao ábaco.

策 – ce4 – tiras de bambu. O bambu era cortado em tiras longitudinais, de mesmo comprimento, e amarradas uma do lado da outra, como uma esteira. Esse era o formato do livro na época de Lao Tzu. Algumas vezes as cordas que prendiam as tiras se rompiam, pelo uso ou sob a ação do tempo, Dependendo do estado de degradação do livro, o arranjo original da ordem das tiras de bambu acabava comprometido, e linhas de texto acabavam inseridas no local errado. Por isso, a descoberta de textos antigos, registrados em outros materiais (no caso dos textos encontrados em Mawangdui, em seda), auxilia o estudioso na pesquisa do formato original dessas escrituras.

救 – jiu4 – salvar, resgatar, aliviar um sofrimento de alguém.

襲 – xi2 – vestir uma camada extra de roupa. Por extensão, perpetuar, dar continuidade a um precedente.

Comentários:

Aquele que se conduz de maneira excelente não deixa rastro de suas ações (v.1). Aquele que fala de maneira excelente não diz nada falho ou merecedor de repreensão (v.2). Quem sabe fazer contas com excelência dispensa a calculadora (v.3). Quem sabe fechar (as aberturas por onde se perde o Qi) não precisa de tranca, mas ninguém pode abrir o que ele fechou (v.4 e v.5). Quem sabe amarrar (ligando os canais de circulação um ao outro) não precisa de corda, mas ninguém desata o que ele amarrou (v.6 e v.7). Graças a isso, o sábio pode estar sempre pronto a salvar alguém (v.8 e v.9), sem abandonar quem quer que seja (v.10). É interessante voltar a contemplar, com base nesse ponto de vista, o Poema 5. Lá se diz que o sábio não tem benevolência, considera a todos como "cães de palha". Agora já podemos modular o entendimento, de maneira a ler aquele trecho de maneira mais profunda. O sábio está sempre pronto a salvar as pessoas, mas não faz distinção entre elas, todas são insignificantes diante do Tao, e por isso merecedoras de socorro. Essa postura se faz tanto em relação aos seres humanos quanto em relação a todos os demais seres (v.11 e v.12), e é chamada "Perpetuação da Luz" (v.13). A pessoa de excelência é mestra das demais (v.14 e v.15), que são, para ela, o material sobre o qual trabalha (v.16 e v.17). Essas funções devem ser consideradas e queridas (v.18 e v.19), caso contrário, a sabedoria vai se perder (v.20). Essa perseverança é um milagre necessário (v.21).

POEMA 28

	Caracteres tradicionais	Caracteres simplificados
1	知其雄	知其雄
2	守其雌	守其雌
3	為天下谿	为天下溪
4	為天下谿	为天下溪
5	常德不離	常德不离
6	復歸於嬰兒	复归于婴儿
7	知其白	知其白
8	守其黑	守其黑
9	為天下式	为天下式
10	為天下式	为天下式
11	常德不忒	常德不忒
12	復歸於無極	复归于无极
13	知其榮	知其荣
14	守其辱	守其辱
15	為天下谷	为天下谷
16	為天下谷	为天下谷
17	常德乃足	常德乃足
18	復歸於樸	复归于朴
19	樸散則為器	朴散则为器
20	聖人用之	圣人用之
21	則為官長	则为官长
22	故大制不割	故大制不割

1 Conhecendo seu masculino
2 E guardando seu feminino,
3 Torna-se ribanceira do mundo.
4 Tornando-se ribanceira do mundo,
5 O Poder constante não se afasta dele.
6 Ele retorna à condição de bebê.
7 Conhecendo sua brancura
8 E guardando sua escuridão,
9 Torna-se modelo para o mundo.
10 Tornando-se modelo para o mundo,
11 Não erra o Poder permanente.
12 Ele retorna à não-polaridade.
13 Conhecendo sua fartura
14 E guardando sua ruína,
15 Torna-se o vale do mundo.
16 Tornando-se o vale do mundo
17 E com suficiência no Poder permanente,
18 Retorna à condição de um pedaço de pau.
19 O pedaço de pau é cortado para formar utensílios,
20 O sábio os utiliza
21 Para conduzir os altos oficiais.
22 Assim, a grande obra não é quebrada.

Grandes Temas: Verdade, Pessoa

Conceitos Centrais: Mundo 天下, Poder (virtude) 德

Verso a verso, caractere por caractere:

v.1

saber	seu	o macho das aves
知	其	雄
zhi1	qi2	xiong2

v.2

proteger	seu	a fêmea das aves
守	其	雌
shou3	qi2	ci2

v.3

fazer-se	mundo		desfiladeiro nas montanhas
為/为	天	下	谿/溪
wei2	tian1	xia4	xi1

v.4

fazer-se	mundo		desfiladeiro nas montanhas
為/为	天	下	谿/溪
wei2	tian1	xia4	xi1

v.5

constante	poder	não	distante
常	德	不	離/离
chang2	de2	bu4	li2

v.6

retornar	voltar para casa	para	bebê	
復/复	歸/归	於/于	嬰/婴	兒/儿
fu4	gui1	yu2	ying1	er2

v.7

saber	seu	branco
知	其	白
zhi1	qi2	bai2

v.8

proteger	seu	preto
守	其	黑
shou3	qi2	hei1

v.9

fazer-se	mundo		padrão
為/为	天	下	式
wei2	tian1	xia4	shi4

v.10

fazer-se	mundo		padrão
為/为	天	下	式
wei2	tian1	xia4	shi4

v.11

constante	poder (virtude)	não	deturpar
常	德	不	忒
chang2	de2	bu4	te4

v.12

retornar	voltar para casa	para	não haver	extremidade
復/复	歸/归	於/于	無/无	極/极
fu4	gui1	yu2	wu2	ji2

v.13

saber	sua	glória
知	其	榮/荣
zhi1	qi2	rong2

v.14

proteger	seu	desgraça
守	其	辱
shou3	qi2	ru3

v.15

fazer-se	mundo		vale
為/为	天	下	谷
wei2	tian1	xia4	gu3

v.16

fazer-se	mundo		vale
為/为	天	下	谷
wei2	tian1	xia4	gu3

v.17

constante	poder (virtude)	com isso	suficiente
常	德	乃	足
chang2	de2	nai3	zu2

v.18

retornar	voltar para casa	para	pedaço de pau
復/复	歸/归	於/于	樸/朴
fu4	gui1	yu2	pu3

v.19

pedaço de pau	triturar	então	tornar-se	utensílio
樸/朴	散	則/则	為/为	器
pu3	san3	ze2	wei2	qi4

v.20

sábio	pessoa	usar	PG objeto direto
聖/圣	人	用	之
sheng4	ren2	yong4	zhi1

v.21

então	tornar-se	edificação governamental	líder
則/则	為/为	官	長/长
ze2	wei2	guan1	zhang3

v.21

assim	grande	ordem imperial	não	cortar em pedaços
故	大	制	不	割
gu4	da4	zhi4	bu4	ge1

Termos específicos:

制 – zhi4 – o trabalho de desenhar e cortar que o alfaiate executa em seu ofício. O mesmo caractere pode ser usado com o significado de decreto imperial.

割 – ge1 – cortar em partes.

Comentários:

Quem conhece a sua força (v.1) e preserva a sua delicadeza (v.2) assume a posição de humildade (v.3 e v.4), por isso mantém o Poder (v.5). A delicadeza é virtude do princípio da vida (v.6). Quem conhece o que expressa de si mesmo (v.7) e não rejeita descobrir aquilo que ainda lhe é escondido (v.8) é um exemplo para todos (v.9 e v.10) e está firme no Poder absoluto (v.11 e v.12). Quem conhece aquilo que lhe sobra (v.13) e reconhece aquilo do que carece (v.14) se posiciona na posição humilde de receber (v.15 e v.16), por isso tem suficiência no Poder (v.17), ainda que se assemelhe a um pedaço de pau inútil (v.18). Esse pedaço de pau, mesmo parecendo inútil, forma uma miríade de utensílios (v.19), caso se coloque ao abrigo da sabedoria (v.20) nas ações de governo (v.21). Dessa forma, se mantém o grande desígnio do Tao (v.22).

POEMA 29

	Caracteres tradicionais	**Caracteres simplificados**
1	將欲取天下而為之	将欲取天下而为之
2	吾見其不得已	吾见其不得已
3	天下神器	天下神器
4	不可為也	不可为也
5	為者敗之	为者败之
6	執者失之	执者失之
7	故物或行或隨	故物或行或随
8	或歔或吹	或嘘或吹
9	或強或羸	或强或羸
10	或挫或隳	或挫或隳
11	是以聖人	是以圣人
12	去甚去奢去泰	去甚去奢去泰

1	Quanto ao desejo de conquistar o mundo e reformá-lo,
2	Vejo que esse intento não é alcançável.
3	O mundo é um utensílio espiritual,
4	Não é possível fazer isso.
5	Quem tenta conquistá-lo acaba por destruí-lo;
6	Quem tenta dominá-lo acaba por perdê-lo.
7	Assim, as coisas ou vão à frente ou seguem na retaguarda;
8	Ou sopram suavemente ou bufam ferozmente;
9	Ou são fortes ou são frágeis;
10	Ou esmagam ou caem em ruínas.
11	Por isso, o sábio
12	Rechaça o muito, rechaça o excesso, rechaça o exagero.

Grandes Temas: Verdade, Pessoa

Conceitos Centrais: Mundo 天下, Sábio 聖人

Verso a verso, caractere por caractere:

v.1

utilizar	desejar	tomar	mundo		e	fazer	PG pronome objeto
將/将	欲	取	天	下	而	為/为	之
jiang1	yu4	qu3	tian1	xia4	er2	wei2	zhi1

v.2

eu	ver	ele	não	obter	completo
吾	見/见	其	不	得	已
wu2	jian4	qi2	bu4	de2	yi3

v.3

mundo		divino	utensílio
天	下	神	器
tian1	xia4	shen2	qi4

v.4

não	ser possível	fazer	PG implicação
不	可	為/为	也
bu4	ke3	wei2	ye3

v.5

fazer	PG nominalização sujeito	derrotar	PG pronome objeto
為/为	者	敗/败	之
wei2	zhe3	bai4	zhi1

v.6

segurar	PG nominalização sujeito	perder	PG pronome objeto
執/执	者	失	之
zhi2	zhe3	shi1	zhi1

v.7

assim	coisa	ou	avançar	ou	seguir
故	物	或	行	或	隨/随
gu4	wu4	huo4	xing2	huo4	sui2

v.8

ou	bufar	ou	soprar
或	歔/嘘	或	吹
huo4	xu1	huo4	chui1

v.9

ou	forte	ou	exaurido
或	強/强	或	羸
huo4	qiang2	huo4	lei2

v.10

ou	esmagar	ou	destruir
或	挫	或	隳
huo4	cuo4	huo4	hui1

v.11

isso	por meio	sábio	pessoa
是	以	聖/圣	人
shi4	yi3	sheng4	ren2

v.12

mandar embora	excesso	mandar embora	desperdício	mandar embora	arrogância
去	甚	去	奢	去	泰
qu4	shen4	qu4	she1	qu4	tai

Termos específicos:

器 – qi4 – utensílio, vasilha, ferramenta, instrumento.

Comentários:

Há quem considere a ideia de conquistar e ter o controle de todo mundo (v.1). Na visão de Lao Tzu, essa tarefa é inexequível (v.2), pois o mundo é um instrumento da dimensão divina (v.3), logo, além do alcance da matéria (v.4). Quem tenta fazê-lo é derrotado (v.5). Quem tenta controlar o mundo, logo o perde (v.6). No domínio material, os seres sempre tem duas escolhas (v.7). ou bufam de esforço, ou respiram suavemente (v.8), ou são fortes ou enfraquecidas (v.9), ou destroem ou são destruídas (v.10). Assim, para se libertar dessas escolhas, o sábio abandona as coisas materiais e suas qualidades – o excesso, a futilidade e o orgulho por possuí-las (v. 11 e v.12).

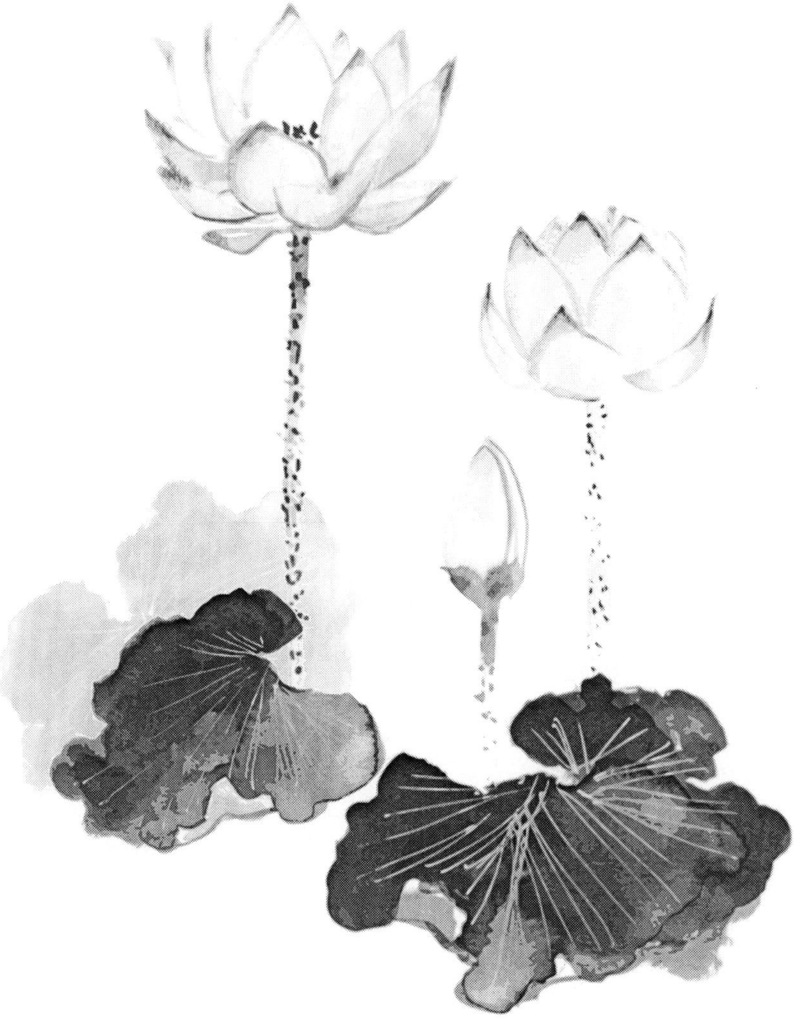

POEMA 30

	Caracteres tradicionais	**Caracteres simplificados**
1	以道佐人主者	以道佐人主者
2	不以兵強天下	不以兵强天下
3	其事好還	其事好还
4	師之所處	师之所处
5	荊棘生焉	荆棘生焉
6	大軍之後	大军之后
7	必有凶年	必有凶年
8	善有果而已	善有果而已
9	不敢以取強	不敢以取强
10	果而勿矜	果而勿矜
11	果而勿伐	果而勿伐
12	果而勿驕	果而勿骄
13	果而不得已	果而不得已
14	果而勿強	果而勿强
15	物壯則老	物壮则老
16	是謂不道	是谓不道
17	不道早已	不道早已

1	Por acompanhar o Tao, o homem se torna senhor,
2	Não é por meio de exércitos que ele firmará o mundo.
3	Suas ações tendem a retornar.
4	O local onde acampa o batalhão
5	É onde brotarão cardos e espinheiros.
6	Quando passa um grande exército,
7	Certamente virão anos de sofrimento.
8	Aquele que tem excelência é resoluto, por isso alcança a compleição.
9	Ele não ousa fazê-lo impondo-se pela força.
10	Dos seus resultados, ele não se envaidece;
11	Pelos seus resultados, ele não humilha os outros;
12	Dos seus resultados, ele não se orgulha.
13	Seus resultados não o fazem se sentir o maioral.
14	Seus resultados não são para exibir a sua força.
15	Quando os seres se fortalecem, envelhecem.
16	É o modo contrário ao Tao.
17	O contrário ao Tao logo chega ao fim.

Grandes Temas: Guerra, Verdade, Pessoa

Conceitos Centrais: Mundo 天下, Tao 道

Verso a verso, caractere por caractere:

v.1

por meio de	Tao	auxiliar	pessoa	senhor, aquele que tem o senhorio	PG nominalização sujeito
以	道	佐	人	主	者
yi3	dao4	zuo3	ren2	zhu3	zhe3

v.2

não	por meio de	armas	forçar	mundo	
不	以	兵	強/强	天	下
bu4	yi3	bing1	qiang3	tian1	xia4

v.3

seus	atos	ter tendência a	retornar
其	事	好	還/还
qi2	shi4	hao4	huan2

v.4

batalhão de 2.500 homens	PG atributivo	PG nominalização objeto	ficar
師/师	之	所	處/处
shi1	zhi1	suo3	chu3

v.5

arbusto espinhento	Zizyphus jujuba, espécie de árvore com espinhos	nascer	neste lugar
荊	棘	生	焉
jing1	ji2	sheng1	yan4

v.6

grande	exército	PG atributivo	depois
大	軍/军	之	後/后
da4	jun1	zhi1	hou4

v.7

certamente	haver	desgraça	ano
必	有	凶	年
bi4	you3	xiong1	nian2

v.8

excelência	haver	resultado	e	assim é
善	有	果	而	已
shan4	you3	guo3	er2	yi3

v.9

não	ousar	por meio de	apropriar-se	força
不	敢	以	取	強/强
bu4	gan3	yi3	qu3	qiang2

v.10

resultado	e	não	arrogante
果	而	勿	矜
guo3	er2	wu4	jin1

v.11

resultado	e	não	orgulhoso
果	而	勿	伐
guo3	er2	wu4	fa2

v.12

resultado	e	não	vangloriar-se
果	而	勿	驕/骄
guo3	er2	wu4	jiao1

v.13

resultado	e	não	convencido	
果	而	不	得	已
guo3	er2	bu4	de2	yi3

v.14

resultado	e	não	forte
果	而	勿	強/强
guo3	er2	wu4	qiang2

v.15

seres	robusto	por sua vez	velho
物	壯/壮	則/则	老
wu4	zhuang4	ze2	lao3

v.16

isso	chamar-se	não	Tao
是	謂/谓	不	道
shi4	wei4	não	Tao

v.17

não	Tao	cedo	acabar
不	道	早	已
bu4	dao4	zao3	yi3

Termos específicos:

果 – guo3 – derivado de um pictograma que mostrava um fruto (estilizado como 田) no alto de uma árvore (木). Significa fruto, resultado de uma ação, recompensa de um ato.

Comentários:

Quem faz do ato de ajudar os demais o seu Tao torna-se Senhor (v.1). Esse senhorio não é obtido pela força das armas (v.2). Os resultados de nossas ações retornam a nós (v.3), assim como o lugar onde acampa um batalhão não produz nada além de espinheiros, pois não foi cultivado (v.4

e v.5); assim como após a passagem de um exército numa região vem um período de sofrimento pela ocupação (v.6 e v.7). Aquele que tem a excelência do Tao também tem a sua recompensa (v.8), sem ter que se apropriar dela por força (v.9). O fato de ter alcançado esses frutos não o torna o envaidecido, opressor, orgulhoso, convencido ou prepotente (v.10 a v.14). Tal pessoa faz isso por sabedoria, pois quando os seres estão no auge de seu poder é que começa o declínio (v.15). É o contrário do Tao (v.16), por isso os seres que buscam a força e o poder perecem (v.17).

POEMA 31

	Caracteres tradicionais	Caracteres simplificados
1	夫佳兵者	夫佳兵者
2	不祥之器	不祥之器
3	物或惡之	物或恶之
4	故有道者不處	故有道者不处
5	君子居則貴左	君子居则贵左
6	用兵則貴右	用兵则贵右
7	兵者不祥之器	兵者不祥之器
8	非君子之器	非君子之器
9	不得已而用之	不得已而用之
10	恬淡為上	恬淡为上
11	勝而不美	胜而不美
12	而美之者	而美之者
13	是樂殺人	是乐杀人
14	夫樂殺人者	夫乐杀人者
15	則不可以得志於天下矣	则不可以得志于天下矣
16	吉事尚左	吉事尚左
17	凶事尚右	凶事尚右
18	偏將軍居左	偏将军居左
19	上將軍居右	上将军居右
20	言以喪禮處之	言以丧礼处之
21	殺人之眾	杀人之众
22	以哀悲泣之	以哀悲泣之
23	戰勝以喪禮處之	战胜以丧礼处之

1	Os belos aparatos de guerra
2	São instrumentos nefastos.
3	Os seres os odeiam.
4	O homem que tem o Tao não os utiliza.
5	O nobre, estando em casa, honra a quem está à esquerda;
6	Estando em batalha, honra a quem está à direita.
7	Os aparatos de guerra são instrumentos nefastos.
8	Não são instrumentos de um nobre.
9	Usados quando não há outro recurso.
10	Paz e sossego são superiores.
11	A simples vitória não é boa.
12	Considerá-la boa
13	É como alegrar-se com a morte de homens.
14	Alegrando-se com a morte de homens,
15	Assim não conseguirá realizar sua vontade no mundo.
16	Na alegria, honra-se a esquerda;
17	No desastre, honra-se a direita.
18	O general auxiliar fica à esquerda;
19	O general supremo fica à direita.
20	Quer dizer, é a mesma disposição que se ocupa nos funerais.
21	Quando muitos homens são mortos,
22	Deveriam ser pranteados com tristeza.
23	A vitória na guerra deveria ser marcada por ritos fúnebres.

Grandes Temas: Guerra, Verdade, Pessoa

Conceitos Centrais: Mundo 天下

Verso a verso, caractere por caractere:

v.1

seja como for	atraente	arma	PG marcador tópico
夫	佳	兵	者
fu1	jia1	bing1	zhe3

v.2

não	auspicioso	PG atributivo	instrumento
不	祥	之	器
bu4	xiang2	zhi1	qi4

v.3

seres	eventualmente	sentir aversão	PG pronome objeto
物	或	惡/恶	之
wu4	huo4	wu4	zhi1

v.4

assim	ter	Tao	PG nominalização sujeito	não	mantém
故	有	道	者	不	處/处
gu4	you3	dao4	zhe3	bu4	chu3

v.5

nobre		posicionar	por sua vez	valor	esquerda
君	子	居	則/则	貴/贵	左
jun1	zi	ju1	ze2	gui4	zuo3

v.6

usar	arma	por sua vez	valor	direita
用	兵	則/则	貴/贵	右
yong4	bing1	ze2	gui4	you4

v.7

arma	PG marca-dor tópico	não	auspicioso	PG atributivo	instrumento
兵	者	不	祥	之	器
bing1	zhe3	bu4	xiang2	zhi1	qi4

v.8

não é	nobre		PG atributivo	instrumento
非	君	子	之	器
fei1	jun1	zi	zhi1	qi4

v.9

não	satisfação		mas	usar	PG pronome objeto
不	得	已	而	用	之
bu4	de2	yi3	er2	yong4	zhi1

v.10

despreocupado	tranquilo	faz-se	superior
恬	淡	為/为	上
tian2	dan4	wei2	shang4

v.11

vencer	mas	não	belo
勝/胜	而	不	美
sheng4	er2	bu4	mei3

v.12

mas	considerar belo	PG pronome objeto	PG marcador tópico
而	美	之	者
er2	mei3	zhi1	zhe3

v.13

isso	alegria	matar	pessoa
是	樂/乐	殺/杀	人
shi4	le4	sha1	ren2

v.14

Seja como for	alegria	matar	pessoa	PG marcador tópico
夫	樂/乐	殺/杀	人	者
fu1	le4	sha1	ren2	zhe3

v.15

por sua vez	não	ser possível	por meio de	obter	vontade
則/则	不	可	以	得	志
ze2	bu4	ke3	yi3	de2	zhi4

em	mundo		PG ação completada
於/于	天	下	矣
yu2	tian1	xia4	yi3

v.16

afortunado	acontecimento	dar importância	esquerda
吉	事	尚	左
ji2	shi4	shang4	zuo3

v.17

nefasto	acontecimento	dar importância	direita
凶	事	尚	右
xiong1	shi4	shang4	you4

v.18

lateral	general		posicionar	esquerda
偏	將/将	軍/军	居	左
pian1	jiang4	jun1	ju1	zuo3

v.19

superior	general		posicionar	direita
上	將/将	軍/军	居	右
shang4	jiang4	jun1	ju1	you4

v.20

falar	como	funeral	rito	ficar	PG pronome objeto
言	以	喪/丧	禮/礼	處/处	之
yan2	yi3	sang1	li3	chu3	zhi1

v.21

matar	pessoa	PG modificador frasal	multidão
殺/杀	人	之	眾/众
sha1	ren1	zhi1	zhong4

v.22

por meio de	enlutado	triste	chorar baixinho	PG pronome objeto
以	哀	悲	泣	之
yi3	ai1	bei1	qi4	zhi1

v.23

guerra	vitória	por meio de	funeral	rito	ficar	PG pronome objeto
戰/战	勝/胜	以	喪/丧	禮/礼	處/处	之
zhan4	sheng4	yi3	sang1	li3	chu3	zhi1

Termos específicos:

居 – ju1 – posicionar. Em diversas culturas, é de praxe haver um "lugar de honra", onde fica a pessoa de destaque numa reunião, festa, banquete, etc. Na China antiga, mais especificamente no período dos Reinos Combatentes, época em que foi escrito o Tao Te Ching, quase todos os estados consideravam o lado direito do anfitrião como a posição de honra. O estado de Chu era exceção. Nele, a posição de honra era à esquerda do anfitrião, de acordo com o clássico "Zuo Zhuan". Com base nesse registro, e no que é dito no poema 31 do Tao Te Ching, é possível concluir que Lao Zi era natural do estado de Chu.

Comentários:

As armas de guerra, por mais belas que sejam (v.1), são instrumentos de mau agouro (v.2). Normalmente, as pessoas e animais têm aversão a elas (v.3). O seguidor do Tao não as mantém consigo (v.4).

O nobre, em sua residência, considera a esquerda como lugar de honra (v.5); mas, no campo de batalha, esse lugar é à direita (v.6). As armas são instrrumentos de mau agouro (v.7), não são instrumentos dignos de um nobre (v.8). Não é com satisfação que são usadas (v.9). A tranquilidade e o sossego são superiores (v.10). Não há glória em vencer batalhas (v.11). Considerar isso glorioso é como alegrar-se com a morte das pessoas (v.12 e v.13). Ao se considerar a morte de pessoas como algo para alegrar-se (v.14), a pessoa torna-se incapaz de realizar a sua vontade no mundo (v.15). Em momentos de alegria, a esquerda é a posição de honra (v.16). Em momentos funestos, a direita é que recebe importância (v.17). O general auxiliar fica à esquerda (v.18). O general supremo fica à direita (v.19). É como o posicionamento nos ritos funerários (v. 20). Quando multidões são mortas (v.21), devem ser pranteadas com luto e tristeza (v.22). A vitória nas batalhas deveria ser marcada por rituais fúnebres (v.23).

Observação:

Como já apresentado na introdução, os antigos textos eram escritos em tiras de bambu que ficavam amarradas uma ao lado da outra. Eventualmente as cordas que prendiam as tiras de bambu se deterioravam e as linhas de texto se misturavam. Isso parece ter acontecido com esse poema. Os versos 5 e 6 pertencem ao contexto que vai do verso 16 ao 19.

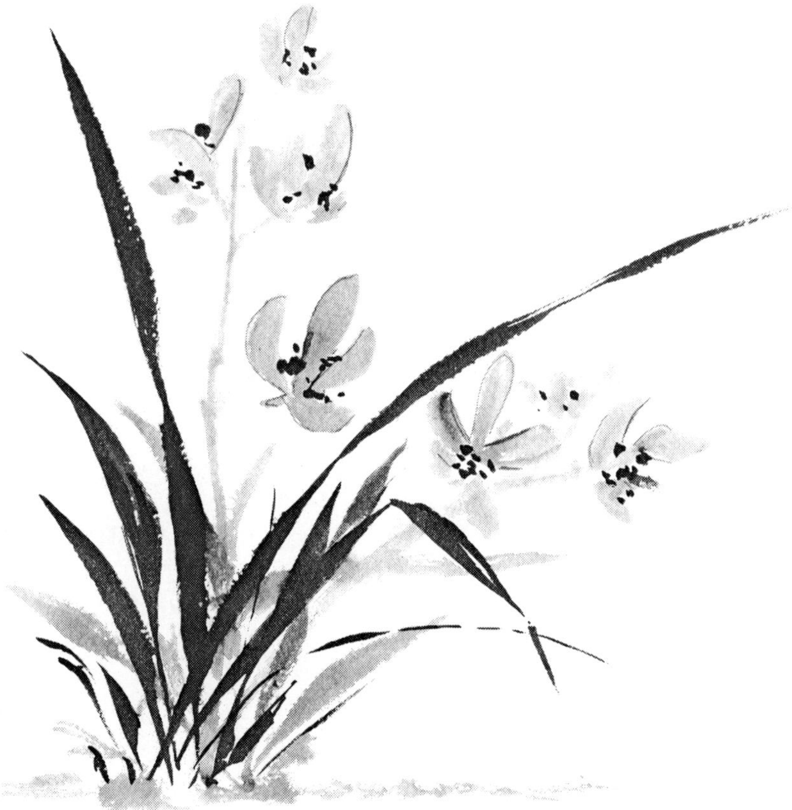

POEMA 32

	Caracteres tradicionais	Caracteres simplificados
1	道常無名	道常无名
2	天下莫能臣也	天下莫能臣也
3	侯王若能守之	侯王若能守之
4	萬物將自賓	万物将自宾
5	天地相合	天地相合
6	以降甘露	以降甘露
7	民莫之令而自均	民莫之令而自均
8	始制有名	始制有名
9	名亦既有	名亦既有
10	夫亦將知止	夫亦将知止
11	知止所以不殆	知止所以不殆
12	譬道之在天下	譬道之在天下
13	猶川谷之與江海	犹川谷之与江海

1	O Tao, permanente, não tem nome.
2	Ainda assim, ninguém o subjuga.
3	Se nobres e reis pudessem mantê-lo,
4	Todos se submeteriam à sua autoridade;
5	O Céu e a Terra se harmonizariam;
6	O orvalho seria doce;
7	O povo, dispensando as leis, se auto-regularia.
8	A partir do momento em que se dividiu, passou a ter nome.
9	Ao aparecerem os nomes, passa-se à dimensão da existência.
10	E aí é preciso saber parar.
11	Sabendo parar, não há perigo.
12	Para dar um exemplo do Tao ao mundo
13	É ser como um vale para os rios e mares.

Grandes Temas: Governo, Verdade

Conceitos Centrais: Tao 道, Permanente 常, Mundo 天下, Reis e Nobres 侯王, Céu 天, Terra 地, Todas as coisas 萬物, Povo 民

Verso a verso, caractere por caractere:

v.1

Tao	permanente	sem	nome
道	常	無/无	名
dao4	chang2	wu2	ming2

v.2

O mundo		não há como	ser capaz	tratar como a um inferior	PG identidade entre dois termos
天	下	莫	能	臣	也
tian1	xia4	mo4	neng2	chen2	ye3

v.3

marquês	rei	se	ser capaz	preservar	PG pronome objeto
侯	王	若	能	守	之
hou2	wang2	ruo4	neng2	shou3	zhi1

v.4

10.000	coisas	PG modal futuro	si mesmo	submeter
萬/万	物	將/将	自	賓/宾
wan4	wu4	jiang1	zi4	bin1

v.5

céu	terra	mutuamente	convergir
天	地	相	合
tian1	di4	xiang1	he2

v.6

por meio disso	conceder a graça	doce	orvalho
以	降	甘	露
yi3	jiang4	gan1	lu4

v.7

povo	sem ter como	PG atributivo	comando	mas	si mesmo	equilibrar
民	莫	之	令	而	自	均
min2	mo4	zhi1	ling4	er2	zi4	jun1

v.8

início	dividir	haver	nome
始	制	有	名
shi3	zhi4	you3	ming2

v.9

nome	também	simultaneamente	haver
名	亦	既	有
ming2	yi4	ji4	you3

v.10

Em todo caso	também	PG modal futuro	saber	parar
夫	亦	將/将	知	止
fu2	yi4	jiang1	zhi1	zhi3

v.11

saber	parar	por isso		não	perigo
知	止	所	以	不	殆
zhi1	zhi3	suo3	yi3	bu4	dai4

v.12

exemplificar	Tao	PG atributivo	em	mundo	
譬	道	之	在	天	下
pi4	dao4	zhi1	zai4	tian1	xia4

v.13

similar	corrente d'água	vale	PG atributivo	para	rio	mar
猶/犹	川	谷	之	與/与	江	海
you2	chuan1	gu3	zhi1	yu3	jiang1	hai3

Termos específicos:

知止 – zhi1zhi3 – saber parar. Uma das atitudes do sábio, como 知足 zhi1zu2 (saber dar-se por satisfeito). Tudo está em constante transformação. Algumas das transformações em curso são provocadas pelas nossas ações. É preciso "saber parar" – saber o momento de interromper um processo a fim de evitar uma consequência desastrosa.

Comentários:

Como foi dito no Poema 1, o Tao permanente não tem nome (v.1). Em geral, não ter um nome é razão para que algo não seja valorizado, mas, no caso do Tao, nada no mundo pode subjugá-lo (v.2).

Quando os bons governantes, sejam reis ou marqueses, estão de posse do Tao, todos os seres se colocam à disposição deles (v.3 e v.4); o Céu e a Terra, em harmonia, concedem bênçãos agradáveis como orvalho doce (v.5 e v.6); o povo, sem necessidade de leis externas, regula a si mesmo (v.7).

No desenrolar desse processo, o que era sem nome passa a receber nomes (v.8) e a feição de uma existência independente (v.9). É preciso saber interromper esse processo para não chegar a um ponto perigoso (v.10 e v.11). O poema sugere, nesse ponto, a atitude humilde do Tao, apresentada no primeiro verso e exemplificada, aqui, com elementos do mundo natural: faça o papel dos vales e ravinas em relação aos rios e mares (v.12 e v.13).

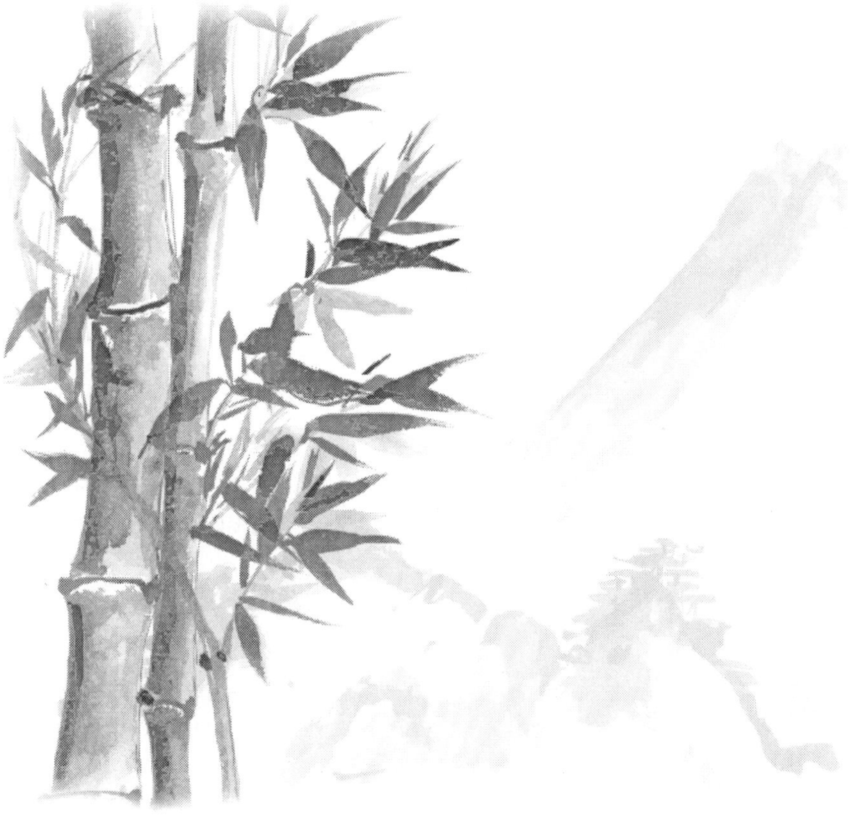

POEMA 33

	Caracteres tradicionais	Caracteres simplificados
1	知人者智	知人者智
2	自知者明	自知者明
3	勝人者有力	胜人者有力
4	自勝者強	自胜者强
5	知足者富	知足者富
6	強行者有志	强行者有志
7	不失其所者久	不失其所者久
8	死而不亡者壽	死而不亡者寿

1   Quem conhece os outros é inteligente;
2   Quem conhece a si mesmo é iluminado.
3   Quem vence os outros tem força;
4   Quem vence a si mesmo é poderoso.
5   Quem sabe se sentir satisfeito é rico.
6   Quem se esforça é determinado.
7   Quem não perde seu lugar dura muito tempo.
8   Quem morre, mas não desaparece, é longevo.

Grandes Temas: Pessoa

Conceitos Centrais: Saber dar-se por satisfeito 知足，Conhecer a si mesmo

Verso a verso, caractere por caractere:

v.1

conhecer	pessoa	PG nominalização sujeito	inteligência
知	人	者	智
zhi1	ren2	zhe3	zhi4

v.2

si mesmo	conhecer	PG nominalização sujeito	brilhante
自	知	者	明
zi4	zhi1	zhe3	ming2

v.3

sobrepujar	pessoa	PG nominalização sujeito	possuir	força
勝/胜	人	者	有	力
sheng4	ren2	zhe3	you3	li4

v.4

si mesmo	sobrepujar	PG nominalização sujeito	forte
自	勝/胜	者	強/强
zi4	sheng4	zhe3	qiang2

v.5

saber	suficiente	PG nominalização sujeito	rico
知	足	者	富
zhi1	zu2	zhe3	fu4

v.6

forte	conduta	PG nominalização sujeito	possuir	força de vontade
強/强	行	者	有	志
qiang2	xing2	zhe3	you3	zhi4

v.7

não	perde	dele	local	PG nominalização sujeito	muito tempo
不	失	其	所	者	久
bu1	shi1	qi2	suo3	zhe3	jiu3

v.8

morrer	mas	não	desaparecer	PG nominalização sujeito	longevidade
死	而	不	亡	者	壽/寿
si3	er2	bu4	wang2	zhe3	shou4

Termos específicos:

知足 – zhi1zu2 – saber dar-se por satisfeito. Uma das atitudes sábias. Ter satisfação com aquilo que já se tem.

志 – zhi4 – força de vontade. Além de uma virtude, a força de vontade é o "espírito" (ou aspecto mental) abrigado no Rim, segundo a Medicina Tradicional Chinesa. Sua presença é sinal de saúde.

Comentários:

Quem conhece os outros é inteligente (v.1). Mas quem é verdadeiramente sábio conhece a si mesmo (v.2). Aquele que vence os outros é forte (v.3), mas não tanto quanto aquele que vence a si mesmo (v.4). Quem sabe se dar por satisfeito é rico (v.5). Aquele que é esforçado tem força de vontade (v.6). Quem não perde seu lugar, ou seja, está bem assentado, subsiste muito tempo (v.7). Aquele cuja presença sobrevive à morte é longevo (v.8).

POEMA 34

	Caracteres tradicionais	Caracteres simplificados
1	大道泛兮	大道泛兮
2	其可左右	其可左右
3	萬物恃之而生	万物恃之而生
4	而不辭	而不辞
5	功成不名有	功成不名有
6	衣養萬物	衣养万物
7	而不為主	而不为主
8	常無欲	常无欲
9	可名於小	可名于小
10	萬物歸焉	万物归焉
11	而不為主	而不为主
12	可名為大	可名为大
13	以其終不自為大	以其终不自为大
14	故能成其大	故能成其大

1	O grande Tao transborda!
2	Avança à esquerda e à direita.
3	Todos os seres se entregam a ele para viver,
4	E dele não se afastam.
5	Realiza sem criar fama ou posse;
6	Envolve e alimenta todos os seres,
7	Mas não se torna senhor deles.
8	Mantém-se sem desejos;
9	Poderia ser chamado Pequeno.
10	Todos os seres voltam a ele;
11	Mas ele não se torna senhor deles.
12	Seu nome poderia ser Grande.
13	Por nunca se considerar grande,
14	Pode tornar-se grande.

Grandes Temas: Verdade, Pessoa

Conceitos Centrais: Tao 道, Todas as coisas 萬物

Verso a verso, caractere por caractere:

v.1

grande	Tao	transbordar	PG rítmica
大	道	泛	兮
da4	dao4	fan2	xi1

v.2

ele	ser possível	esquerda	direita
其	可	左	右
qi2	ke3	zuo3	you4

v.3

10.000	coisas	confiar	PG pronome objeto	e	vida
萬/万	物	恃	之	而	生
wan4	wu4	shi4	zhi1	er2	sheng1

v.4

e	não	ir embora
而	不	辭/辞
er2	bu4	ci2

v.5

realização	sucedido	não	fama	existência
功	成	不	名	有
gong1	cheng2	bu4	ming2	you3

v.6

roupa	nutrir	10.000	coisas
衣	養/养	萬/万	物
yi1	yang3	wan4	wu4

v.7

mas	não	tornar-se	dominante
而	不	為/为	主
er2	bu4	wei2	zhu

v.8

permanente	sem	desejo
常	無/无	欲
chang2	wu2	yu4

v.9

ser possível	nomear	de	pequeno
可	名	於/于	小
ke3	ming2	yu2	xiao3

v.10

10.000	coisa	voltar para casa	para ele
萬/万	物	歸/归	焉
wan4	wu4	gui1	yan4

v.11

mas	não	tornar-se	dominante
而	不	為/为	主
er2	bu4	wei2	zhu3

v.12

ser possível	nomear	passar a ser	grande
可	名	為/为	大
ke3	ming2	wei2	da4

v.13

por meio de	seu	final	não	si mesmo	fazer-se	grande
以	其	終/终	不	自	為/为	大
yi3	qi2	zhong1	bu4	zi4	wei2	da4

v.14

assim	ser capaz	sucesso	seu	grande
故	能	成	其	大
gu4	neng2	cheng2	qi2	da4

Termos específicos:

主 – zhu3 – aquele que tem a posição principal, dominante. Senhor, aquele que governa, líder, chefe.

Comentários:

O grande Tao alcança todos os lugares (v.1), estendendo-se em todas as direções (v.2). Nele os dez mil seres confiam para viver e para gerar (v.3). Por isso, não se afastam dele (v.4). Quando completa seus atos, não chama a fama para si (v.5). Ele protege e alimenta os dez mil seres (v.6), mas não se torna senhor deles (v.7). Permanece sem desejos a saciar (v.8), assim, poderia chamar-se "pequeno" (v.9). Todos os seres retornam a ele (v.10), mas deles não é senhor (v.11). Por isso, poderia se chamar "grande" (v.12). Mas, por toda a vida, ele não se considera grande (v.13), assim torna-se realmente grande (v.14).

POEMA 35

	Caracteres tradicionais	Caracteres simplificados
1	執大象	执大象
2	天下往	天下往
3	往而不害	往而不害
4	安平大	安平大
5	樂與餌	乐与饵
6	過客止	过客止
7	道之出口	道之出口
8	淡乎其無味	淡乎其无味
9	視之不足見	视之不足见
10	聽之不足聞	听之不足闻
11	用之不足既	用之不足既

1	Segurando a Grande Imagem,
2	O mundo irá em sua direção.
3	Irá e não haverá dano.
4	Tranquilidade e paz serão grandiosas.
5	Melodias e delícias
6	Fazem parar o transeunte.
7	Mas daquilo que sai do Tao se diz:
8	Insípido! Coisa sem gosto!
9	Olhando-o, a visão não se satisfaz;
10	Ouvindo-o, a audição não se satisfaz;
11	Usando-o, não se esgota.

Grandes Temas: Verdade, Pessoa

Conceitos Centrais: Tao 道, O Mundo 天下

Verso a verso, caractere por caractere:

v.1

segurar	grande	imagem
執/执	大	象
zhi2	da4	xiang4

v.2

mundo		ir para
天	下	往
tian1	xia4	wang3

v.3

ir para	mas	não	danificar
往	而	不	害
wang3	er2	bu4	hai4

v.4

tranquilidade	calma	grande
安	平	大
an1	ping2	da4

v.5

música	e	bolo saboroso
樂/乐	與/与	餌/饵
yue4	yu3	er3

v.6

passar	visita	parar
過/过	客	止
guo4	ke4	zhi3

v.7

Tao	PG atributivo	sair	abertura
道	之	出	口
dao4	zhi1	chu1	kou3

v.8

insípido	PG exclamativa	ele	sem	gosto
淡	乎	其	無/无	味
dan4	hu1	qi2	wu2	wei4

v.9

olhar para	PG pronome objeto	não	suficiente	ver
視/视	之	不	足	見/见
shi4	zhi1	bu4	zu2	jian4

v.10

escutar	PG pronome objeto	não	suficiente	ouvir
聽/听	之	不	足	聞/闻
ting1	zhi1	bu4	zu2	wen2

v.11

usar	PG pronome objeto	não	suficiente	completo
用	之	不	足	既
yong4	zhi1	bu4	zu2	ji

Termos específicos:

大象 – da4xiang4 – Grande Imagem. Refere-se ao Tao. "Segurar a Grande Imagem" é ter a compreensão interna do Tao.

Comentários:

Aquele que segura a Grande Imagem (v.1) é considerado líder pelos demais, que passam a segui-lo (v.2). Quem o segue não sofre dano (v.3), pelo contrário, tem plena paz e tranquilidade (v.4). A situação ordinária é totalmente diferente. Atrativos mundanos, como músicas e comidas saborosas, podem ser sedutores a ponto de atrair quem está de passagem (v.5 e v.6). Aqueles que sucumbem a esses atrativos, quando ouvem falar do Tao (v.7), reagem, dizendo "Coisa insípida, sem sabor!" (v.8). A plenitude do Tao não é apreendida pela visão (v.9), nem pela audição (v.10). Por mais que se utilize, (v.9), o Tao não se esgota.

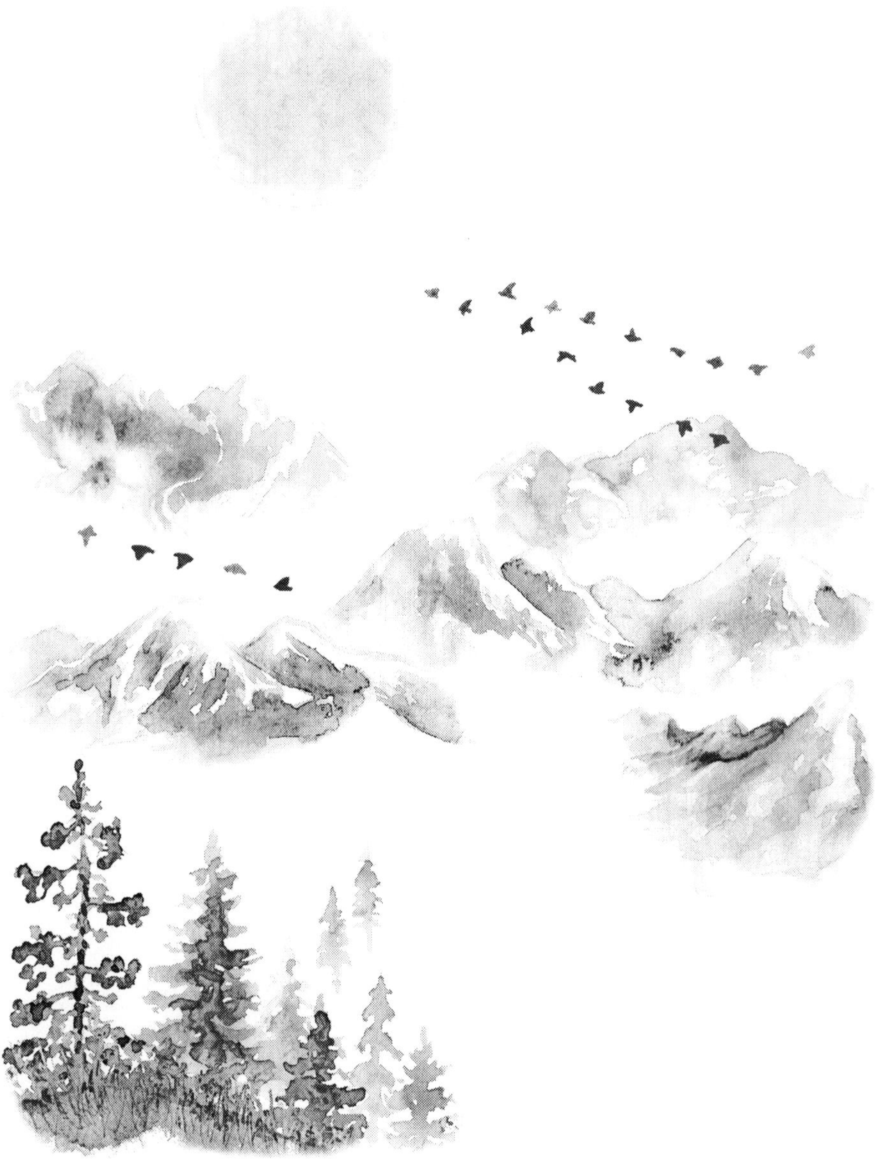

POEMA 36

	Caracteres tradicionais	Caracteres simplificados
1	將欲歙之	将欲歙之
2	必固張之	必固张之
3	將欲弱之	将欲弱之
4	必固強之	必固强之
5	將欲廢之	将欲废之
6	必固興之	必固兴之
7	將欲奪之	将欲夺之
8	必固與之	必固与之
9	是謂微明	是谓微明
10	柔弱勝剛強	柔弱胜刚强
11	魚不可脫於淵	鱼不可脱于渊
12	國之利器	国之利器
13	不可以示人	不可以示人

1	Para que algo seja estreitado
2	É absolutamente necessário alargá-lo.
3	Para que algo seja enfraquecido
4	É absolutamente necessário fortalecê-lo.
5	Para que algo seja posto de lado
6	É absolutamente necessário exaltá-lo.
7	Isso se chama Claridade Sutil.
8	O suave e frágil vence o que é duro e forte.
9	Um peixe não pode deixar as profundezas das águas.
10	As melhores armas de um país
11	Não devem ser exibidas a todos.

Grandes Temas: Verdade, Pessoa. Guerra

Conceitos Centrais: Pessoa 人

Verso a verso, caractere por caractere:

v.1

intento	desejo	comprimir	PG pronome objeto
將/将	欲	歙	之
jiang1	yu4	xi1	zhi1

v.2

com certeza	firme	expandir	PG pronome objeto
必	固	張/张	之
bi4	gu4	zhang1	zhi1

v.3

intento	desejo	fraco	PG pronome objeto
將/将	欲	弱	之
jiang1	yu4	ruo4	zhi1

v.4

com certeza	firme	forte	PG pronome objeto
必	固	強/强	之
bi4	gu4	qiang2	zhi1

v.5

intento	desejo	descartar	PG pronome objeto
將/将	欲	廢/废	之
jiang1	yu4	fei4	zhi1

v.6

com certeza	firme	exaltar	PG pronome objeto
必	固	興/兴	之
bi4	gu4	xing1	zhi1

v.7

intento	desejo	excluir	PG pronome objeto
將/将	欲	奪/夺	之
jiang1	yu4	duo2	zhi1

v.8

com certeza	firme	junto com	PG pronome objeto
必	固	與/与	之
bi4	gu4	yu3	zhi1

v.9

isso	chamar-se	sutil	claridade
是	調/谓	微	明
shi4	wei4	wei1	ming2

v.10

suave	fraco	triunfa sobre	rígido	forte
柔	弱	勝/胜	剛/刚	強/强
rou2	ruo4	sheng4	gang1	qiang2

v.11

peixe	não	ser possível	retirar	de	profundeza
魚/鱼	不	可	脫	於/于	淵/渊
yu2	bu4	ke3	tuo1	yu2	yuan1

v.12

país	PG atributivo	vantajoso	arma
國/国	之	利	器
guo2	zhi1	li4	qi4

v.13

não	ser possível	por meio de	revelar	pessoa
不	可	以	示	人
bu4	ke3	yi3	shi4	ren

Termos específicos:

人 – ren2 – Pessoa. Nesse poema, "todos" ou "os outros".

Comentários:

Esse poema trata das situações de confronto. Como sobrepujar o adversário? Se você quiser comprimí-lo, deve, antes, expandí-lo (v.1 e v.2). Se você quiser enfraquecê-lo, deve, primeiramente, fortalecê-lo (v.3 e v.4). Se você quiser eliminá-lo, deve, antes, exaltá-lo (v.5 e v.6). Se você quiser isolá-lo, deve, primeiramente, trazê-lo para junto (v.7 e v.8). Lao Tzu chama essa estratégia de "Claridade Sutil" (v.9). É dessa forma que o frágil pode triunfar sobre o forte (v.10). Segundo esse princípio, os peixes não devem sair das águas profundas (v.11) e vir para o raso, pois seriam facilmente fisgados. Da mesma forma, as armas mais poderosas de um país não podem ser conhecidas por todos (v.12 e v.13).

Observação:

Para aqueles que já praticaram Tui Shou ("Pushing Hands"), o princípio não é obscuro. Quando o oponente avança, cedemos, abrimos espaço para que ele sinta que está tomando o nosso espaço. Então, quando ele aparenta estar dominando a situação, utilizamos a sua força para inverter a relação. Essa ação, inesperada e sutil, é comparada a alguém que tem uma luz e só mostra pequena parte dela (a "Claridade Sutil"), e apenas no momento chave. Se uma pessoa se mostra muito poderosa logo de início, ela corre o mesmo risco dos peixes que nadam no raso e são facilmente apanhados. Se a pessoa tem poder, deve guardá-lo, e não exibí-lo. O poder deve ser usado de maneira correta, no momento chave.

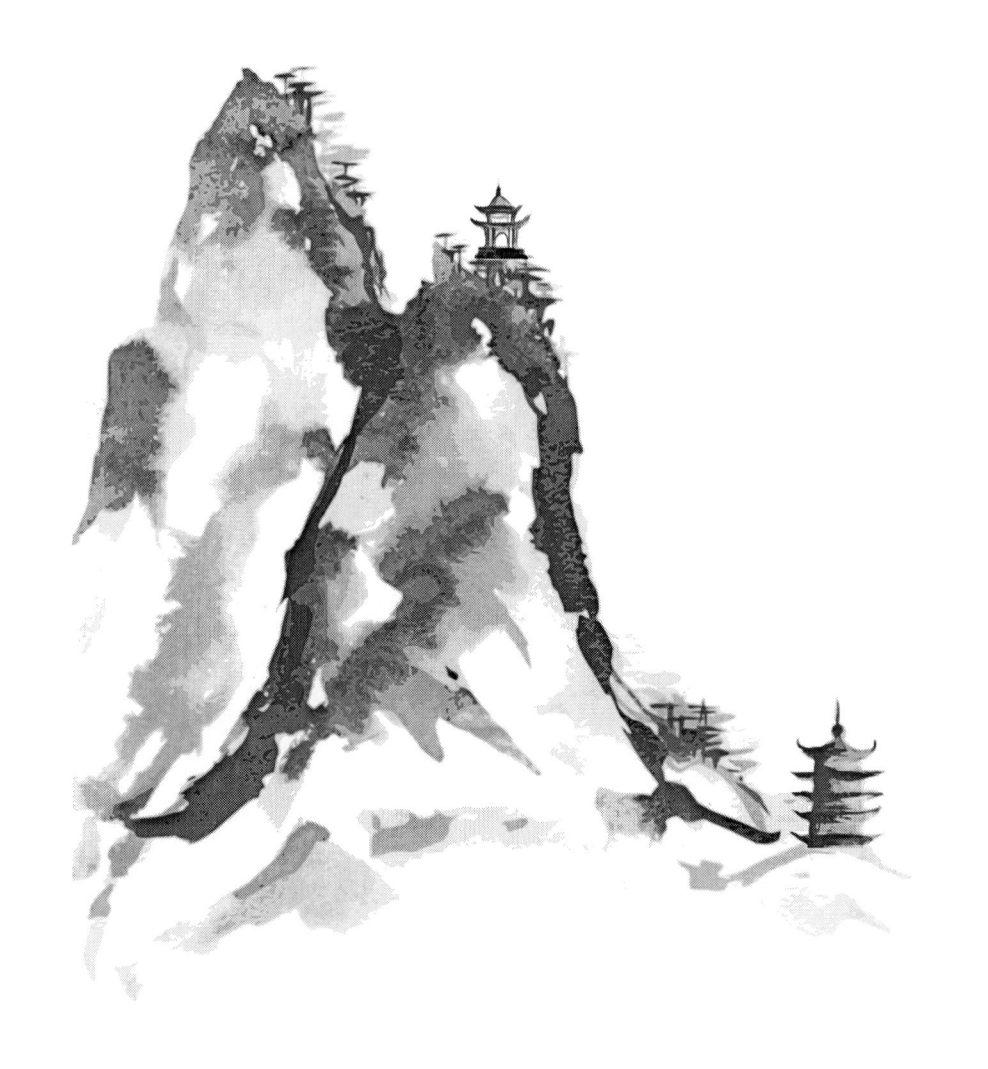

POEMA 37

	Caracteres tradicionais	Caracteres simplificados
1	道常無為	道常无为
2	而無不為	而无不为
3	侯王若能守之	侯王若能守之
4	萬物將自化	万物将自化
5	化而欲作	化而欲作
6	吾將鎮之	吾将镇之
7	以無名之樸	以无名之朴
8	無名之樸	无名之朴
9	夫亦將無辱	夫亦将无辱
10	不辱以靜	不辱以静
11	天地將自正	天地将自正

1   O Tao está sempre em não-agir,
2   E também não deixa de agir.
3   Se reis e nobres puderem guardá-lo,
4   Todos os seres se transformarão por si mesmo.
5   Se, transformados, desejarem se erguer,
6   Eu hei de contê-los,
7   Usando um pedaço de pau sem nome.
8   Por ser um pedaço de pau sem nome,
9   Eles não se sentirão humilhados.
10   Sem humilhação surge a tranquilidade.
11   E o Céu e a Terra, por si mesmos, tornam-se corretos.

Grandes Temas: Verdade, Sociedade

Conceitos Centrais: Tao 道, Permanente 常, Wu-wei 無為, Nobres e Reis 侯王, Dez Mil Coisas 萬物, Céu 天, Terra 地.

Verso a verso, caractere por caractere:

v.1

Tao	sempre	Não agir	
道	常	無/无	為/为
dao4	chang2	wu2	wei4

v.2

mas	não haver	não	fazer
而	無/无	不	為/为
er2	wu2	bu4	wei4

v.3

marquês	rei	se	ser capaz	preservar	PG pronome objeto
侯	王	若	能	守	之
hou2	wang2	ruo4	neng2	shou3	zhi1

v.4

10.000	coisas	por	si mesmo	transformar
萬/万	物	將/将	自	化
wan4	wu4	jiang1	zi4	hua4

v.5

transformar	então	desejar	erguer-se
化	而	欲	作
hua4	er2	yu4	zuo4

v.6

eu	por	restringir	PG pronome objeto
吾	將/将	鎮/镇	之
wu2	jiang1	zhen4	zhi1

v.7

por meio de	sem	nome	PG atributivo	pedaço de madeira
以	無/无	名	之	樸/朴
yi3	wu2	ming2	zhi1	pu3

v.8

sem	nome	PG atributivo	pedaço de madeira
無/无	名	之	樸/朴
wu2	ming2	zhi1	pu3

v.9

Em todo caso	PG reflexivo	por	sem	humilhar
夫	亦	將/将	無/无	辱
fu1	yi4	jiang1	wu2	ru3

v.10

não	humilhar	e assim	tranquilo
不	辱	以	靜/静
bu4	ru3	yi3	jing4

v.11

céu	terra	por	si mesmo	correto
天	地	將/将	自	正
tian1	di4	jiang1	zi4	zheng4

Observação:

Segui, nesse poema, a versão de Mawangdui. A edição de Wang Bi tem os versos finais assim:

夫以將無欲 – Assim, eles não terão desejo

不欲以靜 – Não tendo desejo, surge a tranquilidade
天下將自定 – O mundo inteiro se estabiliza por si mesmo.

Termos específicos:

樸 – pu3 – Pedaço de madeira não trabalhada. Refere-se à natureza pura, espontânea, sem artificialidades, do Tao.

Comentários:

O poema 37 inicia-se de maneira muito semelhante ao 32. O Tao não age e nem deixa de agir (v.1 e v.2). Se os governantes soubessem usá-lo (v.3), todas as coisas se transformariam espontaneamente (v.4), retornando à sua forma básica, natural. Nesse estado de igualdade natural, acaso surgissem forças desejosas de dominar sobre os demais (v.5), o sábio utilizaria o "pedaço de madeira não trabalhada", o próprio Tao (v.6 e v.7), para restabelecer o equilíbrio. Essa ação, por ser do Tao, não é opressiva, não causa humilhação àquele que é objeto dela (v.8 e v.9). Assim, a tranquilidade é restabelecida (v.10), e as dimensões espiritual e material se corrigem espontaneamente (v.11).

Com esse poema, Lao Tzu encerra o volume "Tao" do Tao Te Ching. Inicia-se, no Poema 38, o segundo e último volume do livro, o "Te", onde o autor passa a considerar o Te, ou o "Poder" do Tao, as propriedades manifestas do Tao (e do homem imbuído do Tao) no mundo ao nosso redor.

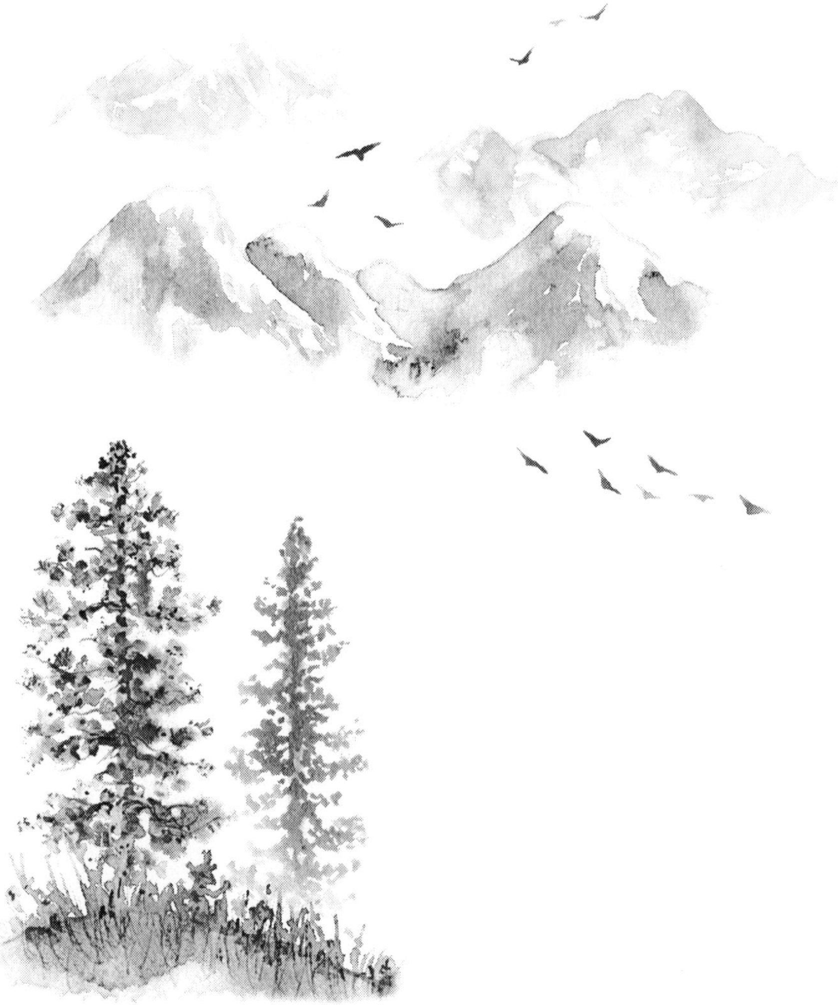

POEMA 38

	Caracteres tradicionais	**Caracteres simplificados**
1	上德不德	上德不德
2	是以有德	是以有德
3	下德不失德	下德不失德
4	是以無德	是以无德
5	上德無為而無以為	上德无为而无以为
6	下德為之而有以為	下德为之而有以为
7	上仁為之而無以為	上仁为之而无以为
8	上義為之而有以為	上义为之而有以为
9	上禮為之而莫之應	上礼为之而莫之应
10	則攘臂而扔之	则攘臂而扔之
11	故失道而後德	故失道而后德
12	失德而後仁	失德而后仁
13	失仁而後義	失仁而后义
14	失義而後禮	失义而后礼
15	夫禮者	夫礼者
16	忠信之薄	忠信之薄
17	而亂之首	而乱之首
18	前識者	前识者
19	道之華	道之华
20	而愚之始	而愚之始
21	是以大丈夫處其厚	是以大丈夫处其厚
22	不居其薄	不居其薄
23	處其實	处其实
24	不居其華	不居其华
25	故去彼取此	故去彼取此

1   Quem tem Virtude (Poder) superior não é virtuoso (poderoso),
2   Por isso tem Virtude (Poder).
3   Quem tem Virtude (Poder) inferior não larga sua Virtude (Poder),
4   Por isso não tem Virtude (Poder).
5   Quem tem Virtude (Poder) superior não age nem tenta obter algo.
6   Quem tem Virtude (Poder) inferior age e, por meio da ação, quer obter algo.
7   Quem tem a benevolência superior age, mas não quer obter coisa alguma com isso.
8   Quem tem a retidão superior age, e quer obter algo por essa ação.
9   Quem desempenha as cerimônias de maneira superior age, e havendo quem lhe contradiga,
10 Ele estende seus braços e o obriga a se submeter.
11 Assim, perdendo-se o Tao, fica a Virtude (Poder),
12 Perdendo-se a Virtude (Poder), fica a benevolência,
13 Perdendo-se a benevolência, fica a retidão,
14 Perdendo-se a retidão, fica o formalismo.
15 O formalismo, pois,
16 É o aspecto superficial da lealdade e da confiança,
17 É o princípio da confusão.
18 Ter conhecimento prévio das coisas
19 É o esplendor do Tao,
20 Mas é o começo da tolice.
21 Por isso, o venerável senhor mora nas profundezas,
22 E não na superfície.
23 Mora no que é firme,
24 E não no ornamento.
25 Ele descarta um para buscar o outro.

Grandes Temas: Verdade, Sociedade, Pessoa

Conceitos Centrais: Virtude (Poder) 德, Tao 道, Permanente 常, Wu-wei 無為

Verso a verso, caractere por caractere:

v.1

superior	Virtude (Poder)	não	Virtude (Poder)
上	德	不	德
shang4	de2	bu4	de2

v.2

por isso		haver	Virtude (Poder)
是	以	有	德
shi4	yi3	you3	de2

v.3

inferior	Virtude (Poder)	não	perder	Virtude (Poder)
下	德	不	失	德
xia4	de2	bu4	shi1	de2

v.4

por isso		sem	Virtude (Poder)
是	以	無/无	德
shi4	yi3	wu2	de2

v.5

superior	Virtude (Poder)	Não-agir		e	sem	pelo qual	agir
上	德	無/无	為/为	而	無/无	以	為/为
shang4	de2	wu2	wei2	er2	wu2	yi3	wei2

v.6

inferior	Virtude (Poder)	agir	PG pronome objeto	e	haver	pelo qual	agir
下	德	為/为	之	而	有	以	為/为
xia4	de2	wei2	zhi1	er2	you3	yi3	wei2

v.7

superior	benevolência	agir	PG pronome objeto	e	sem	pelo qual	agir
上	仁	為/为	之	而	無/无	以	為/为
shang4	ren2	wei2	zhi1	er2	wu2	yi3	wei2

v.8

superior	retidão	agir	PG pronome objeto	e	haver	pelo qual	agir
上	義/义	為/为	之	而	有	以	為/为
shang4	yi4	wei2	zhi1	er2	you3	yi3	wei2

v.9

superior	formalidade	agir	PG pronome objeto	e	de jeito nenhum	PG atributivo	retrucar
上	禮/礼	為/为	之	而	莫	之	應/应
shang4	li3	wei2	zhi1	er2	mo4	zhi1	ying4

v.10

por sua vez	segurar à força	antebraço	e	lançar	PG pronome objeto
則/则	攘	臂	而	扔	之
ze2	rang2	bi4	er2	reng4	zhi1

v.11

assim	perder	Tao	e	atrás	Virtude (Poder)
故	失	道	而	後/后	德
gu4	shi1	dao4	er2	hou4	de2

v.12

perder	Virtude (Poder)	e	atrás	benevolência
失	德	而	後/后	仁
shi1	de2	er2	hou4	ren2

v.13

perder	benevolência	e	atrás	retidão
失	仁	而	後/后	義/义
shi1	ren2	er2	hou4	yi4

v.14

perder	retidão	e	atrás	formalidade
失	義/义	而	後/后	禮/礼
shi1	yi4	er2	hou4	li3

v.15

De toda forma	formalidade	PG marcador tópico
夫	禮/礼	者
fu1	li3	zhe3

v.16

lealdade	confiança	PG atributivo	delgado
忠	信	之	薄
zhong1	xin4	zhi1	bo2

v.17

e	confusão	PG atributivo	início
而	亂/乱	之	首
er2	luan4	zhi1	shou3

v.18

frente	conhecer	PG marcador tópico
前	識/识	者
qian2	zhi4	zhe3

v.19

Tao	PG atributivo	esplendor
道	之	華/华
dao4	zhi1	hua2

v.20

mas	tolice	PG atributivo	princípio
而	愚	之	始
er2	yu2	zhi1	shi3

v.21

por isso		grande	venerável	ficar	sua	profundeza
是	以	大	丈	夫	處/处	其	厚
shi4	yi3	da4	zhang4	fu1	chu3	qi2	hou4

v.22

não	residir	seu	superfície
不	居	其	薄
bu4	ju1	qi2	bo2

v.23

ficar	seu	substancial
處/处	其	實/实
chu3	qi2	shi2

v.24

não	residir	dele	esplendor
不	居	其	華/华
bu4	ju1	qi2	hua2

v.25

assim	descartar	aquele	segura	este
故	去	彼	取	此
gu4	qu4	bi3	qu3	ci3

Termos específicos:

仁/義/禮 – ren2/yi4/li3 – Três das principais virtudes confucianas. 仁 (traduzido, geralmente, como "Benevolência") é a expressão do sentimento de humanidade compartilhado, como se deduz do próprio caractere (人 = pessoa; 二 = dois => sentimento entre dois seres humanos). 義 (traduzido, geralmente, como "justiça") é a qualidade de ser íntegro, justo, reto; o que também se percebe na estrutura do caractere (羊 = carneiro; 我 = eu => quando sou puro como um cordeiro, sou íntegro). 禮 (示 = sinal dos céus 豊 = vaso de oferenda de sacrifícios), geralmente, se traduz por etiqueta, cerimônia, ritual. É o conjunto de comportamentos formais que deveriam ser desempenhados nas diversas ocasiões de interação social.

華 – hua2 – florescimento, brilho, lustro. A expressão maravilhosa de algum processo pouco evidente.

Comentários:

As várias escolas de pensamento chinês têm, cada uma, o seu conceito de Tao. Da mesma forma, o taoísmo tem a sua concepção particular do que seja a Virtude. Nesse poema, Lao Tzu afirma que toda a expressão superficial de virtude é vazia se a pessoa não estiver firmada no Tao. Virtude é entendida como o poder visível desse Tao invisível existende na profundidade do ser.

Quem é dotado, realmente, de Virtude/Poder, não aparenta possuí-la. Por possuí-la, de fato, é que faz questão que os outros não o vejam como virtuoso/dotado de poder. (v.1 e v.2)

Quem tem uma Virtude/Poder vazia, exibe-a para que todos vejam. O fato de exibí-la demonstra que, de fato, não a tem. (v.3 e v.4)

Em seguida, Lao Tzu enumera as diversas situações, relacionando-as ao Wu-wei (Não-ação) e à cobiça:

Quem tem a Virtude/Poder superior está em Wu-wei, sem nenhuma cobiça ou desejo (v.5).

Quem tem a Virtude/Poder inferior interfere no curso natural das coisas (o contrário do Wu-wei), tentando satisfazer seus desejos (v.6).

Quem tem a benevolência superior não está em Wu-wei, pois age para alterar o curso natural das coisas, ainda que de forma altruísta – sem querer obter coisa alguma com isso (v.7).

Quem tem a retidão superior está agindo, interferindo com o curso natural, e procura demonstrar sua justiça. (v.8).

Quem procura executar todas as formalidades de maneira perfeita, ao encontrar quem o contradiga, força-o a seguir o comportamento prescrito (v.9 e v.10).

Essa sequência de degradação, do natural para o artificial, é reapresentada no trecho seguinte:

A perda do Tao faz com que a Virtude/Poder seja enfatizada (v.11). E assim por diante, do v.12 ao v.14.

O formalismo é o ponto mais baixo dessa "involução", onde a lealdade e a confiança (outras virtudes confucianas) são apenas aparentes (v.15 e v.16). Daí surge a confusão reinante no mundo, na época de Lao Tzu (v.17).

A capacidade de ter conhecimento prévio das coisas, de prever acontecimentos e situações, é uma Virtude de quem possui o Tao. É algo que só aparece após um longo cultivo (v.18 e v.19). Mas, ao mesmo tempo, é o começo da tolice, pois quanto mais exibido for esse poder, mais desprovida do Tao a pessoa se torna, como discorrido no início (v.20). Por isso, aquele tem tem o Tao e sua Virtude habita na profundeza do Tao e não é facilmente encontrado (v.21 e v.22). Ele se firma na substancialidade da natureza do Tao e não na sua manifestação fantástica (v.23 e v.24). Ele descarta o superficial para buscar o essencial (v.25).

POEMA 39

	Caracteres tradicionais	Caracteres simplificados
1	昔之得一者	昔之得一者
2	天得一以清	天得一以清
3	地得一以寧	地得一以宁
4	神得一以靈	神得一以灵
5	谷得一以盈	谷得一以盈
6	萬物得一以生	万物得一以生
7	侯王得一	侯王得一
8	以為天下貞	以为天下贞
9	其致之	其致之
10	天無以清	天无以清
11	將恐裂	将恐裂
12	地無以寧	地无以宁
13	將恐發	将恐发
14	神無以靈	神无以灵
15	將恐歇	将恐歇
16	谷無以盈	谷无以盈
17	將恐竭	将恐竭
18	萬物無以生	万物无以生
19	將恐滅	将恐灭
20	侯王無以貴高	侯王无以贵高
21	將恐蹶	将恐蹶
22	故貴以賤為本	故贵以贱为本
23	高以下為基	高以下为基
24	是以侯王	是以侯王
25	自稱孤寡不穀	自称孤寡不谷
26	此非以賤為本耶	此非以贱为本耶
27	非乎	非乎
28	故致數輿無輿	故致数舆无舆
29	不欲琭琭如玉	不欲琭琭如玉
30	珞珞如石	珞珞如石

1	Na antiguidade, alcançaram o Um:
2	O Céu, que alcançou o Um e se tornou puro.
3	A Terra, que alcançou o Um e se tornou estável.
4	Os espíritos, que alcançaram o Um e se tornaram capazes de maravilhas.
5	Os vales, que alcançaram o Um e se preencheram.
6	Os seres, que alcançaram o Um e se tornaram vivos.
7	Os príncipes e reis, que alcançaram o Um
8	E se tornaram referência para o mundo.
9	Daí se conclui que:
10	Se o Céu não se tornasse puro,
11	Estaria sob ameaça de se esfacelar.
12	Se a Terra não se tornasse estável,
13	Estaria sob ameaça de se desintegrar.
14	Se os espíritos não se vivificassem,
15	Estariam sob ameaça de se imobilizar.
16	Se os vales não se preenchessem,
17	Estariam sob ameaça de se esvaziar.
18	Se os seres não se tornassem vivos,
19	Estariam sob ameaça de desaparecer.
20	Se os príncipes e reis não fossem respeitados e valorizados,
21	Estariam sob ameaça de serem derrubados.
22	Assim, o respeito faz da humildade seu fundamento.
23	O elevado faz do baixo seu fundamento.
24	Por isso, os príncipes e reis
25	Chamam a si mesmos "órfão", "vil", "moribundo".
26	É um sinal de que eles fazem da humildade seu fundamento?
27	Ou não é?
28	Ter um número imenso de carruagens é não ter nenhuma.
29	Não deseje ser brilhante como o jade,
30	Mas tosco como o cascalho.

Grandes Temas: Verdade, Sociedade, Pessoa

Conceitos Centrais: Tao 道, Céu 天, Terra 地, Dez Mil Coisas 萬物, Nobres e Reis 侯王, Mundo 天下

Verso a verso, caractere por caractere:

v.1

antigamente	PG atributivo	obter	um	PG nominalização sujeito
昔	之	得	一	者
xi1	zhi1	de2	yi1	zhe3

v.2

céu	obter	um	para que	claro
天	得	一	以	清
tian1	de2	yi1	yi3	qing1

v.3

terra	obter	um	para que	calmo
地	得	一	以	寧/宁
di4	de2	yi1	yi3	ning2

v.4

espíritos	obter	um	para que	poder espiritual
神	得	一	以	靈/灵
shen2	de2	yi1	yi3	ling2

v.5

vale	obter	um	para que	tornar-se pleno
谷	得	一	以	盈
gu3	de2	yi1	yi3	ying2

v.6

10.000	coisas	obter	um	para que	nascer
萬/万	物	得	一	以	生
wan4	wu4	de2	yi1	yi3	sheng1

v.7

marquês	rei	obter	um
侯	王	得	一
hou2	wang2	de2	yi1

v.8

para que	tornar-se	mundo		ortodoxo
以	為/为	天	下	貞/贞
yi3	wei2	tian1	xia4	zhen1

v.9

disso	fazer chegar	PG pronome objeto
其	致	之
qi2	zhi4	zhi1

v.10

céu	não haver	para que	claro
天	無/无	以	清
tian1	wu2	yi3	qing1

v.11

PG tempo futuro	talvez	romper
將/将	恐	裂
jiang1	kong3	lie4

v.12

terra	sem	para que	calmo
地	無/无	以	寧/宁
di4	wu2	yi3	ning2

v.13

PG tempo futuro	talvez	dispersar
將/将	恐	發/发
jiang1	kong3	fa1

v.14

espíritos	sem	para que	poder espiritual
神	無/无	以	靈/灵
shen2	wu2	yi3	ling2

v.15

PG tempo futuro	talvez	interromper
將/将	恐	歇
jiang1	kong3	xie1

v.16

vale	sem	para que	tornar-se pleno
谷	無/无	以	盈
gu3	wu2	yi3	ying2

v.17

PG tempo futuro	talvez	secar
將/将	恐	竭
jiang1	kong3	jie2

v.18

10.000	coisas	sem	para que	nascer
萬/万	物	無/无	以	生
wan4	wu4	wu2	yi3	sheng1

v.19

PG tempo futuro	talvez	extinguir
將/将	恐	滅/灭
jiang1	kong3	mie4

v.20

marquês	rei	sem	para que	valor	alto
侯	王	無/无	以	貴/贵	高
hou2	wang2	wu2	yi3	gui4	gao1

v.21

PG tempo futuro	talvez	cair
將/将	恐	蹶
jiang1	kong3	jue2

v.22

assim	valioso	por meio de	pouco valor	tornar-se	fundamento
故	貴/贵	以	賤/贱	為/为	本
gu4	gui4	yi3	jian4	wei2	ben3

v.23

alto	por meio de	baixo	tornar-se	base
高	以	下	為/为	基
gao1	yi3	xia4	wei2	ji1

v.24

	por isso	marquês	rei
是	以	侯	王
shi4	yi3	hou2	wang2

v.25

si mesmo	denominar	órfão	deficiente	não	nutrido
自	稱/称	孤	寡	不	穀/谷
zi4	cheng1	gu1	gua3	bu4	gu3

v.26

este	não é que	por meio de	de pouco valor	tornar-se	fundamento	não é mesmo?
此	非	以	賤/贱	為/为	本	耶
ci3	fei1	yi3	jian4	wei2	ben3	ye2

v.27

não é que	PG interrogativa
非	乎
fei1	hu

v.28

assim	ajuntar	numerosos	carruagens	sem	carruagens
故	致	數/数	輿/舆	無/无	輿/舆
gu4	zhi4	shu4	yu2	wu2	yu2

v.29

não	cobiçar	qualidade do brilho do jade	semelhante	jade
不	欲	琭	琭	如	玉
bu4	yu4	lu4	lu4	ru2	yu4

v.30

qualidade de dureza da pedra		semelhante	pedra
珞	珞	如	石
luo4	luo4	ru2	shi2

Termos específicos:

寧 – ning2 – pacífico, calmo, tranquilo, assentado. No poema, a qualidade da terra firme.

靈 – ling2 – poder espiritual, como o exercido pelo xamã (巫), clamando (口口口) por chuva (雨).

Comentários:

Existe, nesse poema, um sutil jogo de ideias. 得 e 德, são pronunciados, da mesma forma, há muitos séculos (embora não possamos afirmar o mesmo com relação ao tempo de Lao Tzu). O primeiro se refere ao ato de obter algo, ou de passar a ter disponibilidade de algo. O segundo é a Virtude, expressada quando alguém obtém ou passa a ter a disponibilidade do Tao. Assim, em cada um dos versos iniciais, cada ente é relacionado à sua Virtude específica após ter obtido o Uno (ou o Tao).

Na antiguidade remota, os seguintes entes alcançaram o Tao (v.1):

O Céu, que alcançou o Tao e tem a Virtude da claridade (v.2).

A Terra, que passou a ter a Virtude do assentamento (v.3).

Os espíritos, que passaram a ter a Virtude do poder espiritual (v.4).

Os vales, que passaram a ter a Virtude de se preencher (v.5).

Os seres, que passaram a ter a Virtude da vida (v.6).

Os governantes, que passaram a ter a Virtude de ser exemplos para o povo (v.7).

Em seguida (v.9 em diante), Lao Tzu passa a descrever o que teria acontecido se esses entes não tivessem alcançado o Tao, ou seja, se lhes faltasse a Virtude conferida por este:

O Céu se esfacelaria (v.10 e v.11).

A Terra se desintegraria (v.12 e v.13).

Os espíritos seriam inúteis (v.14 e v.15).

Os vales se secariam (v.16 e v.17).

Os seres se extinguiriam (v.18 e v.19).

Os governantes seriam derrubados do governo (v.20 e v.21).

Concluindo, Lao Tzu reitera o valor da humildade e da modéstia:

O respeito é devido a quem é humilde (v.22). Mesmo os poderosos consideram que a humildade deve ser o fundamento para uma elevada posição (v.23 a v.27).

De nada vale ajuntar inúmeras carruagens, se não se tem como utilizar todas (v.28)

A humildade e a discrição são os valores maiores (v.29 e v.30).

POEMA 40

	Caracteres tradicionais	**Caracteres simplificados**
1	反者道之動	反者道之动
2	弱者道之用	弱者道之用
3	天下萬物生於有	天下万物生于有
4	有生於無	有生于无

1	A mudança é a atividade do Tao.
2	A fragilidade é a função do Tao.
3	Todas as coisas do mundo surgem do Existir.
4	O Existir surge do não-Existir.

Grandes Temas: Verdade

Conceitos Centrais: Tao 道, Mundo 天下, Dez Mil Coisas 萬物, Função 用

Verso a verso, caractere por caractere:

v.1

virar	PG nominalização sujeito	Tao	PG atributivo	mover
反	者	道	之	動/动
fan3	zhe3	dao4	zhi1	dong4

v.2

fraco	PG nominalização sujeito	Tao	PG atributivo	usar
弱	者	道	之	用
ruo4	zhe3	dao4	zhi1	yong4

v.3

mundo		10.000	coisas	nascer	de	haver
天	下	萬/万	物	生	於/于	有
tian1	xia4	wan4	wu4	sheng1	yu2	you3

v.4

haver	nascer	de	não haver
有	生	於/于	無/无
you3	sheng1	yu2	wu2

Termos específicos:

反 – fan3 – virar, girar, inverter, voltar, reverter, retornar, dar a volta, tornar, ir de encontro, opor, revoltar, olhar para dentro, subverter.

Comentários:

O movimento do Tao é feito pelas mudanças (v.1). A aplicação do Tao é feita pela fraqueza (v.2). Todos os seres nascem do Existir (v.3). O Existir nasce do não-Existir (v.4).

Interessantemente, há um paralelo ocidental do verso 2 no dito bíblico "O meu poder (de Deus) se aperfeiçoa na fraqueza" (II Carta de Paulo aos Coríntios, 12:9).

"Existir" é o "Tao com Nome"; "não-Existir" é o "Tao sem Nome" (ver poema 1).

POEMA 41

	Caracteres tradicionais	**Caracteres simplificados**
1	上士聞道	上士闻道
2	勤而行之	勤而行之
3	中士聞道	中士闻道
4	若存若亡	若存若亡
5	下士聞道	下士闻道
6	大笑之	大笑之
7	不笑不足以為道	不笑不足以为道
8	故建言有之	故建言有之
9	明道若昧	明道若昧
10	進道若退	进道若退
11	夷道若纇	夷道若纇
12	上德若谷	上德若谷
13	太白若辱	太白若辱
14	廣德若不足	广德若不足
15	建德若偷	建德若偷
16	質真若渝	质真若渝
17	大方無隅	大方无隅
18	大器晚成	大器晚成
19	大音希聲	大音希声
20	大象無形	大象无形
21	道隱無名	道隐无名
22	夫唯道	夫唯道
23	善始且善成	善始且善成

1	O homem superior ouve falar do Tao
2	E, diligentemente, passa a praticar.
3	O homem mediano ouve falar do Tao
4	E vacila, ora preservando, ora negligenciando a prática.
5	O homem inferior ouve falar do Tao
6	E dá gargalhadas.
7	Se não desse gargalhadas, não seria do Tao que teria ouvido falar.
8	Por isso, consta no "Palavras Edificantes":
9	"O Tao que resplandece, parece obscuro,
10	O Tao que progride, parece retroceder,
11	O Tao que é plano, parece irregular."
12	O Poder supremo é como um vale.
13	O brilho excelso é como uma vergonha.
14	A virtude abrangente parece insuficiência.
15	A virtude firme parece oscilante.
16	A verdade sólida parece fluida.
17	O grande quadrado não ultrapassa os ângulos.
18	A grande vasilha demora a ficar pronta.
19	O grande som não se pode ouvir.
20	A grande imagem não tem forma.
21	O Tao está oculto e não tem nome.
22	Eis que o Tao
23	É excelente em dar início e excelente em concluir.

Grandes Temas: Verdade, Pessoa

Conceitos Centrais: Tao 道, Virtude (Poder) 德

Verso a verso, caractere por caractere:

v.1

superior	homem	ouvir	Tao
上	士	聞/闻	道
shang4	shi4	wen2	dao4

v.2

esforçar	para então	praticar	PG pronome objeto
勤	而	行	之
qin2	er2	xing2	zhi1

v.3

mediano	homem	ouvir	Tao
中	士	聞/闻	道
zhong1	shi4	wen2	dao4

v.4

como se	existir	como se	deixar de existir
若	存	若	亡
ruo4	cun2	ruo4	wang2

v.5

inferior	homem	ouvir	Tao
下	士	聞/闻	道
xia4	shi4	wen2	dao4

v.6

grande	risada	PG pronome objeto
大	笑	之
da4	xiao4	zhi1

v.7

não	risada	não	suficiente	para que	tornar-se	Tao
不	笑	不	足	以	為/为	道
bu4	xiao4	bu4	zu2	yi3	wei2	dao4

v.8

assim	edificar	palavra	haver	PG pronome objeto
故	建	言	有	之
gu4	jian4	yan2	you3	zhi1

v.9

claro	Tao	como se	indistinto
明	道	若	昧
ming2	dao4	ruo4	mei4

v.10

avançar	Tao	semelhante	recuar
進/进	道	若	退
jin4	dao4	ruo4	tui4

v.11

nivelado	Tao	como se	irregular
夷	道	若	纇
yi2	dao4	ruo4	lei4

v.12

superior	Virtude (poder)	como se	vale
上	德	若	谷
shang4	de2	ruo4	gu3

v.13

imenso	branco	como se	desonra
太	白	若	辱
tai4	bai2	ruo4	ru4

v.14

amplo	Virtude (poder)	como se	não	suficiente
廣/广	德	若	不	足
guang3	de2	ruo4	bu4	zu2

v.15

estabelecer	Virtude (poder)	como se	negligente
建	德	若	偷
jian4	de2	ruo4	tou1

v.16

sólido	verdade	como se	mudar
質/质	真	若	渝
zhi4	zhen1	ruo4	yu2

v.17

grande	quadrado	sem	ultrapassar
大	方	無/无	隅
da4	fang2	wu2	yu2

v.18

grande	vasilha	demorado	completar
大	器	晚	成
da4	qi4	wan3	cheng2

v.19

grande	som	escasso	soar
大	音	希	聲/声
da4	yin1	xi1	sheng1

v.20

grande	imagem	sem	forma
大	象	無/无	形
da4	xiang4	wu2	xing2

v.21

Tao	oculto	sem	nome
道	隱/隐	無/无	名
dao4	yin3	wu2	ming2

v.22

seja como for	PG assertiva	Tao
夫	唯	道
fu1	wei2	dao4

v.23

excelência	iniciar	além disso	excelência	completar
善	始	且	善	成
shan4	shi3	qie3	shan4	cheng2

Termos específicos:

建言 – jian4yan2 – segundo Guo Moruo, é o título de uma obra taoísta não mais existente. Pode, ainda, ser traduzido simplesmente como "já foi dito que".

Comentários:

Lao Tzu fala das três reações possíveis diante do Tao. Em seguida, do v.12 em diante, discorre sobre os atributos (ou virtudes, ou poderes) do Tao manifesto (isto é, o Tao com Nome). Ele, conclui, retornando ao Tao sem Nome.

O homem superior ouve o Tao e se põe logo a praticá-lo (v.1 e v.2). O homem mediano ouve o Tao, mas não mantém uma conduta firme (v.3 e v.4). O homem inferior ouve o Tao e não leva a sério (v.5. e v.6). Se o homem inferior o levasse a sério, esse não seria o Tao (v.7). Os antigos já diziam "O Tao claro parece indistinto, o Tao que avança parece regredir, o Tao normal parece irregular" (v.8 a v.11).

A Virtude (poder) superior é como o vale (v.12). A imensa pureza parece desonra (v.13). A Virtude (poder) ampla parece insuficiente (v.14). Quem tem a Virtude estabelecida parece negligente (v.15). A verdade sólida parece mutável (v.16). O quadrado mais perfeito não avança suas linhas além do determinado por seus ângulos (v.17). Uma grande vasilha demora a ser feita (v.18). O grande som é quase inaudível (v.19). A grande imagem não tem forma (v.20). O Tao invisível é sem Nome, e é excelente em formar e completar todos esses atributos, tornando-se com Nome (v.21 a v.23).

POEMA 42

	Caracteres tradicionais	Caracteres simplificados
1	道生一	道生一
2	一生二	一生二
3	二生三	二生三
4	三生萬物	三生万物
5	萬物負陰而抱陽	万物负阴而抱阳
6	沖氣以為和	冲气以为和
7	人之所惡唯孤寡不穀	人之所恶唯孤寡不谷
8	而王公以為稱	而王公以为称
9	故物或損之而益	故物或损之而益
10	或益之而損	或益之而损
11	人之所教	人之所教
12	我亦教之	我亦教之
13	強梁者不得其死	强梁者不得其死
14	吾將以為教父	吾将以为教父

1	O Tao gera o Um,
2	O Um gera o Dois,
3	O Dois gera o Três,
4	O Três gera todas as coisas.
5	Todas as coisas são portadoras do Yin e envolvem o Yang,
6	E pelo brotar do Qi se tornam harmônicas.
7	Os desprezados pelos homens: o órfão, o vil e o indigno
8	São denominações que os reis e nobres aplicam a si mesmos.
9	As coisas se tornam maiores ao serem diminuídas,
10	E se tornam menores ao serem aumentadas.
11	O que já foi ensinado
12	É o que também ensino.
13	Os truculentos não terão uma boa morte.
14	Essa será a diretriz do meu ensinamento.

Grandes Temas: Verdade, Pessoa

Conceitos Centrais: Tao 道, as Dez Mil Coisas 萬物, Yin e Yang 陰陽

Verso a verso, caractere por caractere:

v.1

Tao	gerar	um
道	生	一
dao4	sheng1	yi1

v.2

um	gerar	dois
一	生	二
yi1	sheng1	er4

v.3

dois	gerar	três
二	生	三
er4	sheng1	san1

v.4

três	gerar	10.000	coisas
三	生	萬/万	物
san1	sheng1	wan4	wu4

v.5

10.000	coisas	carregar nas costas	Yin	e	abraçar	Yang
萬/万	物	負/负	陰/阴	而	抱	陽/阳
wan4	wu4	fu4	yin1	er2	bao4	yang2

v.6

irromper	Qi	para que	passar a ser	harmonia
沖/冲	氣/气	以	為/为	和
chong1	qi4	yi3	wei2	he2

v.7

pessoa	PG atributivo	PG nominalização objeto	ter aversão	nada mais que
人	之	所	惡/恶	唯
ren2	zhi1	suo3	wu4	wei2

órfão	aleijado	não	nutrir
孤	寡	不	穀/谷
gu1	gua3	bu4	gu3

v.8

mas	rei	duque	por meio disso	tornar	denominação
而	王	公	以	為/为	稱/称
er2	wang2	gong1	yi3	wei2	cheng1

v.9

assim	coisa	por vezes	reduzir	PG pronome objeto	mas	aumentar
故	物	或	損/损	之	而	益
gu4	wu4	huo4	sun3	zhi1	er2	yi4

v.10

por vezes	aumentar	PG pronome objeto	mas	reduzir
或	益	之	而	損/损
huo4	yi4	zhi1	er2	sun3

v.11

pessoa	PG atributivo	PG nominalização objeto	ensinar
人	之	所	教
ren2	zhi1	suo3	jiao4

v.12

eu	também	ensinar	PG pronome objeto
我	亦	教	之
wo3	yi4	jiao4	zhi1

v.13

forte	viga	PG nominali-zação sujeito	não	obtém	sua	morte
強/强	梁	者	不	得	其	死
qiang2	liang2	zhe3	bu4	de2	qi2	si3

v.14

eu	a partir disso	para que	tornar-se	ensinamento	mais honorável
吾	將/将	以	為/为	教	父
wu2	jiang1	yi3	wei2	jiao4	fu3

Termos específicos:

強梁 – qiang2liang2 – literalmente, "Viga forte". No contexto, refere-se àqueles que, a partir da sua convicção, querem ter o controle de tudo que lhes acontece. Eles não conseguem garantir uma "boa morte".

Comentários:

O Tao intangível gera o princípio da existência (v.1), que gera o Yin e o Yang (v.2), que geram Céu, Homem e Terra (v.3), que geram todas as coisas (v.4). Todas as coisas são constituídas de Yin e Yang (v.5), e o fluxo incessante de Qi as equilibra (v.6).

O abandonado, o aleijado e o miserável são os enjeitados pela sociedade (v.7), mas é por esses nomes que os reis e nobres se denominam (v.8). As coisas, ao serem aumentadas, diminuem (v.9). E, ao serem diminuídas, aumentam (v.10). Não há nada de novo ensinado aqui (v.11 e v.12). Aqueles que buscam posições de força não podem controlar a própria morte (v.13). Lao Tzu toma esse ponto como o principal no seu ensinamento (v.14).

POEMA 43

	Caracteres tradicionais	Caracteres simplificados
1	天下之至柔	天下之至柔
2	馳騁天下之至堅	驰骋天下之至坚
3	無有入無間	无有入无间
4	吾是以知無為之有益	吾是以知无为之有益
5	不言之教無為之益	不言之教无为之益
6	天下希及之	天下希及之

1   O mais frágil do mundo
2   Cavalga o mais forte do mundo.
3   Não-haver penetra por onde não há espaço.
4   É daí que conheço a vantagem da Não-ação.
5   O ensinamento sem palavras trata da vantagem da Não-ação.
6   No mundo é difícil achar coisa semelhante.

Grandes Temas: Verdade, Pessoa

Conceitos Centrais: O Mundo 天下

Verso a verso, caractere por caractere:

v.1

mundo		PG atributivo	máximo	suavidade
天	下	之	至	柔
tian1	xia4	zhi1	zhi4	rou2

v.2

cavalgar, galopar	cavalgar, galopar	mundo		PG atributivo	máximo	rígido
馳/驰	騁/骋	天	下	之	至	堅/坚
chi2	cheng3	tian1	xia4	zhi1	zhi4	jian1

v.3

sem	haver	entrar	sem	espaço
無/无	有	入	無/无	間/间
wu2	you3	ru4	wu2	jian1

v.4

eu	de fato	por meio
吾	是	以
wu2	shi4	yi3

conhecer	não-agir		PG atributivo	haver	ganho
知	無/无	為/为	之	有	益
zhi1	wu2	wei2	zhi1	you3	yi4

v.5

não	palavra	PG atributivo	ensinamento	não-agir		PG atributivo	ganho
不	言	之	教	無/无	為/为	之	益
bu4	yan2	zhi1	jiao4	wu2	wei2	zhi1	yi4

v.6

mundo		escasso	com	PG pronome objeto
天	下	希	及	之
tian1	xia4	xi1	ji2	zhi1

Termos específicos:

及 – ji2 – conjunção "e", "com". No contexto, indicando quem faria par com o termo anteriormente mencionado.

Comentários:

Prosseguindo com o tema do poema anterior, e que é apresentado diversas vezes ao longo da obra, Lao Tzu afirma que aquele que é o mais suave domina o mais duro (v.1 e v.2), o que não há penetra onde não tem espaço (v.3). Por essa percepção, ele sabe que é vantajoso o Não-agir (v.4). É difícil encontrar no mundo algo como ensinar, sem palavras, a vantagem do Não-agir (v.5 e v.6).

POEMA 44

	Caracteres tradicionais	**Caracteres simplificados**
1	名與身孰親	名与身孰亲
2	身與貨孰多	身与货孰多
3	得與亡孰病	得与亡孰病
4	是故甚愛必大費	是故甚爱必大费
5	多藏必厚亡	多藏必厚亡
6	知足不辱	知足不辱
7	知止不殆	知止不殆
8	可以長久	可以长久

1	A fama ou a própria pessoa - qual prezar mais?
2	A própria pessoa ou a riqueza - qual vale mais?
3	O ganho ou a perda - qual o maior problema?
4	Pois intenso cuidado implica grande gasto.
5	Se muito é armazenado, enorme será a perda.
6	Quem sabe se satisfazer, não sofre a ruína;
7	Quem sabe parar, não entra em perigo,
8	E pode ter longa vida.

Grandes Temas: Verdade, Pessoa

Conceitos Centrais: Saber dar-se por satisfeito 知足, Eu próprio 身

Verso a verso, caractere por caractere:

v.1

nome	ou	si próprio	qual deles	íntimo
名	與/与	身	孰	親/亲
ming2	yu3	shen1	shu2	qin1

v.2

eu próprio	ou	bens materiais	qual deles	bastante
身	與/与	貨/货	孰	多
shen1	yu3	huo4	shu2	duo1

v.3

obter	ou	perder	qual deles	imperfeição
得	與/与	亡	孰	病
de2	yu3	wang2	shu2	bing4

v.4

isto	assim	extremo	gostar	certamente	grande	gasto
是	故	甚	愛/爱	必	大	費/费
shi4	gu4	shen4	ai4	bi4	da4	fei4

v.5

muito	armazenar	certamente	volumoso	perder
多	藏	必	厚	亡
duo1	cang2	bi4	hou4	wang2

v.6

saber	suficiente	não	desonra
知	足	不	辱
zhi1	zu2	bu4	ru3

v.7

saber	parar	não	perigo
知	止	不	殆
zhi1	zhi3	bu4	dai4

v.8

é possível	por	longo	muito tempo
可	以	長/长	久
ke3	yi3	chang2	jiu3

Termos específicos:

親 – qin1 – parentes, amigos próximos; aquilo que é afim, ou que combina.

Comentários:

É necessário ponderar. Do ponto de vista do indivíduo, o que deve ser mais prezado, a fama ou a própria pessoa? (v.1) O que valorizar mais, a própria pessoa ou os bens materiais? (v.2) Qual o maior problema, ganhar ou perder? (v.3)

Do ponto de vista da nossa relação com o mundo à nossa volta, quando gostamos de algo ou de alguém, consumimos muito nesse sentimento (v.4), quanto mais armazenamos, maior o risco de sofrer uma grande perda (v.5).

O caminho de Lao Tzu envolve saber dar-se por satisfeito (v.6) e saber parar (v.7), assim é possível ter longa e plena vida (v.8).

POEMA 45

	Caracteres tradicionais	Caracteres simplificados
1	大成若缺	大成若缺
2	其用不弊	其用不弊
3	大盈若沖	大盈若冲
4	其用不窮	其用不穷
5	大直若屈	大直若屈
6	大巧若拙	大巧若拙
7	大辯若訥	大辩若讷
8	躁勝寒	躁胜寒
9	靜勝熱	静胜热
10	清靜為天下正	清静为天下正

1   A realização suprema parece incompleta,
2   Mas sua ação não sofre dano.
3   A plenitude suprema parece vazar,
4   Mas sua ação não diminui.
5   O alinhamento supremo parece torto.
6   A habilidade suprema parece desajeitada.
7   A eloquência suprema parece gaguejar.
8   A agitação vence o frio.
9   A quietude vence o calor.
10   A clareza e a calma são a norma para o mundo.

Grandes Temas: Verdade

Conceitos Centrais: O mundo 天下

Verso a verso, caractere por caractere:

v.1

grande	completo	parecer	imperfeição
大	成	若	缺
da4	cheng2	ruo4	que1

v.2

seu	utilidade	não	desmoronar
其	用	不	弊
qi2	yong4	bu4	bi4

v.3

grande	plenitude	parecer	esgotar-se
大	盈	若	冲/冲
da4	ying2	ruo4	chong1

v.4

seu	utilidade	não	usar até o fim
其	用	不	窮/穷
qi2	yong4	bu4	qiong2

v.5

grande	reto	parecer	curvo
大	直	若	屈
da4	zhi2	ruo4	qu1

v.6

grande	habilidade	parecer	desajeitado
大	巧	若	拙
da4	qiao3	ruo4	zhuo1

v.7

grande	eloquente	parecer	gagueira
大	辯/辩	若	訥/讷
da4	bian4	ruo4	ne4

v.8

agitação	vencer	frio
躁	勝/胜	寒
zao4	sheng4	han2

v.9

quietude	vencer	calor
靜/静	勝/胜	熱/热
jing4	sheng4	re4

v.10

claridade	quietude	tornar-se	mundo		correto
清	靜/静	為/为	天	下	正
qing1	jing4	wei2	tian1	xia4	zheng4

Termos específicos:

成 – cheng2 – concluir, completar, sucesso, êxito.

Comentários:

A perfeita Virtude daquele que alcançou o Tao parece ser, aos olhos comuns, algo falho e incompleto, mas atua de maneira plena (v.1 a v.4). As expressões da Virtude parecem, igualmente, defeituosas e inapropriadas, mas são de nível máximo e perfeito (v.5 a v.7). A agitação vence o frio e a quietude vence o calor (v.8 e v.9). Considerando a turbulência existente, a clara quietude deve passar a reger o mundo (v.10).

POEMA 46

	Caracteres tradicionais	**Caracteres simplificados**
1	天下有道	天下有道
2	卻走馬以糞	却走马以粪
3	天下無道	天下无道
4	戎馬生於郊	戎马生于郊
5	禍莫大於不知足	祸莫大于不知足
6	咎莫大於欲得	咎莫大于欲得
7	故知足之足	故知足之足
8	常足矣	常足矣

1. Quando o mundo tem o Tao,
2. Os cavalos de marcha trabalham nos campos.
3. Quando o mundo não tem o Tao,
4. As éguas, em armaduras, dão a luz no descampado.
5. A desgraça maior está em não saber se satisfazer com o que se tem.
6. O crime maior está na cobiça e na ambição.
7. Assim, a satisfação em saber se satisfazer
8. É a satisfação permanente.

Grandes Temas: Verdade, Sociedade, Guerra

Conceitos Centrais: O mundo 天下, Tao 道, Saber dar-se por satisfeito 知足

Verso a verso, caractere por caractere:

v.1

mundo		haver	Tao
天	下	有	道
tian1	xia4	you3	dao4

v.2

liberado	correr	cavalo	para que	(produzir) esterco
卻/却	走	馬/马	以	糞/粪
que4	zou3	ma3	yi3	fen4

v.3

mundo		sem	Tao
天	下	無/无	道
tian1	xia4	wu2	dao4

v.4

material bélico	cavalo	parir	em	terras não cultivadas
戎	馬/马	生	於/于	郊
rong2	ma3	sheng1	yu2	jiao1

v.5

catástrofe	de jeito nenhum	grande	do que	não	saber	satisfeito
禍/祸	莫	大	於/于	不	知	足
huo4	mo4	da4	yu2	bu4	zhi1	zu2

v.6

calamidade	de jeito nenhum	grande	do que	desejar	obter
咎	莫	大	於/于	欲	得
jiu4	mo4	da4	yu2	yu4	de2

v.7

assim	saber	suficiente	PG atributivo	suficiente
故	知	足	之	足
gu4	zhi1	zu2	zhi1	zu2

v.8

constante	suficiente	PG ação completa
常	足	矣
chang2	zu2	yi3

Termos específicos:

糞 – fen4 – esterco, fertilizar a terra.

戎 – rong2 – todo o material utilizado na guerra: armas, escudos, armaduras, etc.

Comentários:

Quando o Tao rege o mundo (v.1), todos os seres seguem seu curso natural (v.2). Quando o Tao não rege o mundo (v.3), os seres deixam sua natureza e passam a ser meros instrumentos para conquistar ou dominar o outro (v.4). Os maiores erros são: a insatisfação e a cobiça desmedida (v.5 e v.6). A satisfação plena é satisfazer-se com a virtude de dar-se por satisfeito (v.7 e v.8).

POEMA 47

	Caracteres tradicionais	Caracteres simplificados
1	不出戶知天下	不出户知天下
2	不闚牖見天道	不窥牖见天道
3	其出彌遠	其出弥远
4	其知彌少	其知弥少
5	是以聖人不行而知	是以圣人不行而知
6	不見而名	不见而名
7	不為而成	不为而成

1	Sem sair pela porta, se conhece o mundo.
2	Sem olhar pela janela, se vê o Tao do Céu.
3	Quanto mais longe se vai,
4	Menos se conhece.
5	Assim, o Sábio não viaja, mas conhece;
6	Não vê, mas identifica;
7	Não faz, mas realiza.

Grandes Temas: Verdade, Sábio

Conceitos Centrais: O mundo 天下, Tao 道, Sábio 聖人

Verso a verso, caractere por caractere:

v.1

não	sair	porta	saber	mundo	
不	出	戶/户	知	天	下
bu4	chu1	hu4	zhi1	tian1	xia4

v.2

não	espiar por uma pequena abertura	janela de treliça	ver	céu	Tao
不	闚/窥	牖	見/见	天	道
bu4	kui1	you3	jian4	tian1	dao4

v.3

considerando	sair	permear	distante
其	出	彌/弥	遠/远
qi2	chu1	mi2	yuan3

v.4

considerando	saber	permear	pouco
其	知	彌	少
qi2	zhi1	mi2	shao3

v.5

por isso		sábio		não	percorrer	mas	saber
是	以	聖/圣	人	不	行	而	知
shi4	yi3	sheng4	ren2	bu4	xing2	er2	zhi1

v.6

não	ver	mas	nomear
不	見/见	而	名
bu4	jian4	er2	ming2

v.7

não	fazer	mas	concluir
不	為/为	而	成
bu4	wei2	er2	cheng2

Termos específicos:

彌 – mi2 – permear todo o espaço, todo-inclusivo, plenamente difundido.

Comentários:

Não se conhece o Tao procurando-o no mundo através dos nossos sentidos ordinários (v.1 e v.2). O intelectualismo é um estorvo a essa busca (v.3 e v.4). O caminho é interior, pessoal, e não alcançável pelo esforço próprio (v.5 a v.7).

POEMA 48

	Caracteres tradicionais	**Caracteres simplificados**
1	為學日益	为学日益
2	為道日損	为道日损
3	損之又損	损之又损
4	以至於無為	以至于无为
5	無為而無不為	无为而无不为
6	取天下常以無事	取天下常以无事
7	及其有事	及其有事
8	不足以取天下	不足以取天下

1	Quem se dedica ao estudo aumenta a cada dia.
2	Quem se dedica ao Tao diminui a cada dia.
3	Diminui e diminui, cada vez mais,
4	Até chegar à não-Ação.
5	E, não fazendo, nada fica sem ser feito.
6	Quem almeja conquistar o mundo deve se manter sempre desocupado.
7	Quem se ocupa
8	Não consegue conquistar o mundo.

Grandes Temas: Verdade, Sábio, Governo

Conceitos Centrais: O mundo 天下, Tao 道, Não-agir 無為

Verso a verso, caractere por caractere:

v.1

pelo	estudo	diariamente	aumentar
為/为	學/学	日	益
wei2	xue2	ri4	yi4

v.2

pelo	Tao	diariamente	diminuir
為/为	道	日	損/损
wei2	dao4	ri4	sun3

v.3

diminuir	PG pronome objeto	e mais	diminuir
損/损	之	又	損/损
sun3	zhi1	you4	sun3

v.4

por	alcançar	em	Não-ação	
以	至	於/于	無/无	為/为
yi3	zhi4	yu2	wu2	wei2

v.5

sem	agir	e	sem	não	agir
無/无	為/为	而	無/无	不	為/为
wu2	wei2	er2	wu2	bu4	wei2

v.6

tomar	mundo		permanecer	por	sem	tarefa
取	天	下	常	以	無/无	事
qu3	tian1	xia4	chang2	yi3	wu2	shi4

v.7

e	aquele	tem	tarefa
及	其	有	事
ji2	qi2	you3	shi4

v.8

não	completar	em	tomar	mundo	
不	足	以	取	天	下
bu4	zu2	yi3	qu3	tian1	xia4

Termos específicos:

事 – shi4 – assunto, evento, ocasião, incidente, engajar-se em algo, devotar-se a fazer algo.

Comentários:

Continuando o tema do poema anterior, Lao Tzu diz que, quem busca o saber, acumula conhecimentos dia após dia (v.1), mas quem busca o Tao, tem menos a cada dia (v.2). O buscador do Tao tem cada vez menos (v.3), até que não saiba nada, não busque nada, não faça nada, chegando ao Wu-wei (v.4). Aí chegando, não há nada que não seja realizado (v.5). Aquele que busca conquistar o mundo (lembrando que o "mundo" da época era o país dividido entre reinos rivais e "conquistar" seria equivalente a "unificar"), deve se manter livre de ocupações (v.6). Mas aquele que se ocupa das diversas tarefas (v.7) não consegue conquistar o mundo (v.8).

POEMA 49

	Caracteres tradicionais	Caracteres simplificados
1	聖人無常心	圣人无常心
2	以百姓心為心	以百姓心为心
3	善者吾善之	善者吾善之
4	不善者吾亦善之	不善者吾亦善之
5	德善	德善
6	信者吾信之	信者吾信之
7	不信者吾亦信之	不信者吾亦信之
8	德信	德信
9	聖人在天下	圣人在天下
10	歙歙為天下渾其心	歙歙为天下浑其心
11	百姓皆注其耳目	百姓皆注其耳目
12	聖人皆孩之	圣人皆孩之

1   O Sábio não tem uma mente permanente,
2   Faz da mente do povo comum a sua mente.
3   Com os que são bondosos, eu sou bondoso,
4   Com os que não são bondosos, eu também sou bondoso,
5   Eis o poder da bondade.
6   Com os que são leais, eu sou leal,
7   Com os que não são leais, eu também sou leal,
8   Eis o poder da lealdade.
9   O Sábio, estando no mundo,
10 Em plena harmonia com todos, a eles agrega a sua mente.
11 O povo comum volta para ele os olhos e ouvidos,
12 E ele a considera todos como crianças.

Grandes Temas: Verdade, Sábio, Governo

Conceitos Centrais: O Sábio 聖人, A Virtude (Poder) 德, O mundo 天下

Verso a verso, caractere por caractere:

v.1

sábio		sem	permanente	mente (coração)
聖/圣	人	無/无	常	心
sheng4	ren2	wu2	chang2	xin1

v.2

por	100	sobrenomes	mente (coração)	fazer	mente (coração)
以	百	姓	心	為/为	心
yi3	bai3	xing4	xin1	wei2	xin1

v.3

bondade	PG nominalização sujeito	eu	bondade	PG pronome objeto
善	者	吾	善	之
shan4	zhe3	wu2	shan4	zhi1

v.4

não	bondade	PG nominalização sujeito	eu	também	bondade	PG pronome objeto
不	善	者	吾	亦	善	之
bu4	shan4	zhe3	wu2	yi4	shan4	zhi1

v.5

Virtude (Poder)	bondade
德	善
de2	shan4

v.6

lealdade	PG nominalização sujeito	eu	lealdade	PG pronome objeto
信	者	吾	信	之
xin4	zhe3	wu2	xin4	zhi1

v.7

não	lealdade	PG nominalização sujeito	eu	também	lealdade	PG pronome objeto
不	信	者	吾	亦	信	之
bu4	xin4	zhe3	wu2	yi4	xin4	zhi1

v.8

Virtude (Poder)	lealdade
德	信
de2	xin4

v.9

sábio		estar	mundo	
聖/圣	人	在	天	下
sheng4	ren2	zai4	tian1	xia4

v.10

completamente de acordo		por	mundo		misturado	seu	mente
歙	歙	為/为	天	下	渾/浑	其	心
xi1	xi1	wei2	tian1	xia4	hun4	qi2	xin1

v.11

100	sobrenomes	todos	atentar	para ele	ouvido	olho
百	姓	皆	注	其	耳	目
bai3	xing4	jie1	zhu4	qi2	er3	mu4

v.12

sábio		todo	criança	PG pronome objeto
聖/圣	人	皆	孩	之
sheng4	ren2	jie1	hai2	zhi1

Termos específicos:

百姓 – bai3xing4 – literalmente "cem sobrenomes". Os chineses são numerosos, mas compartilham poucos sobrenomes. A expressão "Cem sobrenomes" se refere à totalidade do povo.

Comentários:

Há uma identificação da mente do sábio com a mente simples e sem ostentação do povo comum (v.1 e v.2). Por isso, ele pode expressar o poder da bondade e o poder da lealdade (v.3 a v.8). Tanto faz ter ou não retribuição, afinal ele mesmo não tem uma mente própria que possa se ressentir disso (v.9 e v.10).

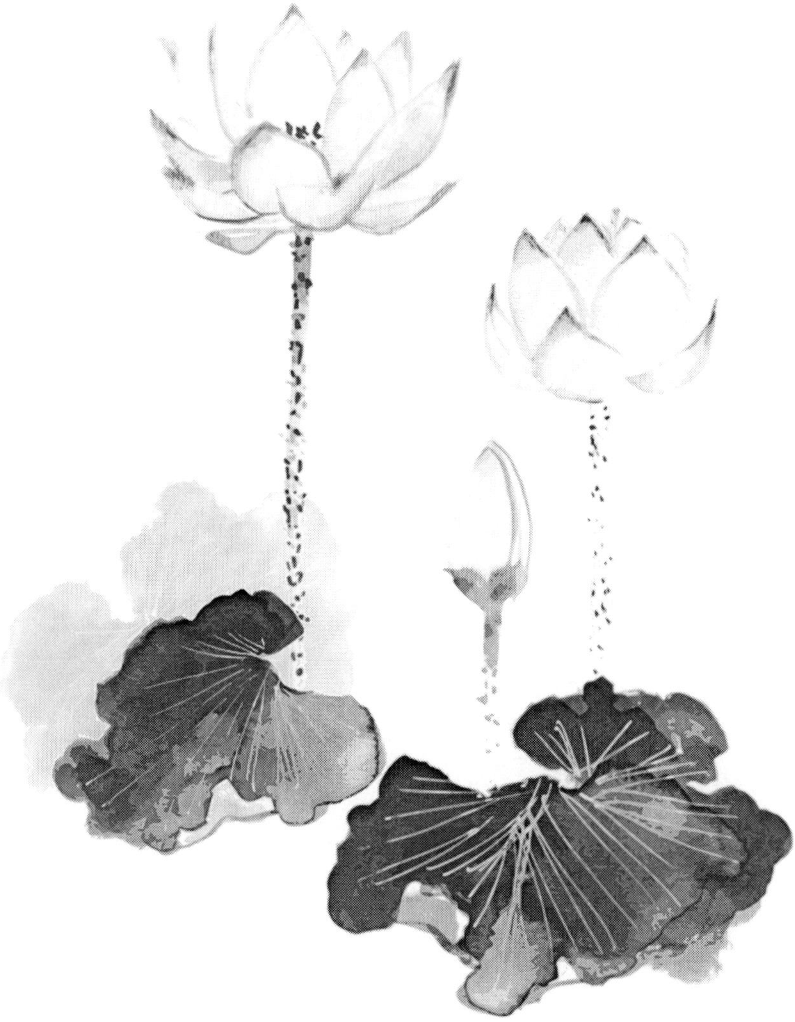

POEMA 50

	Caracteres tradicionais	Caracteres simplificados
1	出生入死	出生入死
2	生之徒十有三	生之徒十有三
3	死之徒十有三	死之徒十有三
4	人之生動之死地十有三	人之生动之死地十有三
5	夫何故	夫何故
6	以其生生之厚	以其生生之厚
7	蓋聞善攝生者	盖闻善摄生者
8	陸行不遇兕虎	陆行不遇兕虎
9	入軍不被甲兵	入军不被甲兵
10	兕無所投其角	兕无所投其角
11	虎無所措其爪	虎无所措其爪
12	兵無所容其刃	兵无所容其刃
13	夫何故	夫何故
14	以其無死地	以其无死地

1	Entre a vida e a morte:
2	Seguem a vida três em cada dez;
3	Seguem a morte três em cada dez;
4	Sobrevivem no campo da morte três em cada dez.
5	Por que é assim?
6	Porque anseiam tanto pela vida em seu viver.
7	Mas ouvi dizer que, aquele que tem excelência em proteger a sua vida,
8	Não teme rinocerontes nem tigres ao caminhar nos montes,
9	Não usa armaduras nem armas ao confrontar o exército inimigo.
10	O rinoceronte não encontra lugar nele para enfiar o seu chifre;
11	Nem o tigre encontra onde cravar nele as suas garras;
12	Nem as armas encontram onde ferí-lo com suas lâminas.
13	Por que é assim?
14	Porque nele não há lugar para a morte.

Grandes Temas: Verdade

Conceitos Centrais: Pessoa 人

Verso a verso, caractere por caractere:

v.1

sair	nascer	entrar	morrer
出	生	入	死
chu1	sheng1	ru4	si3

v.2

vida	PG atributivo	seguidor	dez	haver	três
生	之	徒	十	有	三
sheng1	zhi1	tu2	shi2	you3	san1

v.3

morte	PG atributivo	seguidor	dez	haver	três
死	之	徒	十	有	三
si3	zhi1	tu2	shi2	you3	san1

v.4

pessoa	PG atributivo	vida	movimento	PG atributivo
人	之	生	動/动	之
ren2	zhi1	sheng1	dong4	zhi1

morte	terreno	dez	haver	três
死	地	十	有	三
si3	di4	shi2	you3	san1

v.5

pois	como	assim
夫	何	故
fu1	he2	gu4

v.6

por	sua	vida	viver	PG atributivo	significante
以	其	生	生	之	厚
yi3	qi2	sheng1	sheng1	zhi1	hou4

v.7

Seria	ouvir dizer	excelência em	dirigir	vida	PG nominalização sujeito
蓋/盖	聞/闻	善	攝/摄	生	者
gai4	wen2	shan4	she4	sheng1	zhe3

v.8

terra firme	marchar	não	encontrar	rinoceronte/ búfalo selvagem	tigre
陸/陆	行	不	遇	兕	虎
lu4	xing2	bu4	yu4	si4	hu3

v.9

entrar	exército	não	vestir	armadura	armas
入	軍/军	不	被	甲	兵
ru4	jun1	bu4	bei4	jia3	bing1

v.10

rinoceronte / búfalo selvagem	não haver	PG nominalização objeto	penetrar	seu	chifre
兕	無/无	所	投	其	角
si4	wu2	suo3	tou2	qi2	jiao3

v.11

tigre	não haver	PG nominalização objeto	colocar	sua	garra
虎	無/无	所	措	其	爪
hu3	wu2	suo3	cuo4	qi2	zhua3

v.12

armas	não haver	PG nominalização objeto	receber	sua	lâmina
兵	無/无	所	容	其	刃
bing1	su2	suo3	rong2	qi2	ren4

v.13

pois	como	assim
夫	何	故
fu1	he2	gu4

v.14

por	ele	não haver	morte	terreno
以	其	無/无	死	地
yi3	qi2	wu2	si3	di4

Termos específicos:

徒 – tu2 – aquele que segue algo ou alguém.

Comentários:

Entre o nascimento e a morte (v.1), três em cada dez ligam-se à vida (v.2), outros três em cada dez ligam-se à morte (v.3), e outros três em cada dez vagueiam num campo mortal (v.4). Isso é assim porque esses nove prezam muito pela vida (v.5 e v.6). Lao Tzu, então, descreve a situação da minoria, aquele indivíduo em cada dez: é dito que aquele que sabe preservar a vida (v.7) não temerá encontrar feras selvagens (v.8) nem perigos humanos (v.9), pois não há nele o que possa ser atacado (v.10 a v.12). Isso é assim pois não há local onde ele possa ser morto (v.13 e v.14).

Observação:

O poema é de difícil tradução e entendimento. Existem escolas alquímicas que traduzem 十有三 como treze, e associam esse número à quantidade de orifícios do corpo e aos Dantians que, uma vez protegidos, guardam o indivíduo de todo o perigo.

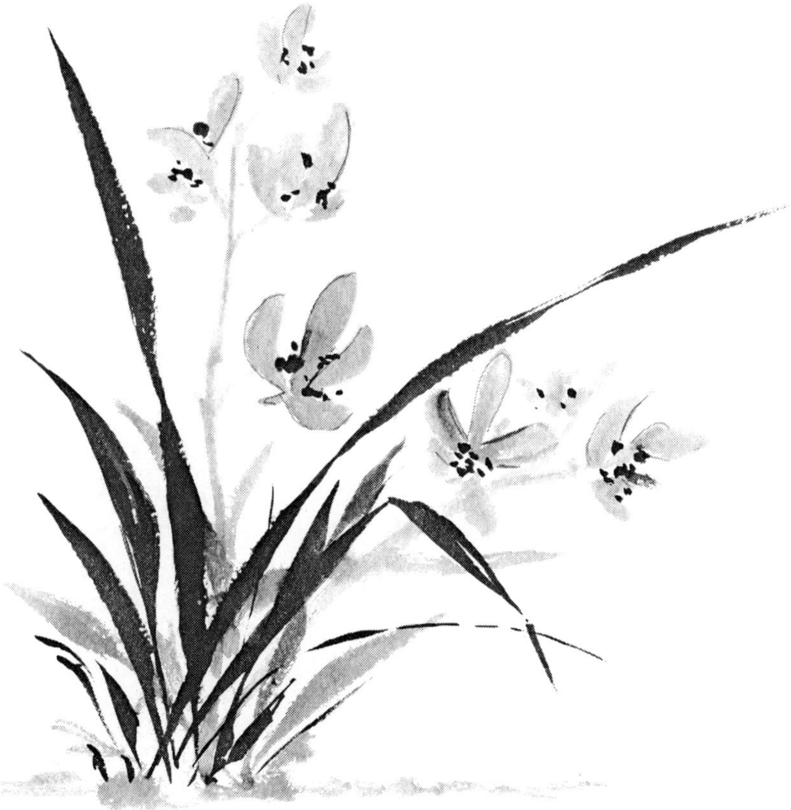

POEMA 51

	Caracteres tradicionais	**Caracteres simplificados**
1	道生之	道生之
2	德畜之	德畜之
3	物形之	物形之
4	勢成之	势成之
5	是以萬物	是以万物
6	莫不尊道而貴德	莫不尊道而贵德
7	道之尊	道之尊
8	德之貴	德之贵
9	夫莫之命	夫莫之命
10	常自然	常自然
11	故道生之	故道生之
12	德畜之	德畜之
13	長之育之	长之育之
14	亭之毒之	亭之毒之
15	養之覆之	养之覆之
16	生而不有	生而不有
17	為而不恃	为而不恃
18	長而不宰	长而不宰
19	是謂玄德	是谓玄德

1	O Tao gera;
2	A Virtude (Poder) disciplina;
3	A matéria dá forma;
4	As condições completam.
5	E, por isso, todos os seres
6	Não deixam de reverenciar o Tao e honrar o Poder.
7	A reverência ao Tao
8	E a honra ao Poder
9	Não vêm por imposição,
10	Surgem naturalmente.
11	Assim, o Tao gera,
12	O Poder disciplina,
13	Faz crescer, faz amadurecer,
14	Dá forma, cuida,
15	Nutre e protege.
16	Gera, mas não se apropria;
17	Realiza, mas não por si mesmo;
18	Faz crescer, mas não condena.
19	Essa é a chamada Virtude Oculta.

Grandes Temas: Verdade, Pessoa

Conceitos Centrais: O Tao 道, a Virtude (Poder) 德, as Dez Mil Coisas 萬物

Verso a verso, caractere por caractere:

v.1

Tao 道 dao4	gerar 生 sheng1	PG pronome objeto 之 zhi1

v.2

Virtude (Poder) 德 de2	domesticar 畜 chu4	PG pronome objeto 之 zhi1

v.3

coisa 物 wu4	formar 形 xing2	PG pronome objeto 之 zhi1

v.4

conformação 勢/势 shi4	completa 成 cheng2	PG pronome objeto 之 zhi1

v.5

isto 是 shi4	por 以 yi3	10.000 萬/万 wan4	coisas 物 wu4

v.6

de jeito nenhum 莫 mo4	não 不 bu4	respeitar 尊 zun1	Tao 道 dao4	e 而 er2	dar valor 貴/贵 gui4	Virtude (Poder) 德 de2

v.7

Tao	PG atributivo	respeitar
道	之	尊
dao4	zhi1	zun1

v.8

Virtude (Poder)	PG atributivo	dar valor
德	之	貴/贵
de2	zhi1	gui4

v.9

seja como for	de jeito nenhum	PG pronome objeto	ordem
夫	莫	之	命
fu1	mo4	zhi1	ming4

v.10

constante	naturalmente	
常	自	然
chang2	zi4	ran2

v.11

assim	Tao	gerar	PG pronome objeto
故	道	生	之
gu4	dao4	sheng1	zhi1

v.12

Virtude (Poder)	domesticar	PG pronome objeto
德	畜	之
de2	chu4	zhi1

v.13

fazer crescer	PG pronome objeto	nutrir	PG pronome objeto
長/长	之	育	之
zhang3	zhi1	yu4	zhi1

v.14

colocar aprumado e firme	PG pronome objeto	arriscar-se por	PG pronome objeto
亭	之	毒	之
ting2	zhi1	du2	zhi1

v.15

alimentar	PG pronome objeto	cobrir	PG pronome objeto
養/养	之	覆	之
yang3	zhi1	fu4	zhi1

v.16

gerar	mas	não	ter
生	而	不	有
sheng1	er2	bu4	you3

v.17

fazer	mas	não	ser certo de si mesmo
為/为	而	不	恃
wei2	er2	bu4	shi4

v.18

fazer crescer	mas	não	dirigente
長/长	而	不	宰
zhang3	er2	bu4	zai3

v.19

isto	chamar-se	oculto	Virtude (Poder)
是	謂/谓	玄	德
shi4	wei4	xuan2	de2

Termos específicos:

畜 – chu4 – domesticar, disciplinar, adestrar.

Comentários:

O Tao gera tudo o que há (v.1) e a Virtude (Poder) se expressa de maneira multiforme em tudo isso (v.2). Reconhecemos a forma por ela ser material (v.3) e, em cada circunstância, as coisas têm a sua forma acabada (v.4). Todos os seres reverenciam o Tao e a Virtude (Poder) por, naturalmente, serem dados a isso (v.5 a v.10). Os Dez Mil Seres surgem pela ação do Tao, e se transformam por ação do Poder (v.11 a v.15). E essa ação é a própria não-Ação - não há interferência direta sobre o que já há; o próprio desenvolvimento da situação e das condições conduz as coisas à sua plenitude (v.16 a v.18). Essa Virtude (Poder) não é a virtude ordinária, ela é invisível (v.19).

POEMA 52

	Caracteres tradicionais	Caracteres simplificados
1	天下有始	天下有始
2	以為天下母	以为天下母
3	既得其母	既得其母
4	以知其子	以知其子
5	既知其子	既知其子
6	復守其母	复守其母
7	沒身不殆	没身不殆
8	塞其兌	塞其兑
9	閉其門	闭其门
10	終身不勤	终身不勤
11	開其兌	开其兑
12	濟其事	济其事
13	終身不救	终身不救
14	見小曰明	见小曰明
15	守柔曰強	守柔曰强
16	用其光	用其光
17	復歸其明	复归其明
18	無遺身殃	无遗身殃
19	是為習常	是为习常

1	O mundo tem um princípio,
2	Que é a mãe do mundo.
3	Quem alcançou a mãe
4	Conhece o filho.
5	Quem conhece o filho
6	Volta a guardar a mãe,
7	E até o fim da vida não corre perigo.
8	Bloqueie seus orifícios,
9	Feche suas portas,
10	E completará o seu tempo de vida sem se enfraquecer.
11	Abra seus orifícios,
12	Assuma muitas responsabilidades,
13	E ao fim da vida não terá nenhum proveito.
14	Ver o detalhe, chama-se clareza.
15	Manter a fragilidade, chama-se força.
16	Use a luz,
17	Retorne para a claridade,
18	Assim não vai se expor a desgraças.
19	Isso é praticar o permanente.

Grandes Temas: Verdade, Pessoa

Conceitos Centrais: O Mundo 天下, Si mesmo 身, Permanente 常

Verso a verso, caractere por caractere:

v.1

mundo	ter	início
天 下	有	始
tian1 xia4	you3	shi3

v.2

de modo que	tornar-se	mundo	mãe
以	為/为	天 下	母
yi3	wei2	tian1 xia4	mu3

v.3

completado	obter	sua	mãe
既	得	其	母
ji4	de2	qi2	mu3

v.4

para que	conhecer	seu	filho
以	知	其	子
yi3	zhi1	qi2	zi3

v.5

completado	conhecer	seu	filho
既	知	其	子
ji4	zhi1	qi2	zi3

v.6

retornar	proteger	sua	mãe
復/复	守	其	母
fu4	shou3	qi2	mu3

v.7

falecer	si mesmo	não	perigo
沒/没	身	不	殆
mo4	shen1	bu4	dai4

v.8

bloquear	sua	abertura
塞	其	兌/兑
sai1	qi2	dui4

v.9

fechar	sua	porta
閉/闭	其	門/门
bi4	qi2	men2

v.10

fim	si mesmo	não	trabalho sofrido
終/终	身	不	勤
zhong1	shen1	bu4	qin2

v.11

abrir	sua	abertura
開/开	其	兌/兑
kai1	qi2	dui4

v.12

realizar	seu	assunto
濟/济	其	事
ji4	qi2	shi4

v.13

fim	si mesmo	não	alívio
終/终	身	不	救
zhong1	shen1	bu4	jiu4

v.14

ver	pequeno	chamar-se	claro
見/见	小	曰	明
jian4	xiao4	yue1	ming2

v.15

proteger	suave	chamar-se	forte
守	柔	曰	強/强
shou3	rou2	yue1	qiang2

v.16

usar	seu	brilho
用	其	光
yong4	qi2	guang1

v.17

retornar	voltar	sua	claridade
復/复	歸/归	其	明
fu4	gui1	qi2	ming2

v.18

não haver	negligente	si mesmo	desgraça mortal
無/无	遺/遗	身	殃
wu2	yi2	shen1	yang1

v.19

esse	tornar-se	praticar	permanente
是	為/为	習/习	常
shi4	wei2	xi2	chang2

Termos específicos:

兌 – dui4 – abertura, alegria, regozijo, um dos oito trigramas do I Ching.

Comentários:

O princípio de tudo é o Tao (v.1 e v.2). Alcançando-o, reconhecemos sua natureza em todas as coisas (v.3 e v.4). Através da contemplação das coisas, podemos retornar ao Tao, nossa natureza primordial, (v.5 e v.6) e viver plenamente até o fim (v.7).

Os orifícios são os olhos, narinas, ouvidos, boca. Ou seja, os órgãos dos sentidos, cujas impressões captadas podem nos seduzir sensorialmente e nos desviar (v.8). As portas são o conhecimento e o raciocínio, que nos seduzem intelectualmente e também podem nos afastar daquilo que é permanente, o Tao. Assim, devem ser mantidas fechadas para a preservação da vida (v.9). Caso contrário, os muitos assuntos mundanos nos dominarão (v.10 a v.12), e não teremos nenhum proveito (v.13). A verdade está nas pequenas coisas e a verdadeira força está na fragilidade (v.14 e v.15). Ter essa visão clara nos protegerá de desgraças (v.16 a v.18). Essa é a prática do Tao (v.19).

POEMA 53

	Caracteres tradicionais	Caracteres simplificados
1	使我介然有知	使我介然有知
2	行於大道	行于大道
3	唯施是畏	唯施是畏
4	大道甚夷	大道甚夷
5	而民好徑	而民好径
6	朝甚除	朝甚除
7	田甚蕪	田甚芜
8	倉甚虛	仓甚虚
9	服文綵	服文彩
10	帶利劍	带利剑
11	厭飲食	厌饮食
12	財貨有餘	财货有余
13	是謂盜夸	是谓盗夸
14	非道也哉	非道也哉

1	Se me fosse dada a ampla sabedoria,
2	Seguiria pelo grande caminho,
3	Cuidando de me manter nele.
4	O grande caminho é bastante plano,
5	Mas o povo gosta das trilhas mais curtas.
6	O governo é corrupto,
7	Os campos estão abandonados,
8	Os celeiros estão vazios.
9	Os que trajam roupas luxuosas,
10	Portam afiadas espadas,
11	Desfrutam de fartos banquetes,
12	Têm riquezas incontáveis,
13	Devem ser chamados de ladrões!
14	Não têm nada a ver com o Tao!

Grandes Temas: Verdade, Pessoa, Sociedade

Conceitos Centrais: Tao 道, Povo 民

Verso a verso, caractere por caractere:

v.1

fazer com que	eu	fronteira	PG "à semelhança de"	ter	sabedoria
使	我	介	然	有	知
shi3	wo3	jie4	ran2	you3	zhi1

v.2

caminhar	em	grande	caminho
行	於/于	大	道
xing2	yu2	da4	dao4

v.3

apenas	aplicar	isto	cuidar
唯	施	是	畏
wei2	shi1	shi4	wei4

v.4

grande	caminho	demais	plano
大	道	甚	夷
da4	dao4	shen4	yi2

v.5

mas	povo	gostar	trilha
而	民	好	徑/径
er2	min2	hao3	jing4

v.6

a corte palaciana	demais	indicação para um cargo
朝	甚	除
chao2	shen4	chu2

v.7

plantação	demais	matagal
田	甚	蕪/芜
tian2	shen4	wu2

v.8

celeiro	demais	vazio
倉/仓	甚	虛/虚
cang1	shen4	xu1

v.9

roupa	refinado	multicolorido
服	文	綵/彩
fu2	wen2	cai3

v.10

portar	afiada	espada
帶/带	利	劍/剑
dai4	li4	jian4

v.11

abarrotado	bebida	comida
厭/厌	飲/饮	食
yan4	yin3	shi2

v.12

recursos	bens materiais	haver	abundância
財/财	貨/货	有	餘/余
cai2	huo4	you3	yu2

v.13

este	chamar-se	ladrão	ostentar
是	謂/谓	盜/盗	夸
shi4	wei4	dao4	kua1

v.14

não é que	Tao	PG identidade entre dois termos	PG exclamativa
非	道	也	哉
fei1	dao4	ye3	zai1

Termos específicos:

施 – shi1 – dedicar-se a algo, colocar em prática. No verso, indica que Lao Tzu toma cuidado para dedicar-se ao caminho, sem se desviar.

徑 – jing4 – trilha, atalho.

Comentários:

O Sábio sabe o caminho (v.1 e v.2), e cuida de não se desviar dele (v.3). O grande caminho é simples (v.4), mas as pessoas comuns buscam atalhos (v.5). Isso faz com que o governo se corrompa, o povo sofra com fome e miséria e os poderosos ostentem suas riquezas (v.6 a v.12). Lao Tzu denomina, a esses últimos, "ladrões que se exibem", e declara que eles nada têm a ver com o Tao (v.13 e v.14).

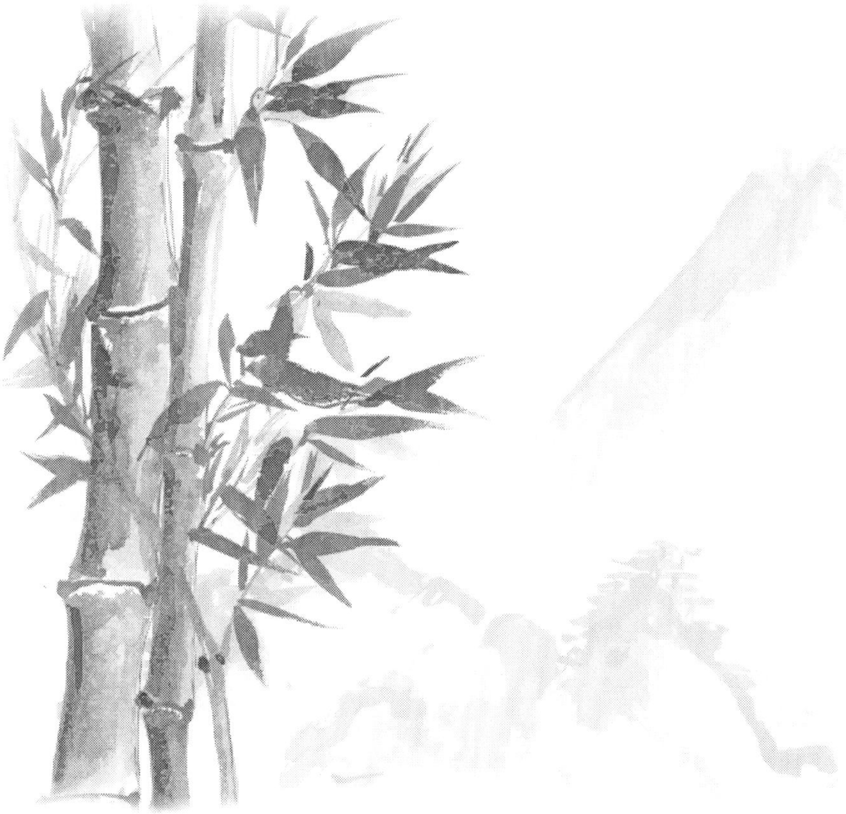

POEMA 54

	Caracteres tradicionais	Caracteres simplificados
1	善建不拔	善建不拔
2	善抱者不脫	善抱者不脱
3	子孫以祭祀不輟	子孙以祭祀不辍
4	修之於身	修之于身
5	其德乃真	其德乃真
6	修之於家	修之于家
7	其德乃餘	其德乃余
8	修之於鄉	修之于乡
9	其德乃長	其德乃长
10	修之於國	修之于国
11	其德乃豐	其德乃丰
12	修之於天下	修之于天下
13	其德乃普	其德乃普
14	故以身觀身	故以身观身
15	以家觀家	以家观家
16	以鄉觀鄉	以乡观乡
17	以國觀國	以国观国
18	以天下觀天下	以天下观天下
19	吾何以知天下然哉	吾何以知天下然哉
20	以此	以此

1	O que está bem firme não pode ser arrancado;
2	O que está bem abraçado não pode ser largado.
3	Filhos e netos continuarão a cultuar os antepassados.
4	Se o cultiva em si mesmo,
5	Seu Poder será verdadeiro.
6	Se o cultiva em sua família,
7	Seu Poder será farto.
8	Se o cultiva na aldeia,
9	Seu Poder será crescente.
10	Se o cultiva no país,
11	Seu Poder será abundante.
12	Se o cultiva no mundo,
13	Seu Poder será universal.
14	Assim, em si mesmo vê a cada um dos outros;
15	Na família, vê todas as famílias;
16	Na vila, vê todas as vilas;
17	No país, vê todos os países;
18	No mundo, vê todos os mundos.
19	Como posso saber que o mundo é assim?
20	Por isso mesmo.

Grandes Temas: Verdade, Pessoa, Sociedade, Governo

Conceitos Centrais: Virtude (Poder) 德, Mundo 天下, País 國.

Verso a verso, caractere por caractere:

v.1

excelência	construir	não	desenraizar
善	建	不	拔
shan4	jian4	bu4	ba2

v.2

excelência	abraçar	PG nominalização sujeito	não	soltar
善	抱	者	不	脫
shan4	bao4	zhe3	bu4	tuo1

v.3

filho	neto	por	oferecer no altar	oferta de sacrifício	não	interromper
子	孫/孙	以	祭	祀	不	輟/辍
zi3	sun1	yi3	ji4	si4	bu4	chuo4

v.4

cultivar até a perfeição	PG pronome objeto	em	si mesmo
修	之	於/于	身
xiu1	zhi1	yu2	shen1

v.5

dele	Virtude (Poder)	só então	verdadeiro
其	德	乃	眞
qi2	de2	nai3	zhen1

v.6

cultivar até a perfeição 修 xiu1	PG pronome objeto 之 zhi1	em 於/于 yu2	casa 家 jia1

v.7

dele 其 qi2	Virtude (Poder) 德 de2	só então 乃 nai3	abundante 餘/余 yu2

v.8

cultivar até a perfeição 修 xiu1	PG pronome objeto 之 zhi1	em 於/于 yu2	área fora da cidade 鄉/乡 xiang1

v.9

dele 其 qi2	Virtude (Poder) 德 de2	só então 乃 nai3	crescer 長/长 zhang3

v.10

cultivar até a perfeição 修 xiu1	PG pronome objeto 之 zhi1	em 於/于 yu2	país 國/国 guo2

v.11

dele 其 qi2	Virtude (Poder) 德 de2	só então 乃 nai3	abundância 豐/丰 feng1

v.12

cultivar à perfeição 修 xiu1	PG pronome objeto 之 zhi1	em 於/于 yu2	mundo 天 tian1	下 xia4

v.13

dele	Virtude (Poder)	só então	alcançando tudo
其	德	乃	普
qi2	de2	nai3	pu3

v.14

assim	por	si mesmo	contemplar	si mesmo
故	以	身	觀/观	身
gu4	yi3	shen1	guan1	shen1

v.15

por	casa	contemplar	casa
以	家	觀/观	家
yi3	jia1	guan1	jia1

v.16

por	área fora da cidade	contemplar	área fora da cidade
以	鄉/乡	觀/观	鄉/乡
yi3	xiang1	guan1	xiang1

v.17

por	país	contemplar	país
以	國/国	觀/观	國/国
yi3	guo2	guan1	guo2

v.18

por	mundo		contemplar	mundo	
以	天	下	觀/观	天	下
yi3	tian1	xia4	guan1	tian1	xia4

v.19

eu	PG interrogativa	por	saber	mundo		maneira	PG exclamação
吾	何	以	知	天	下	然	哉
wu2	he2	yi3	zhi1	tian1	xia4	ran2	zai1

v.20

por	isso
以	此
yi3	ci3

Termos específicos:

修 – xiu1 – refinar, aperfeiçoar, disciplinar-se para alcançar a perfeição. É uma ação dirigida para o interior.

Comentários:

Se abraçamos o Tao e não o abandonarmos, o seu Poder se firmará em nós mesmos (v.1 e v.2). Isso não será perdido, da mesma forma que a criança educada para honrar seus pais e avós transmitirá isso aos seus próprios descendentes (v.3).

Quando cultivamos o Tao, o Poder se manifesta, seja qual for a posição que ocupemos: estando sozinho (v.4 e v.5), ou responsáveis por uma família (v.6 e v.7), ou chefiando uma vila (v.8 e v.9), ou no governo de um país(v.10 e v.11), ou na liderança do império (v.12 e v.13). No entanto, o cultivo é sempre de si mesmo - o rei, por exemplo, deve cultivar a si mesmo enquanto ocupa o reinado. O objeto do seu cultivo não é o reino, mas a sua própria pessoa.

Quando cultivamos a nós mesmos dessa maneira, vemos os demais como a nós mesmos (v.14); o pai de família vê todas as famílias como a sua própria (v15); o chefe da vila vê todas as outras vilas como a sua própria (v.16); o rei não considera os demais países melhores ou piores que o seu próprio (v.17), e assim por diante (v.18). Dessa maneira, ou seja, pelo cultivo interior, o Poder do Tao se faz presente à nossa volta (v.19 e v.20).

POEMA 55

	Caracteres tradicionais	Caracteres simplificados
1	含德之厚	含德之厚
2	比於赤子	比于赤子
3	蜂蠆虺蛇不螫	蜂虿虺蛇不螫
4	猛獸不據	猛兽不据
5	攫鳥不搏	攫鸟不搏
6	骨弱筋柔而握固	骨弱筋柔而握固
7	未知牝牡之合而全作	未知牝牡之合而全作
8	精之至也	精之至也
9	終日號而不嗄	终日号而不嗄
10	和之至也	和之至也
11	知和曰常	知和曰常
12	知常曰明	知常曰明
13	益生曰祥	益生曰祥
14	心使氣曰強	心使气曰强
15	物壯則老	物壮则老
16	謂之不道	谓之不道
17	不道早已	不道早已

1	Quem tem o Poder em plenitude
2	É semelhante a um recém-nascido.
3	Vespas, escorpiões e serpentes peçonhentas não o picam;
4	Animais selvagens não o atacam;
5	Aves de rapina não investem contra ele.
6	Seus ossos são frágeis e seus músculos são fracos, mas sua mão segura com firmeza.
7	Nada sabe sobre a união entre macho e fêmea, mas já tem ereção.
8	Seu Jing (Essência) está na plenitude.
9	Pode chorar o dia inteiro sem ficar rouco.
10	Está na harmonia plena.
11	Conhecer a harmonia chama-se "o permanente";
12	Conhecer o permanente chama-se clareza;
13	Aumentar a vida é auspicioso;
14	A mente usar o Qi (Força Vital) é fortaleza.
15	Mas os seres se fortalecem, depois envelhecem.
16	Isso é perder o Tao.
17	Quem não tem o Tao, cedo perece.

Grandes Temas: Verdade, Pessoa

Conceitos Centrais: Virtude (Poder) 德, Tao 道

Verso a verso, caractere por caractere:

v.1

incorporar	Virtude (Poder)	PG atributivo	substancial
含	德	之	厚
han2	de2	zhi1	hou4

v.2

semelhante	PG preposição genérica	cor vermelha característica de um recém-nascido	criança
比	於/于	赤	子
bi3	yu2	chi4	zi3

v.3

vespa	escorpião	serpente venenosa dos bambus (*Trimeresurus stejnegeri*)	serpente	não	picada peçonhenta
蜂	蠆/虿	虺	蛇	不	螫
feng1	chai4	hui3	she2	bu4	shi4

v.4

feroz	animal selvagem	não	agarrar
猛	獸/兽	不	據/据
meng3	shou4	bu4	ju4

v.5

segurar entre as garras	pássaro	não	pegar
攫	鳥/鸟	不	搏
jue2	niao3	bu4	bo2

v.6

osso	fraco	tendão e músculo	delicado	mas	segurar	firme
骨	弱	筋	柔	而	握	固
gu3	ruo4	jin1	rou2	er2	wo4	gu4

v.7

ainda não	conhecer	fêmea	macho	PG atributivo	união
未	知	牝	牡	之	合
wei4	zhi1	pin4	mu3	zhi1	he2

mas	completo	ereto
而	全	作
er2	quan2	zuo4

v.8

Jing (Essência)	PG atributivo	máximo	PG equivalência entre duas declarações
精	之	至	也
jing1	zhi1	zhi4	ye3

v.9

até o fim	dia	chorar alto	mas	não	rouquidão
終/终	日	號/号	而	不	嗄
zhong1	ri4	hao2	er2	bu4	sha4

v.10

harmonia	PG atributivo	máximo	PG equivalência entre duas declarações
和	之	至	也
he2	zhi1	zhi4	ye3

v.11

conhecer	harmonia	dizer	permanente
知	和	曰	常
zhi1	he2	yue1	chang2

v.12

conhecer	permanente	dizer	claridade
知	常	曰	明
zhi1	chang2	yue1	ming2

v.13

aumentar	vida	dizer	auspicioso
益	生	曰	祥
yi4	sheng1	yue1	xiang2

v.14

mente	enviar	Qi (Força Vital)	dizer	força
心	使	氣/气	曰	強/强
xin1	shi3	qi4	yue1	qiang2

v.15

seres	forte	por sua vez	velho
物	壯/壮	則/则	老
wu4	zhuang4	ze4	lao3

v.16

chamar-se	PG pronome objeto	não	Tao
謂/谓	之	不	道
wei4	zhi1	bu4	dao4

v.17

não	Tao	cedo	cessar
不	道	早	已
bu4	dao4	zao3	yi3

Termos específicos:

精, 氣, 神 – jing1, qi4, shen2 – O nosso Qi (ou fundamento vital) pode se apresentar, de acordo com o grau de refino e cultivo, de um nível mais material ou orgânico – Jing, vitalidade – até um mais espiritual ou transcendente – Shen, espiritualidade. O Jing é a base do Qi. O Qi é a base do Shen. Fazendo uma aproximação de conceitos modernos para simplificar o entendimento, observemos a trajetória de uma pessoa ao longo da vida: (a) O indivíduo é gerado com uma potencialidade a realizar; (b) A pessoa cresce e se desenvolve, e, ao interagir com as circunstâncias ambientais, passa a expressar essa potencialidade; (c) Em determinado estágio da vida, ela inicia uma caminhada de transcendência, deixando para trás a visão egóica e materialista. Esse é o paralelo para o processo taoísta alquímico, também em três etapas, da transformação de Jing em Qi, e de Qi em Shen. No fim, o propósito é a transformação de Shen no Vazio. Vazio, não como ausência, mas como a potencialidade plena e todo-includente.

Comentários:

Quem tem plenamente a Virtude (Poder) é como um recém-nascido, puro e, em sua pureza, fica incólume (v.1 a v.5). Em sua fragilidade está sua força (v.6). O fato de um menino pequeno apresentar ereção é sinal da plenitude do seu Jing (v.7 e v.8), ter a capacidade de chorar o dia inteiro e não perder a voz é sinal de sua plena harmonia com o Tao (v.9 e v.10) e iluminação inata (v.11). O cultivo do Jing pode prolongar nossa vida orgânica (v.13), o cultivo do Qi nos concede habilidade (v.14), mas se não avançarmos rumo à transcendência seguiremos o caminho biologicamente determinado: após o apogeu da força física, decaímos e morremos (v.15). Deixar de avançar para a transcendência é perder o Tao (v.16) e restringir-se à vida material, de curta duração (v.17).

POEMA 56

	Caracteres tradicionais	**Caracteres simplificados**
1	知者不言	知者不言
2	言者不知	言者不知
3	塞其兌	塞其兑
4	閉其門	闭其门
5	挫其銳	挫其锐
6	解其紛	解其纷
7	和其光	和其光
8	同其塵	同其尘
9	是謂玄同	是谓玄同
10	故不可得而親	故不可得而亲
11	不可得而疏	不可得而疏
12	不可得而利	不可得而利
13	不可得而害	不可得而害
14	不可得而貴	不可得而贵
15	不可得而賤	不可得而贱
16	故為天下貴	故为天下贵

1 Quem sabe não fala,
2 Quem fala não sabe.
3 Bloqueie as aberturas,
4 Feche as portas,
5 Cegue as lâminas,
6 Solte suas bandeiras,
7 Regule o brilho,
8 Assente a poeira,
9 Essa é a igualdade maravilhosa.
10 Nela, não se identifica o que é familiar
11 Nem o que é estranho;
12 Não se identifica o que é vantagem
13 Nem o que é prejuízo;
14 Não se identifica o que é de valor
15 Nem o que é insignificante.
16 Isso é o que mais vale no mundo.

Grandes Temas: Verdade, Pessoa

Conceitos Centrais: Mundo 天下

Verso a verso, caractere por caractere:

v.1

saber	PG nominalização sujeito	não	falar
知	者	不	言
zhi1	zhe3	bu4	yan

v.2

falar	PG nominalização sujeito	não	saber
言	者	不	知
yan2	zhe3	bu4	zhi1

v.3

obstruir	sua	abertura
塞	其	兌
sai1	qi2	dui4

v.4

trancar	sua	porta
閉/闭	其	門/门
bi4	qi2	men2

v.5

amassar	sua	ponta afiada
挫	其	銳/锐
cuo4	qi2	rui4

v.6

liberar	sua	bandeirola
解	其	紛/纷
jie3	qi2	fen1

v.7

harmonizar	seu	brilho
和	其	光
he2	qi2	guang1

v.8

igualar	sua	poeira
同	其	塵/尘
tong2	qi2	chen2

v.9

isso	chamar-se	misterioso	igualdade
是	謂/谓	玄	同
shi4	wei4	xuan2	tong2

v.10

assim	não	ser possível	obter	PG subordinação	familiar
故	不	可	得	而	親/亲
gu4	bu4	ke3	de2	er2	qin1

v.11

não	ser possível	obter	PG subordinação	não familiar
不	可	得	而	疏
bu4	ke3	de2	er2	shu1

v.12

não	ser possível	obter	PG subordinação	benefício
不	可	得	而	利
bu4	ke3	de2	er2	li4

v.13

não	ser possível	obter	PG subordinação	dano
不	可	得	而	害
bu4	ke3	de2	er2	hai4

v.14

não	ser possível	obter	PG subordinação	valioso
不	可	得	而	貴/贵
bu4	ke3	de2	er2	gui4

v.15

não	ser possível	obter	PG subordinação	barato
不	可	得	而	賤/贱
bu4	ke3	de2	er2	jian4

v.16

assim	tornar-se	mundo		valioso
故	為/为	天	下	貴/贵
gu4	wei2	tian1	xia4	gui4

Termos específicos:

兌 – dui4 – abertura. Os órgãos dos sentidos. "Fechar as aberturas" é não deixar-se influenciar pelas cinco cores, cinco aromas, cinco sabores etc. Ou seja, não se deixar levar pelas imagens, notícias, encantos que são abundantes ao nosso redor.

Comentários:

Quem conhece o Tao não é capaz de expressá-lo em palavras. Quem tenta expressá-lo em palavras é porque não o conhece (v.1 e v.2). Não podemos nos deixar levar pelo que os sentidos ordinários nos trazem do mundo exterior, nem pelas conclusões apressadas do nosso raciocínio comum (v.3 a v.8). Devemos adotar a humildade e não procurar nos distinguir entre os demais (v.9). Assim, ultrapassamos a visão dualista habitual e deixamos de separar as coisas em estranhas ou familiares, vantajosas ou desvantajosas, agradáveis ou não (v.10 a v.15). Essa é a chave para realizar o apresentado no Poema 55.

POEMA 57

	Caracteres tradicionais	**Caracteres simplificados**
1	以正治國	以正治国
2	以奇用兵	以奇用兵
3	以無事取天下	以无事取天下
4	吾何以知其然哉	吾何以知其然哉
5	以此	以此
6	天下多忌諱	天下多忌讳
7	而民彌貧	而民弥贫
8	民多利器	民多利器
9	國家滋昏	国家滋昏
10	人多伎巧	人多伎巧
11	奇物滋起	奇物滋起
12	法令滋彰	法令滋彰
13	盜賊多有	盗贼多有
14	故聖人云	故圣人云
15	我無為	我无为
16	而民自化	而民自化
17	我好靜	我好静
18	而民自正	而民自正
19	我無事	我无事
20	而民自富	而民自富
21	我無欲	我无欲
22	而民自樸	而民自朴

1	Através de medidas normais o país é governado;
2	Através de medidas inesperadas a guerra é conduzida;
3	Através do não-Agir o mundo é conquistado.
4	Como sei que é assim?
5	Por isso mesmo.
6	No mundo há proibições demais,
7	Por isso o povo está tão pobre.
8	O povo tem ferramentas excelentes demais,
9	Por isso o país está caótico.
10	As pessoas tem técnicas especializadas demais,
11	Por isso surgem tantos utensílios estranhos.
12	Existem adornos e objetos cerimoniais demais,
13	Por isso existem tantos ladrões.
14	Mas o sábio diz:
15	Eu pratico a não-Ação,
16	E o povo se transforma naturalmente.
17	Eu aprecio a quietude,
18	E o povo se corrige naturalmente.
19	Eu não me ocupo de coisa alguma,
20	E o povo se enriquece naturalmente.
21	Eu não tenho desejos,
22	E o povo torna-se modesto naturalmente.

Grandes Temas: Governo, Sociedade, Verdade, Pessoa

Conceitos Centrais: País 國，Povo 民，Não-ação 無為，Utilidade 用，Mundo 天下，Sábio 聖人，assunto 事

Verso a verso, caractere por caractere:

v.1

por	normal	governar	país
以	正	治	國/国
yi3	zheng4	zhi4	guo2

v.2

por	extraordinário	usar	arma
以	奇	用	兵
yi3	qi2	yong4	bing1

v.3

por	não ter	ocupação	dominar	mundo	
以	無/无	事	取	天	下
yi3	wu2	shi4	qu3	tian1	xia4

v.4

eu	como	meio	saber	dele	maneira	PG exclamativa / interrogativa
吾	何	以	知	其	然	哉
wu2	he2	yi3	zhi1	qi2	ran2	zai1

v.5

por	isto
以	此
yi3	ci3

v.6

mundo	muito	aversão	tabu
天	下	多	忌	諱/讳
tian1	xia4	duo1	ji4	hui4

v.7

mas	povo	disseminado	pobreza
而	民	彌/弥	貧/贫
er2	min2	mi2	pin2

v.8

povo	muito	apurado	instrumento
民	多	利	器
min2	duo1	li4	qi4

v.9

nação	proliferar	às escuras
國/国	家	滋	昏
guo2	jia1	zi1	hun1

v.10

pessoa	muito	técnica	habilidade
人	多	伎	巧
ren2	duo1	ji4	qiao3

v.11

extraordinário	coisa	proliferar	surgir
奇	物	滋	起
qi2	wu4	zi1	qi3

v.12

lei	ordem	proliferar	enfeitado
法	令	滋	彰
fa3	ling4	zi1	zhang

v.13

ladrão	bandido	muito	haver
盜/盗	賊/贼	多	有
dao4	zei2	duo1	you3

v.14

por isso	sábio		dizer
故	聖/圣	人	云
gu4	sheng4	ren2	yun2

v.15

eu	não-Ação	
我	無/无	為/为
wo3	wu2	wei2

v.16

mas	povo	si mesmo	transformar
而	民	自	化
er2	min2	zi4	hua4

v.17

eu	preferir	quietude
我	好	靜/静
wo3	hao4	jing4

v.18

mas	povo	si mesmo	correto
而	民	自	正
er2	min2	zi4	zheng4

v.19

eu	não ter	ocupação
我	無/无	事
wo3	wu2	shi4

v.20

mas	povo	si mesmo	rico
而	民	自	富
er2	min2	zi4	fu4

v.21

eu	não ter	desejo
我	無/无	欲
wo3	wu2	yu4

v.22

mas	povo	si mesmo	simples
而	民	自	樸/朴
er2	min2	zi4	pu3

Termos específicos:

正 – zheng4 – correto, normal, padronizado, normatizado, justo.

奇 – qi2 – estranho, anômalo, extraordinário, incomum.

Comentários:

No governo de um país, a autoridade faz uso das leis estabelecidas (v.1). Na condução da guerra, a autoridade faz uso de estratégias inesperadas para surpreender o inimigo (v.2). Mas, para conquistar o mundo, o caminho é não tentar controlá-lo (v.3 a v.5). Quanto mais leis para regulamentar a sociedade, mais pobre e sofrido é o povo (v.6 a v.11). Quanto maior o desenvolvimento material, mais ladrões aparecem (v.12 e v.13).

O caminho do sábio é cultivar a si mesmo, e o mundo ao seu redor se transformará sem esforço (v.14 a v.22).

POEMA 58

	Caracteres tradicionais	Caracteres simplificados
1	其政悶悶	其政闷闷
2	其民淳淳	其民淳淳
3	其政察察	其政察察
4	其民缺缺	其民缺缺
5	禍兮福之所倚	祸兮福之所倚
6	福兮禍之所伏	福兮祸之所伏
7	孰知其極其無正	孰知其极其无正
8	正復為奇	正复为奇
9	善復為妖	善复为妖
10	人之迷	人之迷
11	其日固久	其日固久
12	是以聖人方而不割	是以圣人方而不割
13	廉而不劌	廉而不刿
14	直而不肆	直而不肆
15	光而不燿	光而不耀

1 Com um governo alheio,
2 O povo se mantém na pureza.
3 Com um governo que cuida de todos os detalhes,
4 O povo se torna carente.
5 Infelicidade é seguida de perto pela felicidade.
6 Felicidade é onde se esconde a infelicidade.
7 Quem conhece essas fronteiras, se não há uma norma?
8 O correto se torna estranho;
9 A excelência se torna corrompida.
10 O engano das pessoas
11 Vem de muito tempo.
12 Por isso, o sábio é perfeito, mas não ofende;
13 É íntegro, mas não fere;
14 É reto, mas não se exibe;
15 Ilumina, mas não brilha.

Grandes Temas: Governo, Sociedade, Verdade, Pessoa

Conceitos Centrais: Povo 民, Sábio 聖人, assunto 事

Verso a verso, caractere por caractere:

v.1

dele	governo	parecer indolente	parecer indolente
其	政	悶/闷	悶/闷
qi2	zheng4	men4	men4

v.2

seu	povo	puro, incorrupto	puro, incorrupto
其	民	淳	淳
qi2	min2	chun2	chun2

v.3

seu	governo	selecionar	selecionar
其	政	察	察
qi2	zheng4	cha2	cha2

v.4

seu	povo	deficiente	deficiente
其	民	缺	缺
qi2	min2	que1	qque1

v.5

infortúnio	PG rítmica	felicidade	PG atributivo	PG nominalização objeto	inclinar-se em direção a
禍/祸	兮	福	之	所	倚
huo4	xi1	fu2	zhi1	suo3	yi3

v.6

felicidade	PG rítmica	infortúnio	PG atributivo	PG nominalização objeto	prostrar
福	兮	禍/祸	之	所	伏
fu2	xi1	huo4	zhi1	suo3	fu2

v.7

quem	saber	seu	extremo	seu	sem	correto
孰	知	其	極/极	其	無/无	正
shu2	zhi1	qi2	ji2	qi2	wu2	zheng4

v.8

correto	retornar	tornar-se	extraordinário
正	復/复	為/为	奇
zheng4	fu4	wei2	qi2

v.9

excelência	retornar	tornar-se	não-natural
善	復/复	為/为	妖
shan4	fu4	wei2	yao1

v.10

pessoa	PG atributivo	perder-se
人	之	迷
ren2	zhi1	mi2

v.11

seu	dia	firme	longo tempo
其	日	固	久
qi2	ri4	gu4	jiu3

v.12

isso	por	sábio		moralmente correto	mas	não	entalhar
是	以	聖/圣	人	方	而	不	割
shi4	yi3	sheng4	ren2	fang1	er2	bu4	ge1

v.13

incorruptível	mas	não	ferir
廉	而	不	劌/刿
lian2	er2	bu4	gui1

v.14

reto	mas	não	expor
直	而	不	肆
zhi2	er2	bu4	si4

v.15

brilhante	mas	não	afiado, ofuscante
光	而	不	燿/耀
guang1	er2	bu4	yao4

Termos específicos:

燿 e 耀 – yao4. Ambos os caracteres existiam no período clássico. O primeiro significa "afiado, aguçado", o segundo, "radiante, refulgente". Na simplificação ortográfica ocorrida entre as décadas de 1950 e 1960, o segundo caractere incorporou os significados do primeiro (o que já era feito por muitos escritores não-oficialmente). Interessante é que em algumas versões do Tao Te Ching é este, mesmo, o caractere usado.

Comentários:

Quanto mais indolente parecer o governo, mais puro o povo (v.1 e v.2). Quanto mais o governo investigar e escolher o que é melhor, mais dependente é o povo (v.3 e v.4). O infortúnio é a felicidade enviesada (v.5). A felicidade é o infortúnio escondido agachado (v.6). Quem é capaz de conhecer o limite do Tao se ele não segue nenhuma norma ? (v.7) O normal torna-se o extraordinário (v.8), o naturalmente excelente torna-se o fingido (v.9). A confusão dos homens começou há muito tempo e está bem firmada (v.10 e v.11). O governante deve, em primeiro lugar, iluminar a si mesmo, para poder levar a luz ao povo, sem ofuscá-lo (v.12 a v.15).

POEMA 59

	Caracteres tradicionais	Caracteres simplificados
1	治人事天莫若嗇	治人事天莫若啬
2	夫唯嗇	夫唯啬
3	是謂早服	是谓早服
4	早服謂之重積德	早服谓之重积德
5	重積德則無不克	重积德则无不克
6	無不克則莫知其極	无不克则莫知其极
7	莫知其極	莫知其极
8	可以有國	可以有国
9	有國之母	有国之母
10	可以長久	可以长久
11	是謂深根固柢	是谓深根固柢
12	長生久視之道	长生久视之道

1. No governo humano e no trato das coisas celestiais, não há nada como a simplicidade.
2. Apenas com a simplicidade
3. É possível estar sempre preparado.
4. Estar sempre preparado significa ter Poder armazenado.
5. Com Poder armazenado, não há o que não possa ser vencido.
6. Não havendo o que não possa ser vencido, seus limites são desconhecidos.
7. Se os limites são desconhecidos,
8. É possível possuir o Estado.
9. Possuindo a Mãe do Estado,
10. Pode se manter por longo tempo.
11. É chamado "raiz profunda e fundamento firme",
12. É o Tao da longa vida e da visão duradoura.

Grandes Temas: Governo, Verdade

Conceitos Centrais: Céu 天, Virtude (Poder) 德, País 國, Tao 道, Assunto 事

Verso a verso, caractere por caractere:

v.1

governar	humano	ocupação	céu	de jeito nenhum	como	simplicidade
治	人	事	天	莫	若	嗇/啬
zhi4	ren2	shi4	tian1	mo4	ruo4	se4

v.2

esse	apenas	simplicidade
夫	唯	嗇/啬
fu1	wei2	se4

v.3

este	chamar-se	cedo	adaptado
是	謂/谓	早	服
shi4	wei4	zao3	fu2

v.4

cedo	adaptado	chamar-se	PG pronome objto	reforçar	acumular	Virtude (Poder)
早	服	謂/谓	之	重	積/积	德
zao3	fu2	wei4	zhi1	chong2	ji1	de2

v.5

reforçar	acumular	Virtude (Poder)	por sua vez	não haver	não	capaz de
重	積/积	德	則/则	無/无	不	克
chong2	ji1	de2	ze2	wu2	bu4	ke4

v.6

não haver	não	capaz	por sua vez	de jeito nenhum	saber	sua	extremidade
無/无	不	克	則/则	莫	知	其	極/极
wu2	bu4	ke4	ze2	mo4	zhi1	qi2	ji2

v.7

de jeito nenhum	saber	sua	extremidade
莫	知	其	極/极
mo4	zhi1	qi2	ji2

v.8

ser possível	em	haver	país
可	以	有	國/国
ke3	yi3	you3	guo2

v.9

haver	país	PG atributivo	mãe
有	國/国	之	母
you3	guo2	zhi1	mu3

v.10

ser possível	em	longo	muito tempo
可	以	長/长	久
ke3	yi3	chang2	jiu3

v.11

isto	chamar-se	profundo	raiz	firme	fundamento
是	謂/谓	深	根	固	柢
shi4	wei4	shen3	gen1	gu4	di3

v.12

longo	vida	muito tempo	visão	PG atributivo	caminho
長/长	生	久	視/视	之	道
chang2	sheng1	jiu3	shi4	zhi1	dao4

Termos específicos:

嗇 – se4 – frugal, econômico, parcimonioso, temperança, simplicidade.

Comentários:

A simplicidade é a virtude maior ao governar as pessoas ou tratar de assuntos espirituais (v.1). Sendo simples, é possível se adaptar às diversas situações (v.2 e v.3). Sendo capaz de se adaptar, é possível reforçar a nossa Virtude (v.4). Tendo suficiente Virtude, nada é impossível (v.5). Se nada é impossível fazer, não se conhecerão os seus limites (v.6). Nesse ponto, torna-se possível manter o governo de um país por muito tempo (v.7 a v.11). Este é o caminho da longa existência e da visão a longo prazo (v.12).

POEMA 60

	Caracteres tradicionais	Caracteres simplificados
1	治大國若烹小鮮	治大国若烹小鲜
2	以道莅天下	以道莅天下
3	其鬼不神	其鬼不神
4	非其鬼不神	非其鬼不神
5	其神不傷人	其神不伤人
6	非其神不傷人	非其神不伤人
7	聖人亦不傷人	圣人亦不伤人
8	夫兩不相傷	夫兩不相伤
9	故德交歸焉	故德交归焉

1 Governar um país é como cozinhar um peixe.
2 Quando o Tao preside o mundo,
3 Os maus espíritos perdem seu poder.
4 Os maus espíritos não só perdem seu poder,
5 Mas também tornam-se incapazes de prejudicar os seres humanos.
6 Não só tornam-se incapazes de prejudicar os seres humanos,
7 Mas também os sábios não desejam prejudicá-los.
8 Tanto uns quanto outros não se prejudicam mutuamente,
9 Pois seus poderes se reúnem nele.

Grandes Temas: Governo, Verdade

Conceitos Centrais: Mundo 天下, Sábio 聖人, Virtude (Poder) 德, País 國, Tao 道

Verso a verso, caractere por caractere:

v.1

governar	grande	país	semelhante a	cozinhar	pequeno	peixe fresco
治	大	國/国	若	烹	小	鮮/鲜
zhi4	da4	guo2	ruo4	peng1	xiao3	xian1

v.2

por meio de	Tao	contemplar do alto	mundo	
以	道	蒞/莅	天	下
yi3	dao4	li4	tian1	xia4

v.3

seu	fantasma	não	miraculoso
其	鬼	不	神
qi2	gui3	bu4	shen2

v.4

não é que	seu	fantasma	não	miraculoso
非	其	鬼	不	神
fei1	qi2	gui3	bu4	shen2

v.5

seu	miraculoso	não	ferir	pessoa
其	神	不	傷/伤	人
qi2	shen2	bu4	shang1	ren2

v.6

não é que	seu	miraculoso	não	ferir	pessoa
非	其	神	不	傷/伤	人
fei1	qi2	shen2	bu4	shang1	ren2

v.7

sábio		também	não	ferir	pessoas
聖/圣	人	亦	不	傷/伤	人
sheng4	ren2	yi4	bu4	shang1	ren2

v.8

assim	dois	não	mútuo	ferir
夫	兩/两	不	相	傷/伤
fu1	liang3	bu4	xiang1	shang1

v.9

então	Virtude (Poder)	recíproco	retornar	nele
故	德	交	歸/归	焉
gu4	de2	jiao1	gui1	yan1

Termos específicos:

神 – shen2 – espiritual, divino, espírito, deus, deuses, santo, sagrado, etéreo, poder humano de interagir com a natureza e outros seres, maravilhoso, miraculoso, sobrenatural, aparência, expressão, lei natural.

Comentários:

O governo deve intervir o menos possível no país, assim como o cozinheiro, ao cozinhar um peixe, evita mexer com a colher a toda hora, para não estragar o resultado do seu trabalho (v.1). Quando se governa com o Tao, as forças espirituais e materiais estão em harmonia, tanto umas quanto outras não se prejudicam e estão reunidas nele (v.2 a v.9).

POEMA 61

	Caracteres tradicionais	Caracteres simplificados
1	大國者下流	大国者下流
2	天下之交	天下之交
3	天下之牝	天下之牝
4	牝常以靜勝牡	牝常以静胜牡
5	以靜為下	以静为下
6	故大國以下小國	故大国以下小国
7	則取小國	则取小国
8	小國以下大國	小国以下大国
9	則取大國	则取大国
10	故或下以取	故或下以取
11	或下而取	或下而取
12	大國不過欲兼畜人	大国不过欲兼畜人
13	小國不過欲入事人	小国不过欲入事人
14	夫兩者各得其所欲	夫两者各得其所欲
15	大者宜為下	大者宜为下

1   Um grande país é um lugar baixo, para onde fluem as águas;
2   É um lugar para onde converge o mundo;
3   É a fêmea do mundo.
4   A fêmea sempre vence o macho pela quietude,
5   Pela quietude, coloca-se abaixo.
6   Um grande país coloca-se abaixo de um país pequeno,
7   E assim o conquista.
8   Um país pequeno coloca-se abaixo de um grande país,
9   E assim é conquistado por ele.
10   Um se rebaixa para conquistar;
11   Outro se rebaixa para ser conquistado.
12   Tudo que um grande país deseja é anexar e tomar conta.
13   Tudo que um país pequeno deseja é ser incorporado e servir.
14   Cada um obtém aquilo que deseja.
15   Mas o grande país precisa se rebaixar.

Grandes Temas: Governo, Verdade

Conceitos Centrais: Mundo 天下, País 國

Verso a verso, caractere por caractere:

v.1

grande	país	PG nominalização sujeito	baixo	fluir
大	國/国	者	下	流
da4	guo2	zhe3	xia4	liu2

v.2

mundo		PG atributivo	relação
天	下	之	交
tian1	xia4	zhi1	jiao1

v.3

céu		PG atributivo	fêmea
天	下	之	牝
tian1	xia4	zhi1	pin4

v.4

fêmea	sempre	por meio de	quietude	vencer	macho
牝	常	以	靜/静	勝/胜	牡
pin4	chang2	yi3	jing4	sheng4	mu3

v.5

por meio de	quietude	tornar-se	baixo
以	靜/静	為/为	下
yi3	jing4	wei2	xia4

v.6

assim	grande	país	por meio de	baixo	pequeno	país
故	大	國/国	以	下	小	國/国
gu4	da4	guo2	yi3	xia4	xiao3	guo2

v.7

por sua vez	segurar	pequeno	país
則/则	取	小	國/国
ze2	qu3	xiao3	guo2

v.8

pequeno	país	por meio de	baixo	grande	país
小	國/国	以	下	大	國/国
xiao3	guo2	yi3	xia4	da4	guo2

v.9

por sua vez	segurar	grande	país
則/则	取	大	國/国
ze2	qu3	da4	guo2

v.10

assim	alguns	baixo	para	segurar
故	或	下	以	取
gu4	huo4	xia4	yi3	qu3

v.11

alguns	baixo	por	ser seguro
或	下	而	取
huo4	xia4	er2	qu3

v.12

grande	país	não	além	desejar	juntar	nutrir	outro
大	國/国	不	過/过	欲	兼	畜	人
da4	guo2	bu4	guo4	yu4	jian1	chu4	ren2

v.13

pequeno	país	não	além	desejar	entrar	lidar	outro
小	國/国	不	過/过	欲	入	事	人
xiao3	guo2	bu4	guo4	yu4	ru4	shi4	ren2

v.14

seja como for	dois	PG nominalização sujeito	cada	obter	seu	PG nominalização objeto	desejar
夫	兩/两	者	各	得	其	所	欲
fu1	liang3	zhe3	ge4	de2	qi2	suo3	yu4

v.15

grande	PG nominalização sujeito	apropriado	tornar-se	baixo
大	者	宜	為/为	下
da4	zhe3	yi2	wei2	xia4

Termos específicos:

下 – xia4 – abaixo, para baixo, inferior, humilde, descer, baixar, reduzir, desprezar, submeter-se.

Comentários:

No governo dirigido pelo Tao, o país poderoso coloca-se numa posição baixa, como um vale para onde fluem as águas (v.1), é onde todo mundo se encontra (v.2), é o poder feminino do mundo (v.3). A fêmea invariavelmente vence o macho, por sua quietude (v.4 e v.5). Quando esse país poderoso se aproxima de um menor de maneira humilde, pode agregá-lo e influenciá-lo (v.6 e v.7). Quando um país menor percebe que, para sua sobrevivência, é melhor não confrontar um país mais forte, ele se aproxima de maneira humilde, para formar aliança e ter proteção (v.8 e v.9). Uns querem dominar, outros querem ser dominados – num processo pacífico (v.10 e v.11). O país poderoso nada quer além de nutrir os povos (v.12). O país pequeno nada quer além de ser bem cuidado pelos demais (v.13). Ambos obtêm o que desejam (v.14). Lao Tzu destaca e reforça que o grande país deve sempre ser humilde (v.15).

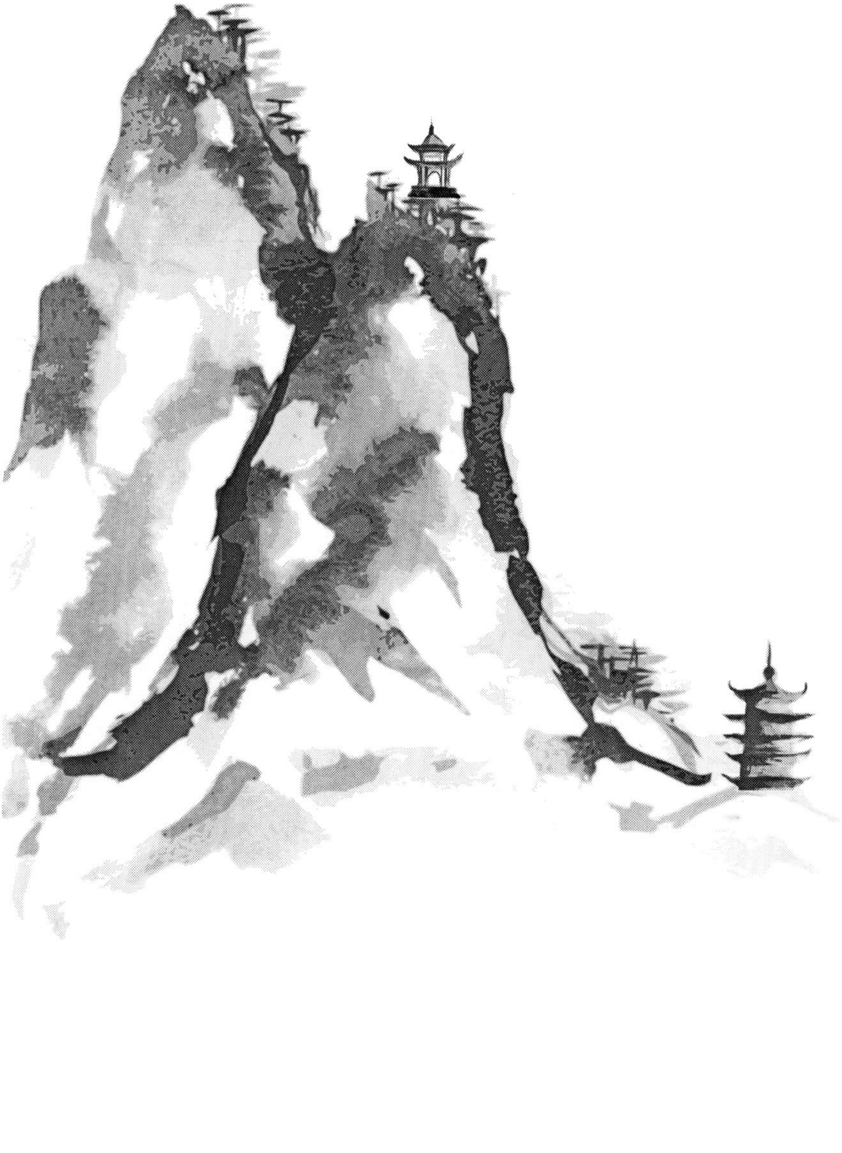

POEMA 62

	Caracteres tradicionais	Caracteres simplificados
1	道者萬物之奧	道者万物之奥
2	善人之寶	善人之宝
3	不善人之所保	不善人之所保
4	美言可以市	美言可以市
5	尊行可以加人	尊行可以加人
6	人之不善何棄之有	人之不善何弃之有
7	故立天子	故立天子
8	置三公	置三公
9	雖有拱璧	虽有拱璧
10	以先駟馬	以先驷马
11	不如坐進此道	不如坐进此道
12	古之所以貴此道者何	古之所以贵此道者何
13	不曰	不曰
14	以求得	以求得
15	有罪以免耶	有罪以免耶
16	故為天下貴	故为天下贵

1	O Tao é o nobre segredo de todas as coisas;
2	É o tesouro das pessoas excelentes;
3	É a proteção das pessoas que não são excelentes.
4	Belas palavras servem à barganha;
5	Conduta respeitosa agrega as pessoas.
6	Por que rejeitar as pessoas que não são excelentes?
7	Ser coroado imperador;
8	Ser colocado senhor de três feudos;
9	Exibir um disco de jade
10	E ser conduzido por quatro cavalos;
11	Tudo isso não se compara a mergulhar no Tao.
12	Por que os antigos prezavam tanto o Tao?
13	Por acaso não é dito
14	"Buscando-o, vai se obtê-lo;
15	Aqueles que cometeram alguma falta livram-se da culpa por meio dele."?
16	Por isso, o mundo preza tanto o Tao.

Grandes Temas: Sociedade, Verdade

Conceitos Centrais: As Dez Mil Coisas 萬物, Excelência 善, Mundo 天下, Tao 道

Verso a verso, caractere por caractere:

v.1

Tao	PG nominalização sujeito	10.000	coisas	PG atributivo	escondido
道	者	萬/万	物	之	奧/奥
dao4	zhe3	wan4	wu4	zhi1	ao4

v.2

excelente	pessoa	PG atributivo	tesouro
善	人	之	寶/宝
shan4	ren2	zhi1	bao3

v.3

não	excelente	pessoa	PG atributivo	PG nominalização objeto	proteger
不	善	人	之	所	保
bu4	shan4	ren2	zhi1	suo3	bao3

v.4

bonito	palavra	ser possível	em	negociar
美	言	可	以	市
mei3	yan2	ke3	yi3	shi4

v.5

respeito	conduta	ser possível	em	juntar	pessoa
尊	行	可	以	加	人
zun1	xing2	ke3	yi3	jia1	ren2

v.6

pessoa	PG atributivo	não	excelente	como	pôr de lado	PG pronome objeto	haveria de
人	之	不	善	何	棄/弃	之	有
ren2	zhi1	bu4	shan4	he2	qi4	zhi1	you3

v.7

assim	firmar	filho do céu	
故	立	天	子
gu4	li4	tian1	zi3

v.8

estabelecer	três	propriedade concedida ao duque
置	三	公
zhi4	san1	gong1

v.9

ainda que	haver	espaço entre os braços	medalhão de jade (símbolo de garantia entre duas partes)
雖/虽	有	拱	璧
sui1	you3	gong3	bi4

v.10

por	ir à frente	carruagem de quatro cavalos	cavalo
以	先	駟/驷	馬/马
yi3	xian4	si4	ma3

v.11

não	semelhante	sentar	entrar	este	caminho
不	如	坐	進/进	此	道
bu4	ru2	zuo4	jin4	ci3	dao4

v.12

antigo	PG atributivo	PG nominalização objeto	em	valorizar
古	之	所	以	貴/贵
gu3	zhi1	suo3	yi3	gui4

este	Tao	PG nominalização sujeito	como:
此	道	者	何
ci3	dao4	zhe3	he2

v.13

não	ser dito
不	曰
bu4	yue1

v.14

por	buscar	obter
以	求	得
yi3	qiu2	de2

v.15

haver	ofensa	por meio de	escapar	PG interrogativo
有	罪	以	免	耶
you3	zui4	yi3	mian3	ye2

v.16

assim	tornar-se	mundo		valorizar
故	為/为	天	下	貴/贵
gu4	wei2	tian1	xia4	gui4

Termos específicos:

天子 – tian1 zi3 – o "Filho do Céu", título dado aos imperadores da China.

Comentários:

O Tao é a essência oculta nos seres, o tesouro dos excelentes, o que protege os que não são excelentes (v.1 a v.3). A boa conversa é útil nos negócios (v.4), a conduta respeitosa agrega as pessoas (v.5). Como haveria de ser se se descartasse as pessoas que não fossem excelentes? (v.6) Receber todos os tipos de honrarias e presentes não é tão bom quanto adentrar o Tao (v.7 a v.11). O valor que os antigos outorgavam ao Tao, de onde vem? (v.12) Há um antigo dito: "Busque (o Tao) e o alcance, havendo falta, ficará livre dela" (v.13 a v.15), por isso, o mundo dá valor ao Tao (v.16).

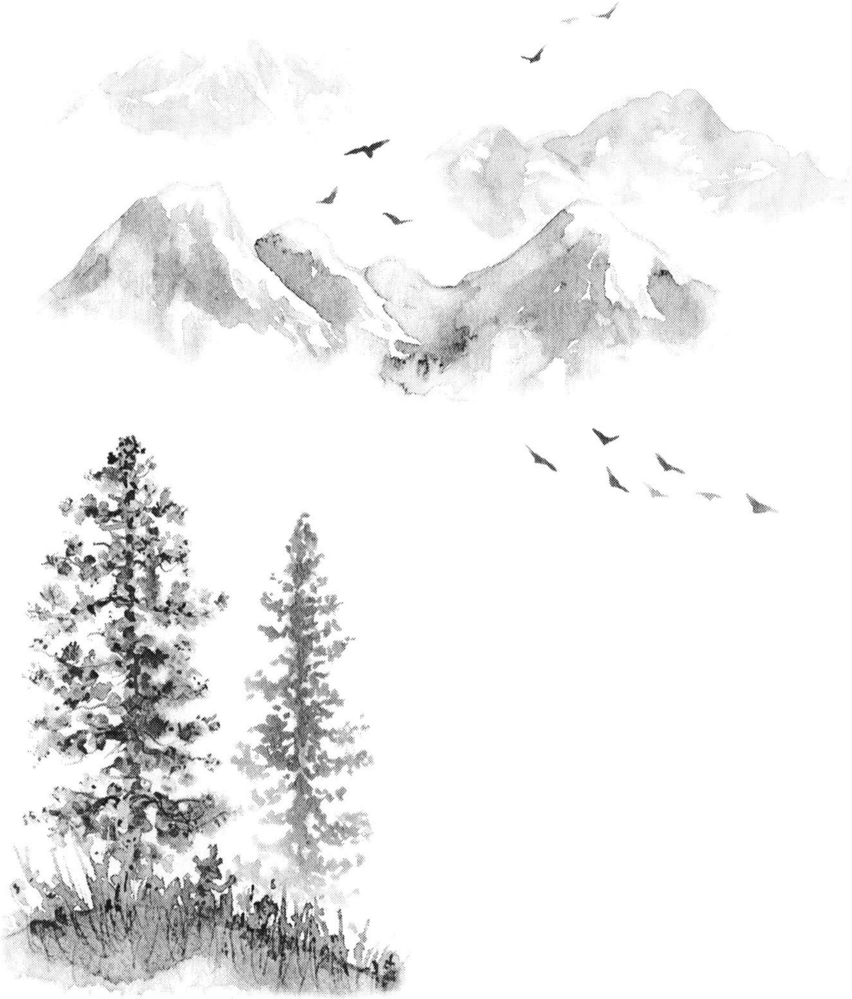

POEMA 63

	Caracteres tradicionais	**Caracteres simplificados**
1	為無為	为无为
2	事無事	事无事
3	味無味	味无味
4	大小多少	大小多少
5	報怨以德	报怨以德
6	圖難於其易	图难于其易
7	為大於其細	为大于其细
8	天下難事	天下难事
9	必作於易	必作于易
10	天下大事	天下大事
11	必作於細	必作于细
12	是以聖人終不為大	是以圣人终不为大
13	故能成其大	故能成其大
14	夫輕諾必寡信	夫轻诺必寡信
15	多易必多難	多易必多难
16	是以聖人猶難之	是以圣人犹难之
17	故終無難矣	故终无难矣

1	Praticar o Não-agir;
2	Dedicar-se a não se ocupar;
3	Saborear o insípido.
4	Grande é pequeno e muito é pouco.
5	Pagar o aborrecimento com a virtude;
6	Planeje o difícil na facilidade;
7	Faça o grande no diminuto.
8	As coisas difíceis do mundo
9	Devem ser feitas a partir do fácil.
10	As grandes coisas do mundo
11	Devem ser feitas a partir das diminutas.
12	Por isso, o sábio, até o fim, não faz grande coisa.
13	Dessa forma, realiza grandes coisas.
14	Quem é aceito com facilidade, é pouco digno de confiança;
15	Facilidade demais no presente implica muita dificuldade no futuro.
16	Por isso, o Sábio acha tudo difícil;
17	Assim, no final não há dificuldade alguma.

Grandes Temas: Verdade, Pessoa

Conceitos Centrais: Não-ação 無為, Mundo 天下, Sábio 聖人

Verso a verso, caractere por caractere:

v.1

tornar	sem	tornar
為/为	無/无	為/为
wei2	wu2	wei2

v.2

ocupação	sem	ocupação
事	無/无	事
shi4	wu2	shi4

v.3

sabor	sem	sabor
味	無/无	味
wei4	wu2	wei4

v.4

grande	pequeno	muito	pouco
大	小	多	少
da4	xiao3	duo1	shao3

v.5

retribuir	ódio	por meio de	Virtude
報/报	怨	以	德
bao4	yuan4	yi3	de2

v.6

planejar	difícil	em	seu	fácil
圖/图	難/难	於/于	其	易
tu2	nan2	yu2	qi2	yi4

v.7

fazer	grande	em	seu	minúsculo
為/为	大	於/于	其	細/细
wei2	da4	yu2	qi2	xi4

v.8

mundo		difícil	assunto
天	下	難/难	事
tian1	xia4	nan2	shi4

v.9

com certeza	fazer	em	fácil
必	作	於/于	易
bi4	zuo4	yu2	yi4

v.10

mundo		grande	assunto
天	下	大	事
tian1	xia4	da4	shi4

v.11

com certeza	fazer	em	minúsculo
必	作	於/于	細/细
bi4	zuo4	yu2	xi4

v.12

isto	por	sábio		até o fim	não	fazer	grande
是	以	聖/圣	人	終/终	不	為/为	大
shi4	yi3	sheng4	ren2	zhong1	bu4	wei2	da4

v.13

assim	ser capaz	concluir	seu	grande
故	能	成	其	大
gu4	neng2	cheng2	qi2	da4

v.14

Sempre que	superficial	aceitação	com certeza	faltar	confiança
夫	輕/轻	諾/诺	必	寡	信
fu1	qing1	nuo4	bi4	gua3	xin4

v.15

muito	fácil	com certeza	muito	difícil
多	易	必	多	難/难
duo1	yi4	bi4	duo1	nan2

v.16

isto	por	sábio		parecer	difícil	PG pronome objeto
是	以	聖/圣	人	猶/犹	難/难	之
shi4	yi3	sheng4	ren2	you2	nan2	zhi1

v.17

assim	até o fim	sem	dificuldade	PG ação completada
故	終/终	無/无	難/难	矣
gu4	zhong1	wu2	nan2	yi3

Termos específicos:

細 – xi4 – diminuto, minúsculo, minúcia, detalhe.

Comentários:

Praticar a não-ação, ocupar-se sem se ocupar, saborear o insípido (v.1 a v.3). Assim fazendo, o sábio pode ver o grande como pequeno, o muito como pouco (v.4). Por isso, consegue pagar o mal com a virtude (v.5). Diante de algo difícil, ele planeja a partir do que é fácil (v.6). Diante de algo grandioso, ele cuida dos detalhes (v.7). As questões difíceis que existem devem ser abordadas a partir do que é pequeno (v.8 a v.11). O sábio não encara o grandioso de uma vez só, por isso ele chega a realizá-lo (v.12 e v.13). Considerar algo fácil, de pronto, pode ser enganoso; o que parece fácil pode esconder grandes dificuldades (v.14 e v.15). Por isso, o sábio considera tudo como difícil, assim, no final, tudo é concluído sem dificuldade (v.16 e v.17)

POEMA 64

	Caracteres tradicionais	**Caracteres simplificados**
1	其安易持	其安易持
2	其未兆易謀	其未兆易谋
3	其脆易泮	其脆易泮
4	其微易散	其微易散
5	為之於未有	为之于未有
6	治之於未亂	治之于未乱
7	合抱之木	合抱之木
8	生於毫末	生于毫末
9	九層之臺	九层之台
10	起於累土	起于累土
11	千里之行	千里之行
12	始於足下	始于足下
13	為者敗之	为者败之
14	執者失之	执者失之
15	是以聖人	是以圣人
16	無為故無敗	无为故无败
17	無執故無失	无执故无失
18	民之從事	民之从事
19	常於幾成而敗之	常于几成而败之
20	慎終如始	慎终如始
21	則無敗事	则无败事
22	是以聖人欲不欲	是以圣人欲不欲
23	不貴難得之貨	不贵难得之货
24	學不學	学不学
25	復衆人之所過	复众人之所过
26	以輔萬物之自然	以辅万物之自然
27	而不敢為	而不敢为

1	É fácil segurar o que está em repouso.
2	É fácil planejar enquanto não há complexidade.
3	É fácil desmanchar o que é quebradiço.
4	É fácil espalhar o que é pequeno.
5	Aja antes que as coisas aconteçam;
6	Organize antes que haja confusão.
7	A árvore que abro os braços para abraçar
8	Cresceu de um broto minúsculo.
9	A torre de nove andares
10	Começou de um montinho de terra.
11	A viagem de mil milhas
12	Começa com o primeiro passo.
13	Quem faz, fracassa.
14	Quem segura, perde.
15	Por isso, o sábio
16	Não-age, assim não fracassa;
17	Não segura, assim não perde.
18	Quando as pessoas executam uma tarefa,
19	Com frequência fracassam perto de concluí-la.
20	Seja zeloso no final como foi no princípio,
21	Assim nunca fracassará.
22	Por isso, o sábio anseia não ansiar;
23	Não dá valor às coisas difíceis de obter;
24	Aprende a não aprender;
25	Repassa o que multidões já passaram;
26	Promove o movimento natural de todas as coisas;
27	Mas não ousa agir.

Grandes Temas: Verdade, Pessoa

Conceitos Centrais: não-Ação 無為, Sábio 聖人, Todas as coisas 萬物

Verso a verso, caractere por caractere:

v.1

ele	tranquilo	fácil	segurar
其	安	易	持
qi2	an1	yi4	chi2

v.2

ele	ainda não	complexidade	fácil	planejar
其	未	兆	易	謀/谋
qi2	wei4	zhao4	yi4	mou2

v.3

ele	frágil	fácil	desmanchar
其	脆	易	泮
qi2	cui4	yi4	pan4

v.4

ele	minúsculo	fácil	espalhar
其	微	易	散
qi2	wei1	yi4	san4

v.5

tornar	PG pronome objeto	em	ainda não	haver
為/为	之	於/于	未	有
wei2	zhi1	yu2	wei4	you3

v.6

dirigir	PG pronome objeto	em	ainda não	confusão
治	之	於/于	未	亂/乱
zhi4	zhi1	yu2	wei4	luan4

v.7

unir	abraçar	PG atributivo	árvore
合	抱	之	木
he2	bao4	zhi1	mu4

v.8

nascer	de	fino	ramo
生	於/于	毫	末
sheng1	yu2	hao2	mo4

v.9

nove	andar (de edificação)	PG atributivo	torre
九	層/层	之	臺/台
jiu3	ceng2	zhi1	tai2

v.10

erguer	em	amontoar	terra
起	於/于	累	土
qi3	yu2	lei3	tu3

v.11

1.000	medida de distância	PG atributivo	caminhar
千	里	之	行
qian1	li3	zhi1	xing2

v.12

começar	em	pé	baixar
始	於/于	足	下
shi3	yu2	zu2	xia4

v.13

fazer	PG nominalização sujeito	ser derrotado	PG pronome objeto
為/为	者	敗/败	之
wei2	zhe3	bai4	zhi1

v.14

segurar	PG nominalização sujeito	perder	PG pronome objeto
執/执	者	失	之
zhi2	zhe3	shi1	zhi1

v.15

isto	por	sábio	
是	以	聖/圣	人
shi4	yi3	sheng4	ren2

v.16

não	fazer	assim	não	ser derrotado
無/无	為/为	故	無/无	敗/败
wu2	wei2	gu4	wu2	bai4

v.17

não	agarrar	assim	não	perder
無/无	執/执	故	無/无	失
wu2	zhi2	gu4	wu2	shi1

v.18

povo	PG atributivo	seguir	ocupação
民	之	從/从	事
min2	zhi1	cong2	shi4

v.19

frequente	em	latente	conclusão	mas	ser derrotado	PG pronome objeto
常	於/于	幾/几	成	而	敗/败	之
chang2	yu2	ji1	cheng2	er2	bai4	zhi1

v.20

meticuloso	final	como	início
慎	終/终	如	始
shen4	zhong1	ru2	shi3

v.21

por sua vez	não	ser derrotado	ocupar
則/则	無/无	敗/败	事
ze2	wu2	bai4	shi4

v.22

isto	por	sábio		desejar	não	desejar
是	以	聖/圣	人	欲	不	欲
shi4	yi3	sheng4	ren2	yu4	bu4	yu4

v.23

não	dar valor	difícil	obter	PG atributivo	bem material
不	貴/贵	難/难	得	之	貨/货
bu4	gui4	nan2	de2	zhi1	huo4

v.24

aprender	não	aprender
學/学	不	學/学
xue2	bu4	xue2

v.25

retornar	multidão	pessoa	PG atributivo	PG nominalização objeto	passar
復/复	衆/众	人	之	所	過/过
fu4	zhong4	ren2	zhi1	suo3	guo4

v.26

por	apoiar	10.000	coisas	PG atributivo	si mesmo	maneira
以	輔/辅	萬/万	物	之	自	然
yi3	fu3	wan4	wu4	zhi1	zi4	ran2

v.27

mas	não	ousar	fazer
而	不	敢	為/为
er2	bu4	gan3	wei2

Termos específicos:

兆 – zhao4 – originalmente, as rachaduras produzidas no casco de tartaruga, que serviam à adivinhação. Por extensão, complexidade, milhões.

Comentários:

É fácil pegar o que está quieto, é fácil planejar sobre o que não se complicou, é fácil desmanchar o que é frágil, e é fácil espalhar o que é miúdo (v.1 a v.4). É preciso agir antes que as coisas tomem forma e dirigí-las antes que se desorganizem (v.5 e v.6). Todas as coisas complexas surgiram de outras mais simples (v.7 a v.12). As ações mais simples dão mais frutos, à medida em que as coisas se tornam mais complexas, mantenha o cuidado e o zêlo, assim nunca fracassará (v.13 a v.21).

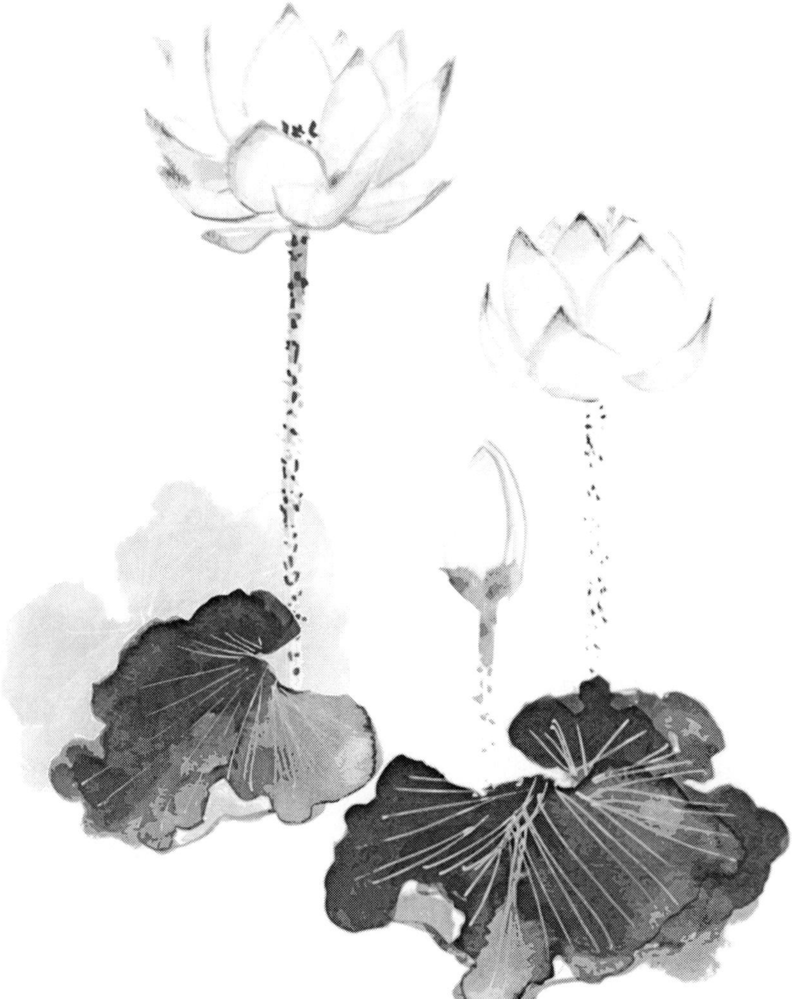

POEMA 65

	Caracteres tradicionais	Caracteres simplificados
1	古之善為道者	古之善为道者
2	非以明民	非以明民
3	將以愚之	将以愚之
4	民之難治	民之难治
5	以其智多	以其智多
6	故以智治國	故以智治国
7	國之賊	国之贼
8	不以智治國	不以智治国
9	國之福	国之福
10	知此兩者亦稽式	知此两者亦稽式
11	常知稽式	常知稽式
12	是謂玄德	是谓玄德
13	玄德深矣	玄德深矣
14	遠矣	远矣
15	與物反矣	与物反矣
16	然後乃至大順	然后乃至大顺

1	Na antiguidade, aqueles que tinham excelência na prática do Tao
2	Não o usavam para iluminar o povo,
3	Mas para mantê-lo na ignorância.
4	A dificuldade em governar o povo
5	Aparece quando o povo é esclarecido.
6	Assim, aquele que governa com inteligência
7	Está roubando o país;
8	E quem governa sem usar a inteligência
9	Está promovendo a felicidade no país.
10	Conhecer essas duas possibilidades é conhecer os padrões.
11	Ter o conhecimento inabalável desses padrões
12	Chama-se "Poder Secreto".
13	O Poder Secreto é profundo!
14	É amplo!
15	Diverso da matéria,
16	E, então, atinge a grande conformidade.

Grandes Temas: Verdade, Pessoa, Governo

Conceitos Centrais: Excelência 善, Tao 道, Povo 民, País 國, Virtude (Poder) 德

Verso a verso, caractere por caractere:

v.1

antigo	PG atributivo	excelência	fazer	Tao	PG nominalização sujeito
古	之	善	為/为	道	者
gu3	zhi1	shan4	wei2	dao4	zhe3

v.2

não é que	para	brilho	povo
非	以	明	民
fei1	yi3	ming2	min2

v.3

PG intenção	para	ignorante	PG pronome objeto
將/将	以	愚	之
jiang1	yi3	yu2	zhi1

v.4

povo	PG atributivo	difícil	governar
民	之	難/难	治
min2	zhi1	nan2	zhi4

v.5

por	seu	conhecimento	muito
以	其	智	多
yi3	qi2	zhi4	duo1

v.6

assim	por	conhecimento	governar	país
故	以	智	治	國/国
gu4	yi3	zhi4	zhi4	guo2

v.7

país	PG atributivo	bandido
國/国	之	賊/贼
guo2	zhi1	zei2

v.8

não	por	conhecimento	governar	país
不	以	智	治	國/国
bu4	yi3	zhi4	zhi4	guo2

v.9

país	PG atributivo	felicidade
國/国	之	福
guo2	zhi1	fu2

v.10

conhecer	esse	dois	PG nominaliza-ção sujeito	no que diz respeito a	de acordo	modelo
知	此	兩/两	者	亦	稽	式
zhi1	ci3	liang3	zhe3	yi4	ji1	shi4

v.11

sempre	conhecer	de acordo	modelo
常	知	稽	式
chang2	zhi1	ji1	shi4

v.12

isso	chamar-se	oculto	Virtude (Poder)
是	謂/谓	玄	德
shi4	wei4	xuan2	de2

v.13

oculto	Virtude (Poder)	profundo	PG exclamativa
玄	德	深	矣
xuan2	de2	shen1	yi3

v.14

distante	PG exclamativa
遠/远	矣
yuan3	yi3

v.15

com	coisa	virar ao contrário	PG exclamativo
與/与	物	反	矣
yu3	wu4	fan3	yi3

v.16

mas	depois	então	chegar a	grande	consenso
然	後/后	乃	至	大	順/顺
ran2	hou4	nai3	zhi4	da4	shun4

Termos específicos:

稽 – ji1 – similar, concordar com, conformar a.

Comentários:

Na antiguidade descrita por Lao Tzu, quando a simplicidade era a norma, e não havia malícia nem artificialidade, se podia praticar o Tao de maneira excelente (v.1). Os governantes não se preocupavam em encher o povo de conhecimentos (v.2), mas em mantê-lo em seu estado puro e ingênuo (v.3). As dificuldades em governar o povo, que Lao Tzu observa no seu tempo (v.4), são devidas ao excesso de conhecimento (v.5). Assim, o governante tem que usar artimanhas intelectuais para governar (v.6) e se torna um ladrão do país (v.7). Ter a oportunidade de governar de maneira simples e sem artificialismo (v.8) traz a felicidade ao país (v.9). Conhecer e ter a consciência de que existem esses dois padrões de governar (v.10 e v.11), é chamado "Virtude Secreta" (v.12), algo profundo (v.13), amplo (v.14), e oposto ao mundano (v.15). Tendo esse discernimento, o governante encontra tudo a seu favor (v.16).

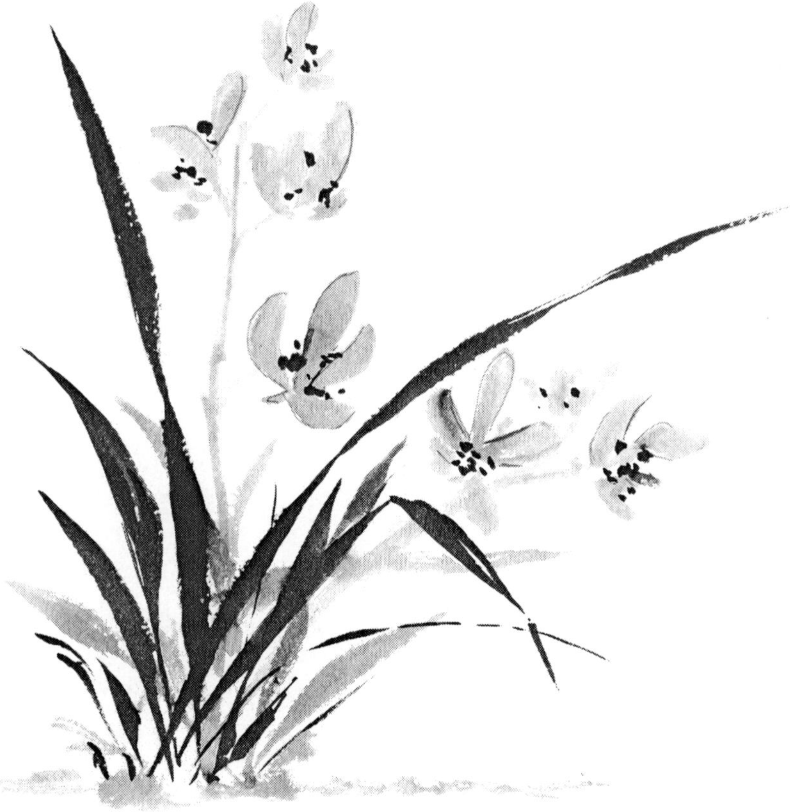

POEMA 66

	Caracteres tradicionais	Caracteres simplificados
1	江海所以能為百谷王者	江海所以能为百谷王者
2	以其善下之	以其善下之
3	故能為百谷王	故能为百谷王
4	是以聖人欲上民	是以圣人欲上民
5	必以言下之	必以言下之
6	欲先民	欲先民
7	必以身後之	必以身后之
8	是以聖人處上而民不重	是以圣人处上而民不重
9	處前而民不害	处前而民不害
10	是以天下樂推而不厭	是以天下乐推而不厌
11	以其不爭	以其不争
12	故天下莫能與之爭	故天下莫能与之争

1. Como os rios e mares podem ser os reis dos cem vales?
2. Eles primam por estar abaixo dos demais,
3. Assim se tornam reis dos cem vales.
4. Por isso, se o sábio deseja ascensão sobre o povo,
5. Precisa, com suas palavras, colocar-se abaixo dele.
6. Se deseja liderar o povo,
7. Precisa colocar-se atrás dele.
8. Assim, o sábio tem seu lugar no alto, mas não pesa sobre o povo;
9. Tem seu lugar à frente, mas não ofende o povo.
10. Por isso, todo mundo o apoia com alegria, sem cansar-se dele.
11. Ele não luta contra quem quer que seja;
12. Por isso, ninguém pode brigar com ele.

Grandes Temas: Verdade, Pessoa, Governo

Conceitos Centrais: Excelência 善, Sábio 聖人, Rei 王, Povo 民, Mundo 天下

Verso a verso, caractere por caractere:

v.1

rio	mar	PG nominalização objeto	por	ser capaz de
江	海	所	以	能
jiang1	hai3	suo3	yi3	neng2

tornar-se	100	vale	rei	PG nominalização sujeito
為/为	百	谷	王	者
wei2	bai3	gu3	wang2	zhe3

v.2

por	sua	excelência	abaixo	PG pronome objeto
以	其	善	下	之
yi3	qi2	shan4	xia4	zhi1

v.3

assim	ser capaz de	tornar-se	100	vale	rei
故	能	為/为	百	谷	王
gu4	neng2	wei2	bai3	gu3	wang2

v.4

isso	por	sábio		desejar	acima	povo
是	以	聖/圣	人	欲	上	民
shi4	yi3	sheng4	ren2	yu4	shang4	min2

v.5

com certeza	por	palavra	abaixo	PG pronome objeto
必	以	言	下	之
bi4	yi3	yan2	xia4	zhi1

v.6

desejar	primeiro	povo
欲	先	民
yu4	xian1	min2

v.7

com certeza	por	si mesmo	atrás	PG pronome objeto
必	以	身	後/后	之
bi4	yi3	shen1	hou4	zhi1

v.8

isso	por	sábio		colocar-se
是	以	聖/圣	人	處/处
shi4	yi3	sheng4	ren2	chu3

acima	mas	povo	não	peso
上	而	民	不	重
shang4	er2	min2	bu4	zhong4

v.9

localizar-se	frente	mas	povo	não	sofrer dano
處/处	前	而	民	不	害
chu3	qian2	er2	min2	bu4	hai4

v.10

esse	por	mundo		alegre
是	以	天	下	樂/乐
shi4	yi3	tian1	xia4	le4

empurrar avante	mas	não	cansar-se
推	而	不	厭/厌
tui1	er2	bu4	yan4

v.11

por	ele	não	brigar
以	其	不	爭/争
yi3	qi2	bu4	zheng1

v.12

assim	mundo		de jeito nenhum	ser capaz de	com	PG pronome objeto	brigar
故	天	下	莫	能	與/与	之	爭/争
gu4	tian1	xia4	mo4	neng2	yu3	zhi1	zheng1

Termos específicos:

上 – shang4 – acima, superior (inclusive, em sentido figurado).

下 – xia4 – abaixo, inferior (inclusive, em sentido figurado).

Comentários:

O motivo pelo qual as águas se tornam reis dos vales (os rios e riachos são seus tributários) é que a grande virtude delas é se colocarem abaixo deles (v.1 a v.3). Assim, o sábio, para alcançar a liderança, expressa-se como inferior aos liderados (v.4 e v.5); para estar à frente deles, coloca a si mesmo por último (v.6 e v.7). Dessa forma, ele não pesa sobre o povo, nem este se cansa dele (v.8 a v.10). Por ele não se colocar em posição de enfrentamento, ninguém o enfrenta (v.11 e v.12).

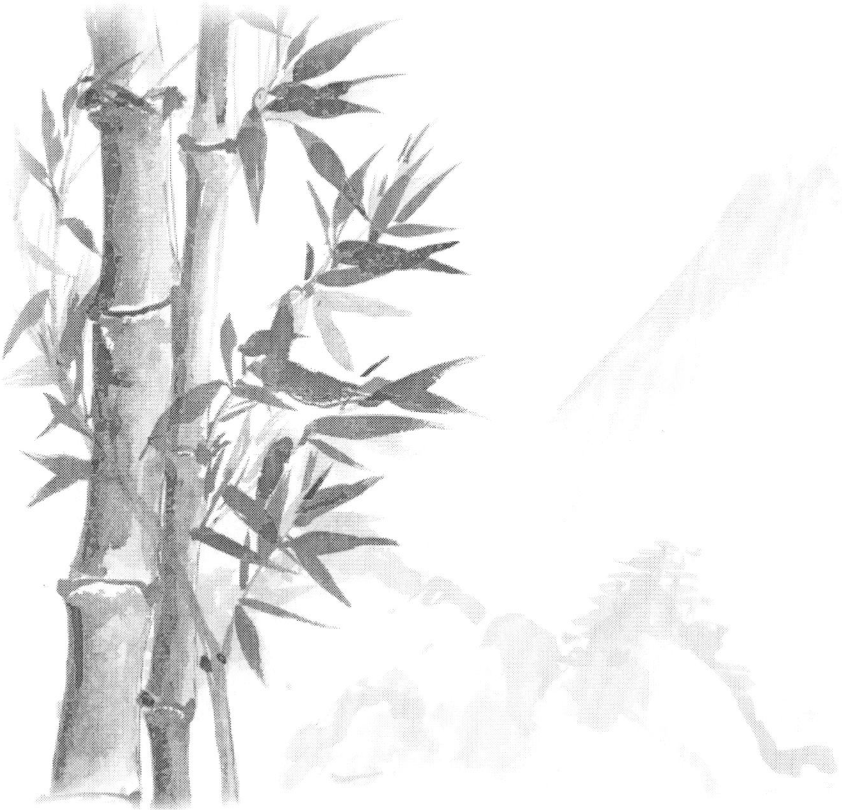

POEMA 67

	Caracteres tradicionais	**Caracteres simplificados**
1	天下皆謂我道大	天下皆谓我道大
2	似不肖	似不肖
3	夫唯大	夫唯大
4	故似不肖	故似不肖
5	若肖久矣	若肖久矣
6	其細也夫	其细也夫
7	我有三寶	我有三宝
8	持而保之	持而保之
9	一曰慈	一曰慈
10	二曰儉	二曰俭
11	三曰不敢為天下先	三曰不敢为天下先
12	慈故能勇	慈故能勇
13	儉故能廣	俭故能广
14	不敢為天下先	不敢为天下先
15	故能成事長	故能成事长
16	今捨慈且勇	今舍慈且勇
17	捨儉且廣	舍俭且广
18	捨後且先	舍后且先
19	死矣	死矣
20	夫慈以戰則勝	夫慈以战则胜
21	以守則固	以守则固
22	天將救之	天将救之
23	以慈衛之	以慈卫之

1	Todos dizem que o Tao que anuncio é grande,
2	Mas não se parece com nada.
3	É grande,
4	Por isso não se parece com nada.
5	Caso se parecesse com algo,
6	Já não teria importância.
7	Eu tenho três tesouros,
8	Que seguro e protejo:
9	Um, o amor;
10	Dois, a frugalidade;
11	Três, não ousar ser o primeiro no mundo.
12	Tendo amor, posso ser corajoso;
13	Sendo frugal, posso ser generoso;
14	Não ousando ser o primeiro no mundo,
15	Posso dirigir todas as coisas.
16	Atualmente, deixam de lado o amor, mas querem ser corajosos;
17	Deixam de lado a frugalidade, mas querem ser generosos;
18	Deixam de se posicionar atrás, para assumir a dianteira.
19	É a morte!
20	Pois, com amor se vencem batalhas
21	E se firmam as defesas.
22	O Céu o salvará,
23	Pois o amor o protege.

Grandes Temas: Verdade, Pessoa

Conceitos Centrais: Mundo 天下, Tao 道.

Verso a verso, caractere por caractere:

v.1

mundo		todos	dizer	eu	Tao	grande
天	下	皆	謂/谓	我	道	大
tian1	xia4	jie1	wei4	wo3	dao4	da4

v.2

parecer-se	não	assemelhar-se
似	不	肖
si4	bu4	xiao4

v.3

seja como for	apenas	grande
夫	唯	大
fu1	wei2	da4

v.4

então	parecer-se	não	assemelhar-se
故	似	不	肖
gu4	si4	bu4	xiao4

v.5

como se	assemelhar-se	muito tempo	PG exclamativo
若	肖	久	矣
ruo4	xiao4	jiu3	yi3

v.6

ele	desprezível	PG identidade entre dois termos	PG interrogativa retórica
其	細/细	也	夫
qi2	xi4	ye3	fu1

v.7

eu	ter	três	tesouro
我	有	三	寶/宝
wo3	you3	san1	bao3

v.8

segurar	e	proteger	PG pronome objeto
持	而	保	之
chi2	er2	bao3	zhi1

v.9

um	dizer	compaixão
一	曰	慈
yi1	yue1	ci2

v.10

dois	dizer	moderação
二	曰	儉/俭
er4	yue1	jian3

v.11

três	dizer	não	ousar	tornar-se	mundo		primeiro
三	曰	不	敢	為/为	天	下	先
san1	yue1	bu4	gan3	wei2	tian1	xia4	xian1

v.12

compaixão	então	ser capaz de	coragem
慈	故	能	勇
ci2	gu4	neng2	yong3

v.13

moderação	então	ser capaz de	generoso
儉/俭	故	能	廣/广
jian3	gu4	neng2	guang3

v.14

não	ousar	tornar-se	mundo		primeiro
不	敢	為/为	天	下	先
bu4	gan3	wei2	tian1	xia4	xian1

v.15

então	ser capaz de	tornar-se	assunto	líder
故	能	成	事	長/长
gu4	neng2	cheng2	shi4	zhang3

v.16

agora	deixar de lado	compaixão	porém	coragem
今	捨/舍	慈	且	勇
jin1	she3	ci2	qie3	yong3

v.17

deixar de lado	moderação	porém	generoso
捨/舍	儉/俭	且	廣/广
she3	jian3	qie3	guang3

v.18

deixar de lado	ficar atrás	porém	primeiro
捨/舍	後/后	且	先
she3	hou4	qie3	xian1

v.19

morte	PG exclamativo
死	矣
si3	yi3

v.20

seja como for	compaixão	por	guerra	por sua vez	vitória
夫	慈	以	戰/战	則/则	勝/胜
fu1	ci2	yi3	zhan4	ze2	sheng4

v.21

por	proteger	por sua vez	firme
以	守	則/则	固
yi3	shou3	ze2	gu

v.22

Céu	tomar pela mão	socorrer	PG pronome objeto
天	將/将	救	之
tian1	jiang1	jiu4	zhi1

v.23

por	compaixão	manter guarda	PG pronome objeto
以	慈	衛/卫	之
yi3	ci2	wei4	zhi1

Termos específicos:

廣 – guang1 – amplo, generoso, mente aberta.

Comentários:

O Tao de Lao Tzu é tão grande que está além de qualquer definição limitante (v.1 a v.6). O sábio tem três tesouros que mantém sempre consigo: o amor compassivo, a moderação e a humildade (v.7 a v.11). O amor compassivo permite a coragem, a moderação permite generosidade, a humildade permite a liderança (v.12 a v.15). As pessoas comuns não querem cultivar esses tesouros, mas querem o seu resultado (v.16 a v.18). Estão fadadas ao fracasso total (v.19). Os três tesouros são o testemunho de quem tem o Tao, e, assim, o sábio está de acordo com o universo, e nada irá contra ele (v.20 a v.23).

POEMA 68

	Caracteres tradicionais	Caracteres simplificados
1	善為士者不武	善为士者不武
2	善戰者不怒	善战者不怒
3	善勝敵者不與	善胜敌者不与
4	善用人者為之下	善用人者为之下
5	是謂不爭之德	是谓不争之德
6	是謂用人之力	是谓用人之力
7	是謂配天	是谓配天
8	古之極	古之极

1   O soldado por excelência não é belicoso;
2   O guerreiro por excelência não se enfurece;
3   O vencedor por excelência não se atraca com o inimigo;
4   Quem tem excelência em mobilizar as pessoas se coloca abaixo delas.
5   Isso se chama o Poder de não-lutar;
6   Isso se chama a força de mobilizar as pessoas;
7   Isso se chama conformar-se ao Céu.
8   É o princípio maior estabelecido na antiguidade.

Grandes Temas: Verdade, Guerra

Conceitos Centrais: Virtude (Poder) 德.

Verso a verso, caractere por caractere:

v.1

excelência	fazer-se	militar	PG nominalização sujeito	não	belicoso
善	為/为	士	者	不	武
shan4	wei2	shi4	zhe3	bu4	wu3

v.2

excelência	guerra	PG nominalização sujeito	não	raiva
善	戰/战	者	不	怒
shan4	zhan4	zhe3	bu4	nu4

v.3

excelência	vitória	inimigo	PG nominalização sujeito	não	junto
善	勝/胜	敵/敌	者	不	與/与
shan4	sheng4	di2	zhe3	bu4	yu3

v.4

excelência	empregar	pessoa	PG nominalização sujeito	fazer-se	PG pronome objeto	abaixo
善	用	人	者	為/为	之	下
shan4	yong4	ren2	zhe3	wei2	zhi1	xia4

v.5

isso	chamar-se	não	guerra	PG atributivo	Virtude (Poder)
是	謂/谓	不	爭/争	之	德
shi4	wei4	bu4	zheng1	zhi1	de2

v.6

isso	chamar-se	empregar	pessoa	PG atributivo	força
是	調/谓	用	人	之	力
shi4	wei4	yong4	ren2	zhi1	li4

v.7

isso	chamar-se	combinar com	Céu
是	調/谓	配	天
shi4	wei4	pei4	tian1

v.8

antigo	PG atributivo	máximo
古	之	極/极
gu3	zhi1	ji2

Termos específicos:

用 – yong4 – usar, utilizar, colocar a seu serviço, empregar, agir por meio de.

Comentários:

O melhor soldado é o que tem menos selvageria (v.1); o melhor guerreiro é o que não age por raiva (v.2); aquele que tem a melhor vitória o faz à distância (v.3); o melhor líder coloca-se abaixo dos liderados (v.4). Agir assim é agir conforme o Tao, antigo e central princípio existente desde a antiguidade (v.5 a v.8).

POEMA 69

	Caracteres tradicionais	Caracteres simplificados
1	用兵有言	用兵有言
2	吾不敢為主	吾不敢为主
3	而為客	而为客
4	不敢進寸	不敢进寸
5	而退尺	而退尺
6	是謂行無行	是谓行无行
7	攘無臂	攘无臂
8	扔無敵	扔无敌
9	執無兵	执无兵
10	禍莫大於輕敵	祸莫大于轻敌
11	輕敵幾喪吾寶	轻敌几丧吾宝
12	故抗兵相加	故抗兵相加
13	哀者勝矣	哀者胜矣

1	Os militares experientes tem um ditado:
2	"Não ouso ser o anfitrião,
3	Prefiro ser o convidado;
4	Não ouso avançar uma polegada, prefiro recuar um cúbito".
5	Isso chama-se marchar sem marchar;
6	Arregaçar as mangas em braços que não existem;
7	Dominar o inimigo que não existe;
8	Empunhar armas que não existem.
9	Não há desgraça maior que subestimar o inimigo.
10	Subestimar o inimigo é perder o meu tesouro.
11	Quando exércitos equivalentes se enfrentam,
12	Aquele que lamenta de tristeza é o vencedor.
13	É o princípio maior estabelecido na antiguidade.

Grandes Temas: Verdade, Guerra

Conceitos Centrais: Não-ação 無為

Verso a verso, caractere por caractere:

v.1

utilizado	soldado	ter	dizer
用	兵	有	言
yong4	bing1	you3	yan2

v.2

eu	não	ousar	tornar-se	anfitrião
吾	不	敢	為/为	主
wu2	bu4	gan3	wei2	zhu3

v.3

mas	tornar-se	convidado
而	為/为	客
er2	wei2	ke4

v.4

não	ousar	avançar	polegada
不	敢	進/进	寸
bu4	gan3	jin4	cun4

v.5

mas	recuar	cúbito
而	退	尺
er2	tui2	chi2

v.6

isso	chamar-se	marchar	sem	marchar
是	謂/谓	行	無/无	行
shi4	wei4	xing2	wu2	xing2

v.7

dominar	sem	braço
攘	無/无	臂
rang2	wu2	bi4

v.8

destruir	sem	inimigo
扔	無/无	敵/敌
reng4	wu2	di2

v.9

aprisionar	sem	soldado
執/执	無/无	兵
zhi2	wu2	bing1

v.10

infortúnio	nada mais	grande	em	fazer pouco de	inimigo
禍/祸	莫	大	於/于	輕/轻	敵/敌
huo4	mo4	da4	yu2	qing1	di2

v.11

fazer pouco de	inimigo	latente	perder	eu	tesouro
輕/轻	敵/敌	幾/几	喪/丧	吾	寶/宝
qing1	di2	ji1	sang4	wu2	bao3

v.12

assim	confrontar	soldado	mútuo	enfrentar
故	抗	兵	相	加
gu4	kang4	bing1	xiang1	jia1

v.13

lamentar	PG nominalização sujeito	vencer	PG exclamativa
哀	者	勝/胜	矣
ai1	zhe3	sheng4	yi3

Termos específicos:

攘 – rang2 – arregaçar as mangas, eliminar, repelir.

Comentários:

Soldados veteranos têm um dito (v.1): "Não quero chamar para a guerra (v.2), só vou se for forçado a isso (v.3); prefiro ceder a tomar (v.4)". Essa é a aplicação do wu-wei num confronto bélico: marchar sem marchar, segurar sem mãos, dominar onde não há inimigo (v.5 a v.8). Conhecer verdadeiramente o inimigo é essencial (v.9 e v.10). Quando dois exércitos se enfrentam, aquele que preza a paz é o vencedor, como se observa desde a antiguidade (v.11 a v.13).

POEMA 70

	Caracteres tradicionais	Caracteres simplificados
1	吾言甚易知	吾言甚易知
2	甚易行	甚易行
3	天下莫能知	天下莫能知
4	莫能行	莫能行
5	言有宗	言有宗
6	事有君	事有君
7	夫唯無知	夫唯无知
8	是以不我知	是以不我知
9	知我者希	知我者希
10	則我者貴	则我者贵
11	是以聖人被褐懷玉	是以圣人被褐怀玉

1   Minhas palavras são de muito fácil entendimento;
2   E é muito fácil colocá-las em prática.
3   Mas não há no mundo quem as compreenda;
4   E nem quem as possa aplicar.
5   Minhas palavras tem uma origem;
6   Meus atos tem um senhor.
7   Aqueles que não os reconhecem,
8   Também não conhecem a mim.
9   Os que me conhecem são poucos,
10   Os que estão comigo são preciosos.
11 Assim, o sábio veste roupas grosseiras de algodão, mas leva uma peça de jade no peito.

Grandes Temas: Verdade, Pessoa

Conceitos Centrais: Mundo 天下, Sábio 聖人

Verso a verso, caractere por caractere:

v.1

eu	palavra	tão	fácil	saber
吾	言	甚	易	知
wu2	yan2	shen4	yi4	zhi1

v.2

tão	fácil	praticar
甚	易	行
shen4	yi4	xing2

v.3

mundo		de jeito nenhum	ser capaz	saber
天	下	莫	能	知
tian1	xia4	mo4	neng2	zhi1

v.4

de jeito nenhum	ser capaz	praticar
莫	能	行
mo4	neng2	xing2

v.5

palavra	ter	fundamento
言	有	宗
yan2	you3	zong1

v.6

atividade	ter	governante
事	有	君
shi4	you3	jun1

v.7

seja como for	uma vez que	não	saber
夫	唯	無/无	知
fu1	wei2	wu2	zhi1

v.8

isso	por	não	eu	conhecer
是	以	不	我	知
shi4	yi3	bu4	wo3	zhi1

v.9

conhecer	eu	PG nominalização sujeito	poucos
知	我	者	希
zhi1	wo3	zhe3	xi1

v.10

por sua vez	eu	PG nominalização sujeito	valioso
則/则	我	者	貴/贵
ze2	wo3	zhe3	gui4

v.11

isso	por	sábio		cobrir	coberta de lã grosseira	junto do coração	jade
是	以	聖/圣	人	被	褐	懷/怀	玉
shi4	yi3	sheng4	ren2	bei4	he2	huai2	yu4

Termos específicos:

宗 – zong1 – ancestral, originador, fundamento.

懷 – huai2 – peito, junto do coração.

Comentários:

É tão fácil entender o ensinamento de Lao Tzu (v.1), é tão fácil praticá-lo (v.2) – pois se baseia na simplicidade. Mas não há no mundo quem o entenda (v.3), nem quem o pratique (v.4) – as pessoas buscam o complicado. O ensinamento de Lao Tzu tem fundamento (v.5) e tem direção (v.6). Quem não conhece o ensinamento, não conhece Lao Tzu (v.7 e v.8). Os poucos que o conhecem, estes reconhecem seu valor (v.9 e v.10). O sábio não tem reconhecimento exterior, mas guarda sua recompensa no coração (v.11).

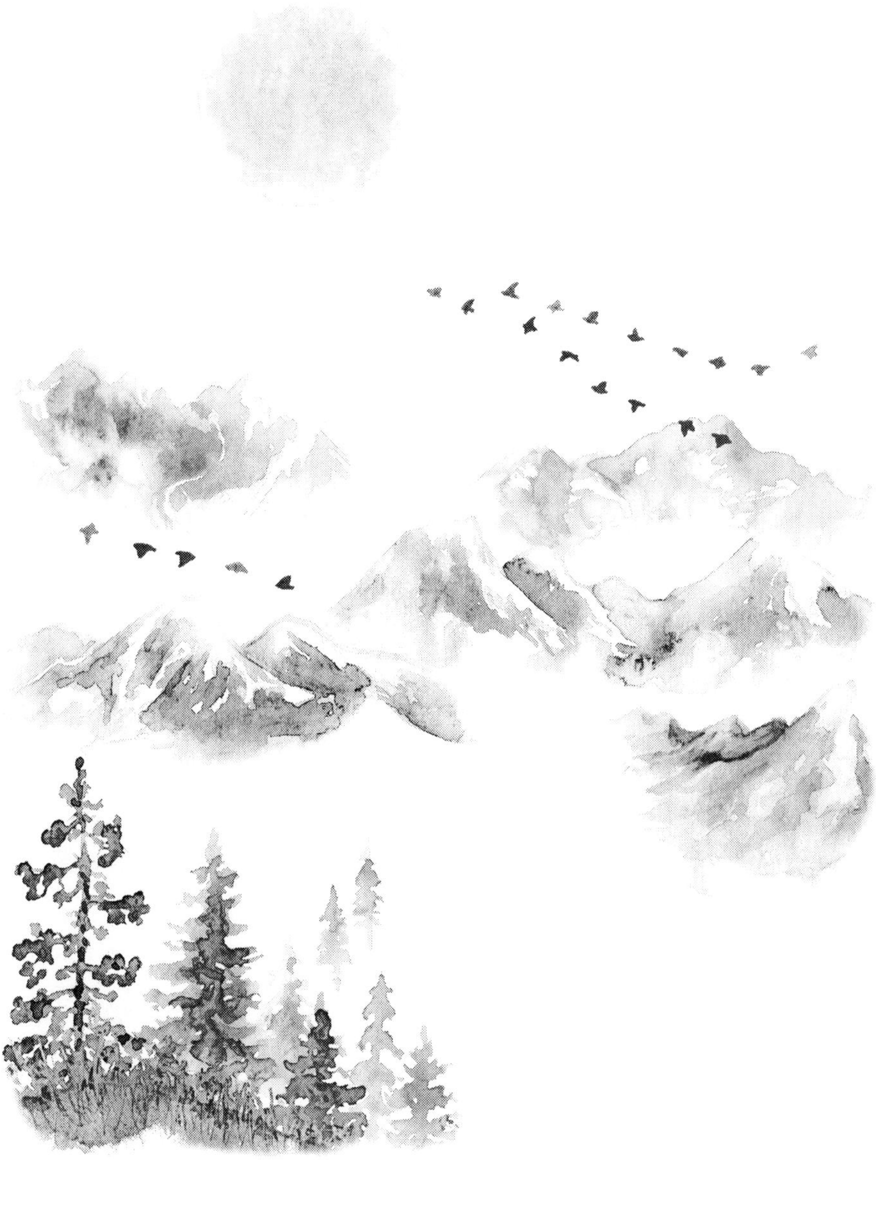

POEMA 71

	Caracteres tradicionais	**Caracteres simplificados**
1	知不知上	知不知上
2	不知知病	不知知病
3	夫唯病病	夫唯病病
4	是以不病	是以不病
5	聖人不病	圣人不病
6	以其病病	以其病病
7	是以不病	是以不病

1	Saber que não sabe é sublime;
2	Não saber que sabe é uma doença.
3	Quem padece dessa doença
4	Já não está doente.
5	O sábio não tem essa doença
6	Porque padece dela.
7	Por isso não tem essa doença.

Grandes Temas: Verdade, Pessoa

Conceitos Centrais: Sábio 聖人

Verso a verso, caractere por caractere:

v.1

saber	não	saber	superior
知	不	知	上
zhi1	bu4	zhi1	shang4

v.2

não	saber	saber	doença
不	知	知	病
bu4	zhi1	zhi1	bing4

v.3

seja como for	uma vez que	doença	doença
夫	唯	病	病
fu1	wei2	bing4	bing4

v.4

isso	por	não	doença
是	以	不	病
shi4	yi3	bu4	bing4

v.5

sábio		não	doença
聖/圣	人	不	病
sheng4	ren2	bu4	bing4

v.6

por	sua	doença	doença
以	其	病	病
yi3	qi2	bing4	bing

v.7

isso	por	não	doença
是	以	不	病
shi4	yi3	bu4	bing4

Termos específicos:

病 – bing4 – doença, mal estar, defeito, incômodo.

Comentários:

Admitir a própria ignorância é sublime (v.1). Não reconhecer a própria sabedoria é uma doença (v.2). Quem já teve essa doença e a reconheceu como tal, não adoece dela mais (v.3 e v.4). O sábio já não tem essa doença, porque ele já a contraiu antes (v.5 e v.6). Assim, ele não está doente (v.7).

POEMA 72

	Caracteres tradicionais	Caracteres simplificados
1	民不畏威	民不畏威
2	則大威至	则大威至
3	無狎其所居	无狎其所居
4	無厭其所生	无厌其所生
5	夫唯不厭	夫唯不厌
6	是以不厭	是以不厌
7	是以聖人	是以圣人
8	自知不自見	自知不自见
9	自愛不自貴	自爱不自贵
10	故去彼取此	故去彼取此

1	Quando o povo não teme mais a opressão,
2	Aparece a grande opressão.
3	Não invada a intimidade da sua moradia;
4	Não o oprima em seu viver.
5	Somente não o aborrecendo,
6	Ele mesmo não será aborrecido.
7	Assim, o sábio
8	Conhece a si mesmo, mas não se exibe;
9	Ama a si mesmo, mas não se tem em alta conta.
10	Ele abandona estas e busca aquelas.

Grandes Temas: Verdade, Pessoa, Governo

Conceitos Centrais: Povo 民, Sábio 聖人

Verso a verso, caractere por caractere:

v.1

povo	não	temer	opressão
民	不	畏	威
min2	bu4	wei4	wei1

v.2

então	grande	opressão	chegar
則/则	大	威	至
ze2	da4	wei1	zhi4

v.3

não	invadir a privacidade	seu	PG nominalização objeto	morar
無/无	狎	其	所	居
wu2	xia2	qi2	suo3	ju1

v.4

não	aborrecer	seu	PG nominalização objeto	viver
無/无	厭/厌	其	所	生
wu2	yan4	qi2	suo3	sheng1

v.5

seja como for	uma vez que	não	aborrecer
夫	唯	不	厭/厌
fu1	wei2	bu4	yan4

v.6

isso	por	não	aborrecer
是	以	不	厭/厌
shi4	yi3	bu4	yan4

v.7

isso	por	sábio	
是	以	聖/圣	人
shi4	yi3	sheng4	ren2

v.8

si mesmo	conhecer	não	si mesmo	ser visto
自	知	不	自	見/见
zi4	zhi1	bu4	zi4	jian4

v.9

si mesmo	amar	não	si mesmo	valorizar
自	愛/爱	不	自	貴/贵
zi4	ai4	bu4	zi4	gui4

v.10

assim	repelir	aquele	buscar	este
故	去	彼	取	此
gu4	qu4	bi3	qu3	ci3

Termos específicos:

威 – wei1 – algo tremendo, impressionante, avassalador. Traduzido aqui como "opressão".

厭 – yan4 – desgostoso, mais do que cheio, cansado de. Também é usado como variante de 壓 – ya1, que significa "pressionar, comprimir, suprimir".

Comentários:

Quando se chega ao ponto em que o povo já não mais teme a opressão (v.1), a "grande opressão" chega ao governante – é ele quem será assolado agora (v.2). Para evitar isso, o governante sábio deve preservar a intimidade do povo (v.3) e seu modo de vida (v.4). Uma vez que o governo não oprima o povo (v.5), também não será por ele oprimido (v.6). Por isso, o sábio (v.7), busca o autoconhecimento e não a autopromoção (v.8), busca o amor-próprio e não a auto-exaltação (v.9). Ele prefere as primeiras (autoconhecimento e amor-próprio) e descarta as outras (autopromoção e auto-exaltação), colocando-se, assim, abaixo do povo, para o servir (v.10).

POEMA 73

	Caracteres tradicionais	**Caracteres simplificados**
1	勇於敢則殺	勇于敢则杀
2	勇於不敢則活	勇于不敢则活
3	此兩者	此两者
4	或利或害	或利或害
5	天之所惡	天之所恶
6	孰知其故	孰知其故
7	是以聖人猶難之	是以圣人犹难之
8	天之道	天之道
9	不爭而善勝	不争而善胜
10	不言而善應	不言而善应
11	不召而自來	不召而自来
12	繟然而善謀	啴然而善谋
13	天網恢恢	天网恢恢
14	踈而不失	疏而不失

1	Se a coragem está na temeridade, haverá morte.
2	Se a coragem está no que não é temeridade, haverá vida.
3	Desses dois,
4	Um é ganho e o outro é perda.
5	Há aqueles a quem o Céu detesta.
6	Quem conhece suas razões?
7	O sábio considera difícil avaliá-lo.
8	O Tao do Céu:
9	Não luta, mas alcança excelente vitória;
10	Não fala, mas responde com excelência;
11	Sem que precise ser chamado, vem atender;
12	Desenvolve estratégias sem pressa.
13	A rede do Céu é vastíssima;
14	Mesmo com malhas grandes, nada escapa.

Grandes Temas: Verdade, Pessoa

Conceitos Centrais: Sábio 聖人, Céu 天, Tao 道, Excelência 善,

Verso a verso, caractere por caractere:

v.1

coragem	em	ousadia	por sua vez	exterminar
勇	於/于	敢	則/则	殺/杀
yong3	yu2	gan3	ze2	sha1

v.2

coragem	em	não	ousar	por sua vez	viver
勇	於/于	不	敢	則/则	活
yong3	yu2	bu4	gan3	ze2	huo2

v.3

esse	dois	PG nominalização sujeito
此	兩/两	者
ci3	liang3	zhe3

v.4

num caso	ganho	num caso	dano
或	利	或	害
huo4	li4	huo4	hai4

v.5

céu	PG atributivo	PG nominalização	detestar
天	之	所	惡/恶
tian1	zhi1	suo3	wu4

v.6

quem	sabe	sua	razão
孰	知	其	故
shu2	zhi1	qi2	gu4

v.7

isso	por	sábio		esquematizar	difícil	PG pronome objeto
是	以	聖/圣	人	猶/犹	難/难	之
shi4	yi3	sheng4	ren2	you2	nan2	zhi1

v.8

céu	PG atributivo	Tao
天	之	道
tian1	zhi1	dao4

v.9

não	confronto	mas	excelente	vitória
不	爭/争	而	善	勝/胜
bu4	zheng1	er2	shan4	sheng4

v.10

não	falar	mas	excelente	responder
不	言	而	善	應/应
bu4	yan2	er2	shan4	ying4

v.11

não	chamar	mas	si mesmo	vir
不	召	而	自	來/来
bu4	zhao4	er2	zi4	lai2

v.12

relaxado e sem pressa	maneira	mas	excelente	planejar
繟/啴	然	而	善	謀/谋
chan3	ran2	er2	shan4	mou2

v.13

céu	rede	vasto	vasto
天	網/网	恢	恢
tian1	wang3	hui1	hui1

v.14

esparso	mas	não	perder
䟽/疏	而	不	失
shu1	er2	bu4	shi1

Termos específicos:

繟 – chan3 – *caractere obsoleto*. Caracteres modernos: 嘽 (tradicional) /啴 (simplificado). Fazer as coisas de maneira relaxada, sem pressa.

䟽 – shu1 – *caractere obsoleto*. Caracteres modernos: 疏 (tradicional) /疎(variante). Afastado, separado, distante, frouxo, desobstruído.

Comentários:

A coragem inconsequente conduz à ruína, mas a coragem bem pensada conduz à vida (v.1 a v.4). Quem pode compreender as preferências do Céu, se até o sábio tem dificuldade em entendê-las (v.5 a v.7). O Tao do Céu é vencer sem confrontar, responder sem falar, apresentar-se sem ser convocado, resolver sem pressa (v.8 a v.12). Essa ação do Céu é pouco discernível, como uma rede de malhas bem largas, mas alcança a todos os seres (v.13 e v.14).

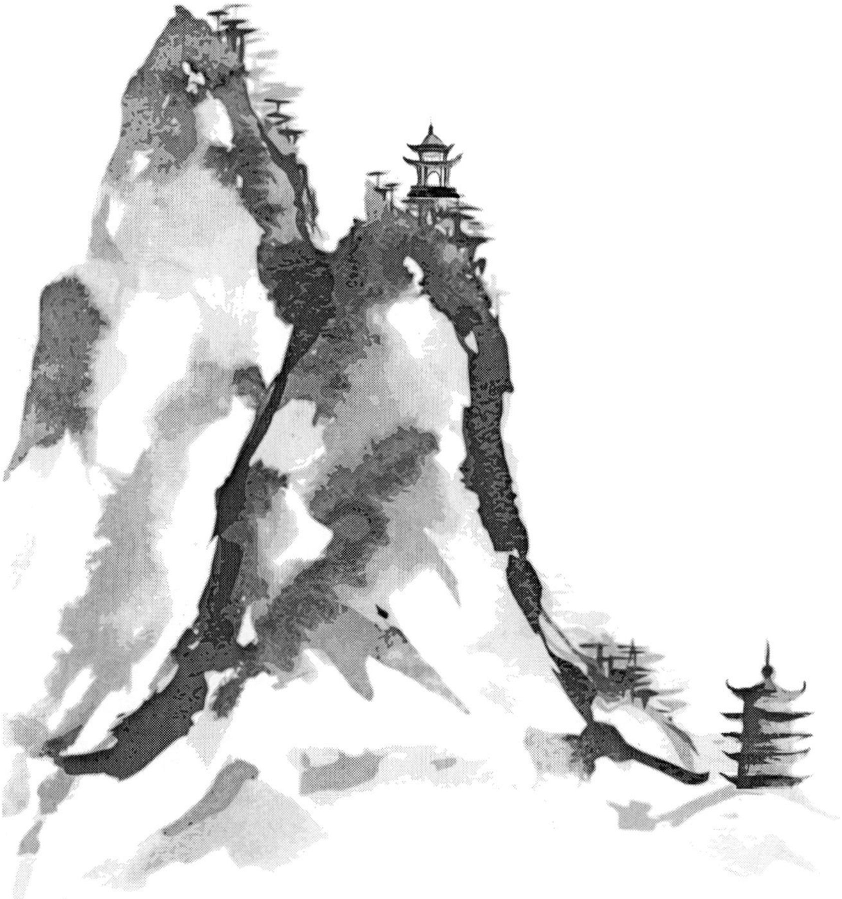

POEMA 74

	Caracteres tradicionais	Caracteres simplificados
1	民不畏死	民不畏死
2	奈何以死懼之	奈何以死惧之
3	若使民常畏死	若使民常畏死
4	而為奇者	而为奇者
5	吾得執而殺之孰敢	吾得执而杀之孰敢
6	常有司殺者殺	常有司杀者杀
7	夫司殺者	夫司杀者
8	是大匠斲	是大匠斲
9	夫代大匠斲者	夫代大匠斲者
10	希有不傷其手矣	希有不伤其手矣

1	Se o povo não teme morrer,
2	Como intimidá-lo com a morte?
3	Se fosse possível mantê-lo sob o medo constante da morte,
4	E, se, de maneira extraordinária,
5	Eu conseguisse prender os acusados e condená-los à morte,
6	Haveria, ainda, o encarregado da execução.
7	Assim como existe o carrasco,
8	Existe também o carpinteiro.
9	Se um amador fizer um trabalho de carpintaria,
10	Dificilmente não ferirá a mão.

Grandes Temas: Verdade, Governo

Conceitos Centrais: Povo 民

Verso a verso, caractere por caractere:

v.1

povo	não	temer	morte
民	不	畏	死
min2	bu4	wei4	si3

v.2

o que fazer a respeito de		por	morte	amedrontado	PG objeto direto
奈	何	以	死	懼/惧	之
nai4	he2	yi3	si3	ju4	zhi1

v.3

se	fazer com que	povo	sempre	temer	morte
若	使	民	常	畏	死
ruo4	shi3	min2	chang2	wei4	si3

v.4

mas	fazer	estranho	PG nominalização sujeito
而	為/为	奇	者
er2	wei2	qi2	zhe3

v.5

eu	conseguir	apreender	e	matar	PG objeto direto	quem	ousar
吾	得	執/执	而	殺/杀	之	孰	敢
wu2	de2	zhi2	er2	sha1	zhi1	shu2	gan3

v.6

sempre	haver	encarregado de	matar	PG nominalização sujeito	matar
常	有	司	殺/杀	者	殺/杀
chang2	you3	si1	sha1	zhe3	sha1

v.7

seja como for	encarregado	matar	PG nominalização
夫	司	殺/杀	者
fu1	si1	sha1	zhe3

v.8

isso	grande	artífice	esculpir
是	大	匠	斲
shi4	da4	jiang4	zhuo2

v.9

seja como for	substituir	grande	artífice	esculpir	PG nominalização
夫	代	大	匠	斲	者
fu1	dai4	da4	jiang4	zhuo2	zhe3

v.10

raro	haver	não	ferir	dele	mão	PG exclamativa
希	有	不	傷/伤	其	手	矣
xi1	you3	bu4	shang1	qi2	shou3	yi3

Termos específicos:

斲 – zhuo2 – esculpir, gravar, talhar.

Comentários:

Quando o povo não teme a morte, é impossível ameaçá-lo com a morte (v.1 e v.2). Numa situação em que o medo da morte é usado para controlar o povo, ainda seria necessário ter a capacidade de cumprir essa ameaça (v.3). Assim, uma vez que um elemento tenha sido capturado, julgado e condenado à morte, ainda seria necessário cumprir a sentença (v.4 e v.5). Ou seja, alguém cumpriria o papel de carrasco (v.6 e v.7). No entanto, quem é o real detentor do poder sobre a vida e a morte? É o Céu. O bom artífice trabalha com suas ferramentas e produz belas obras, sem se ferir (v.8). O Céu é quem pode tirar a vida de alguém sem gerar outras consequências. Alguém não capacitado para essa obra, acabaria por se ferir (v.9 e v.10). Assim também é aquele que tira a vida de outro, direta ou indiretamente.

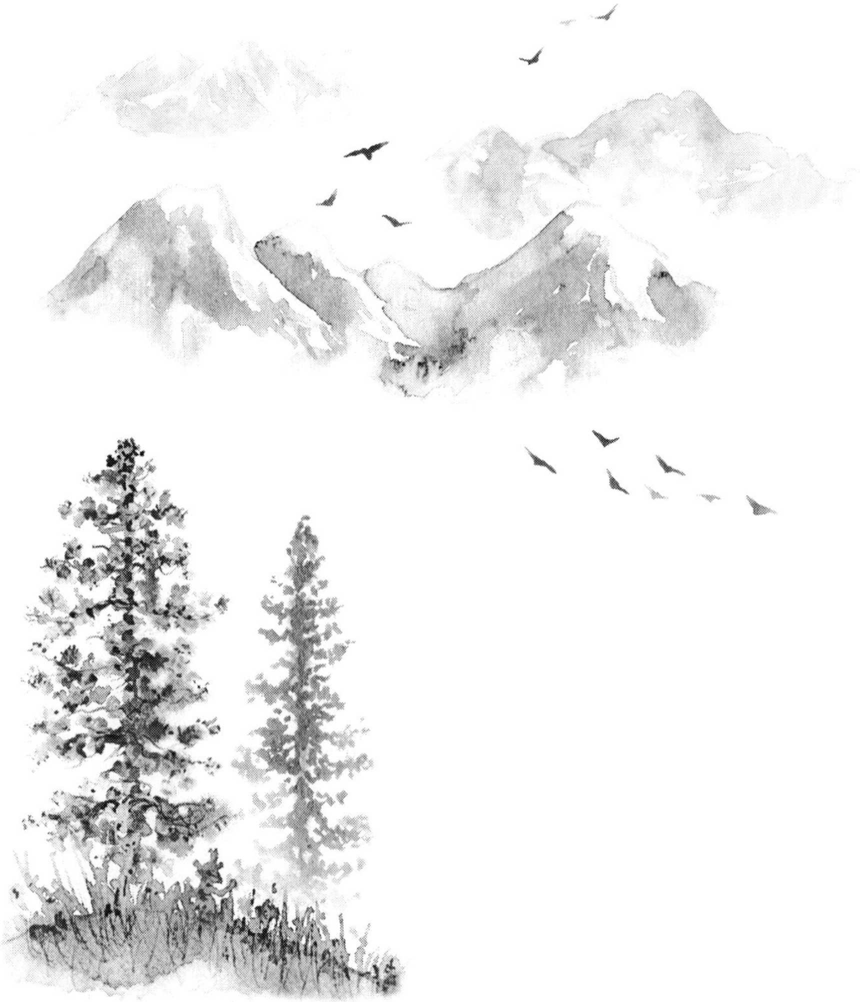

POEMA 75

	Caracteres tradicionais	Caracteres simplificados
1	民之飢	民之饥
2	以其上食稅之多	以其上食税之多
3	是以飢	是以饥
4	民之難治	民之难治
5	以其上之有為	以其上之有为
6	是以難治	是以难治
7	民之輕死	民之轻死
8	以其求生之厚	以其求生之厚
9	是以輕死	是以轻死
10	夫唯無以生為者	夫唯无以生为者
11	是賢於貴生	是贤于贵生

1	A fome que atinge o povo
2	É por causa dos altos impostos que lhe tomam a colheita.
3	Por isso, há fome.
4	A dificuldade em governar o povo
5	É por causa da ação dos governantes.
6	Por isso, é difícil governar.
7	O povo não se importa com a morte,
8	Porque aqueles acham a vida muito importante.
9	Por isso, o povo não se importa com a morte.
10	Não fazer as coisas pela vida
11	É mais sábio que dar valor à essa vida.

Grandes Temas: Verdade, Governo

Conceitos Centrais: Povo 民

Verso a verso, caractere por caractere:

v.1

povo	PG atributivo	fome
民	之	飢/饥
min2	zhi1	ji1

v.2

por	seu	superior	alimento	taxa	PG atributivo	muito
以	其	上	食	稅	之	多
yi3	qi2	shang4	shi2	shui4	zhi1	duo1

v.3

isso	por	fome
是	以	飢/饥
shi4	yi3	ji1

v.4

povo	PG atributivo	difícil	governar
民	之	難/难	治
min2	zhi1	nan2	zhi4

v.5

por	seu	superior	PG atributivo	haver	fazer
以	其	上	之	有	為/为
yi3	qi2	shang4	zhi1	you3	wei2

v.6

isso	por	difícil	governar
是	以	難/难	治
shi4	yi3	nan2	zhi4

v.7

povo	PG atributivo	pouco peso	morte
民	之	輕/轻	死
min2	zhi1	qing1	si3

v.8

por	seu	procurar	vida	PG atributivo	ênfase
以	其	求	生	之	厚
yi3	qi2	qiu2	sheng1	zhi1	hou4

v.9

isso	por	pouco peso	morte
是	以	輕/轻	死
shi4	yi3	qing1	si3

v.10

seja como for	apenas	sem	por	vida	fazer	PG nominalização sujeito
夫	唯	無/无	以	生	為/为	者
fu1	wei2	wu2	yi3	sheng1	wei2	zhe3

v.11

esse	admirável	do que	dar valor	vida
是	賢/贤	於/于	貴/贵	生
shi4	xian2	yu2	gui4	sheng1

Termos específicos:

輕 – qing1 – leve, sem peso, sem ênfase, fazer pouco de.

賢 – xian2 – pessoa de valor (hierarquicamente, inferior apenas ao sábio 聖), digna de admiração.

Comentários:

Lao Tzu descreve o que vê à sua volta: O povo passa fome por causa dos altos impostos sobre os alimentos (v.1 a v.3). O povo é difícil de ser governado por causa das ações dos governantes (v.4 a v.6). O povo não se assusta com a morte porque os poderosos dão tanto valor à vida e aos seus prazeres(v.7 a v.9). A ação mais digna de louvor é realizada visando para o que está além desta vida (v.10 e v.11).

POEMA 76

	Caracteres tradicionais	Caracteres simplificados
1	人之生也柔弱	人之生也柔弱
2	其死也堅強	其死也坚强
3	萬物草木之生也柔脆	万物草木之生也柔脆
4	其死也枯槁	其死也枯槁
5	故堅強者死之徒	故坚强者死之徒
6	柔弱者生之徒	柔弱者生之徒
7	是以兵強則不勝	是以兵强则不胜
8	木強則折	木强则折
9	強大處下	强大处下
10	柔弱處上	柔弱处上

1	O ser humano, quando nasce, é tenro e frágil.
2	Quando morre, é duro e firme.
3	Todas as plantas, quando nascem, são tenras e frágeis.
4	Quando morrem, são rígidas e secas.
5	Dureza e firmeza são atributos da morte.
6	Suavidade e fragilidade são atributos da vida.
7	Por isso, um exército forte não é vitorioso,
8	E uma árvore robusta é cortada.
9	O forte e poderoso é inferior.
10	O tenro e frágil é superior.

Grandes Temas: Verdade, Pessoa

Conceitos Centrais: Pessoa 人

Verso a verso, caractere por caractere:

v.1

pessoa	PG atributivo	nascer	PG igualdade entre dois termos	suave	frágil
人	之	生	也	柔	弱
ren2	zhi1	sheng1	ye3	rou2	ruo4

v.2

ele	morte	PG igualdade entre dois termos	firme	forte
其	死	也	堅/坚	強/强
qi2	si3	ye3	jian1	qiang2

v.3

10.000	seres	ervas	árvores	PG atributivo
萬/万	物	草	木	之
wan4	wu4	cao3	mu4	zhi1

nascer	PG igualdade entre dois termos	suave	quebradiço
生	也	柔	脆
sheng1	ye3	rou2	cui4

v.4

ele	morte	PG igualdade entre dois termos	lenha seca	ressequido
其	死	也	枯	槁
qi2	si3	ye3	ku1	gao3

v.5

então	firme	forte	PG nominalização sujeito	morte	PG atributivo	seguidor
故	堅/坚	強/强	者	死	之	徒
gu4	jian1	qiang2	zhe3	si3	zhi1	tu2

v.6

suave	frágil	PG nominalização sujeito	vida	PG atributivo	seguidor
柔	弱	者	生	之	徒
rou2	ruo4	zhe3	sheng1	zhi1	tu2

v.7

isso	por	armas	forte	no entanto	não	vitória
是	以	兵	強/强	則/则	不	勝/胜
shi4	yi3	bing1	qiang2	ze2	bu4	sheng4

v.8

árvore	forte	no entanto	quebrar
木	強/强	則/则	折
mu4	qiang2	ze2	zhe2

v.9

forte	grande	posicionar	inferior
強/强	大	處/处	下
qiang2	da4	chu3	xia4

v.10

suave	frágil	posicionar	superior
柔	弱	處/处	上
rou2	ruo4	chu3	shang4

Termos específicos:

弱 – ruo4 – frágil, fraco, delicado. O caractere deriva do desenho das bárbulas das penas das aves – um dos materiais mais frágeis da natureza.

Comentários:

Quando o ser humano nasce, ele é frágil e delicado (v.1), quando morre, está rígido e duro (v.2). Quando as plantas são pequenos brotos, elas são frágeis e quebradiças (v.3), quando morrem, são secas e duras (v.4). Assim, aqueles que são firmes e fortes são seguidores da morte (v.5); e aqueles que são suaves e frágeis são seguidores da vida (v.6). Por isso, a vitória não é obtida pela força das armas e a árvore forte é cortada (v.7). Aquele de grande força é inferior (v.8) e o suave e frágil, superior (v.9).

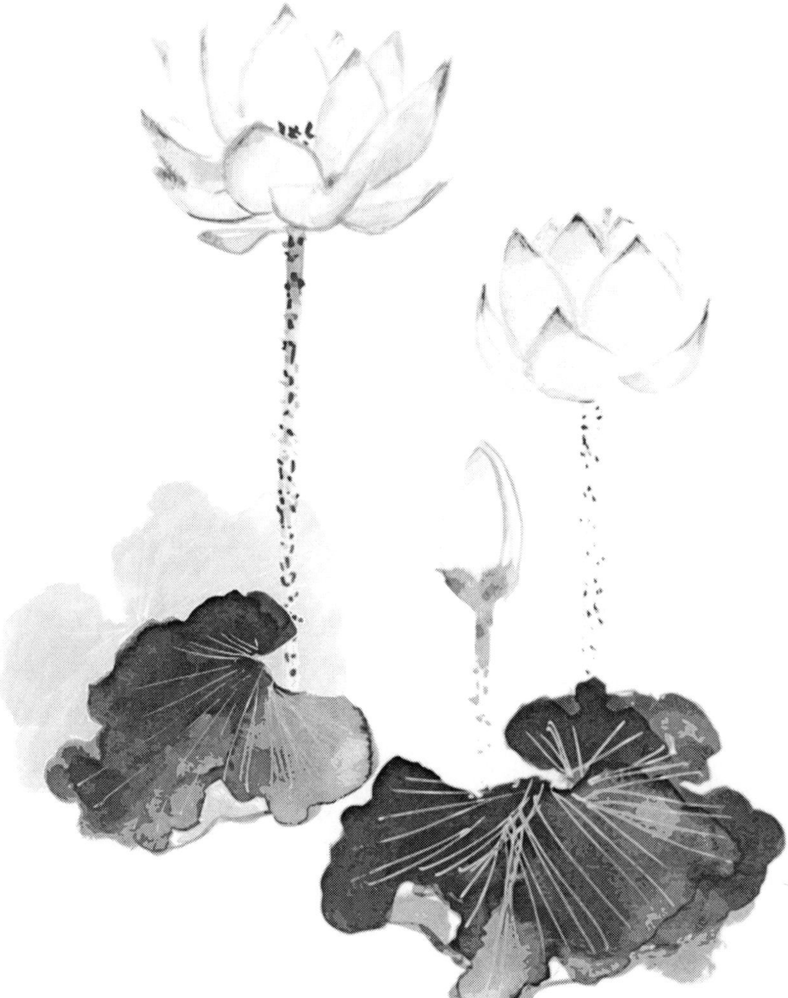

POEMA 77

	Caracteres tradicionais	Caracteres simplificados
1	天之道	天之道
2	其猶張弓與	其犹张弓与
3	高者抑之	高者抑之
4	下者舉之	下者举之
5	有餘者損之	有余者损之
6	不足者補之	不足者补之
7	天之道	天之道
8	損有餘而補不足	损有余而补不足
9	人之道	人之道
10	則不然	则不然
11	損不足以奉有餘	损不足以奉有余
12	孰能有餘以奉天下	孰能有余以奉天下
13	唯有道者	唯有道者
14	是以聖人	是以圣人
15	為而不恃	为而不恃
16	功成而不處	功成而不处
17	其不欲見賢	其不欲见贤

1	O Tao do Céu
2	Seria semelhante a um arco que é estendido?
3	O que está no alto desce,
4	O que está embaixo sobe,
5	O que é demais diminui,
6	O que é insuficiente é acrescido.
7	O Tao do Céu
8	Diminui o excessivo e aumenta o insuficiente.
9	O Tao do Homem
10	Não é assim.
11	Diminui o que tem pouco e aumenta o que já tem de sobra.
12	Quem teria um excesso para oferecer a todo mundo?
13	Apenas quem tem o Tao.
14	Por isso, o sábio
15	Faz, mas não fica orgulhoso;
16	Realiza, mas não demanda reconhecimento;
17	E não deseja que vejam seu talento.

Grandes Temas: Verdade, Pessoa

Conceitos Centrais: Céu 天, Tao 道, Pessoa 人, Mundo 天下, Sábio 聖人

Verso a verso, caractere por caractere:

v.1

Céu	PG atributivo	Tao
天	之	道
tian1	zhi1	dao4

v.2

ele	semelhante	abrir	arco	PG interrogativa
其	猶/犹	張/张	弓	與/与
qi2	you2	zhang1	gong1	yu3

v.3

alto	PG nominalização sujeito	pressionar para baixo	PG pronome objeto
高	者	抑	之
gao1	zhe3	yi4	zhi1

v.4

baixo	PG nominalização sujeito	levantar	PG pronome objeto
下	者	舉/举	之
xia4	zhe3	ju3	zhi1

v.5

ter	excesso	PG nominalização sujeito	diminuir	PG pronome objeto
有	餘/余	者	損/损	之
you3	yu2	zhe3	sun3	zhi1

v.6

não	suficiente	PG nominalização sujeito	preencher	PG pronome objeto
不	足	者	補/补	之
bu4	zu2	zhe3	bu3	zhi1

v.7

Céu	PG atributivo	Tao
天	之	道
tian1	zhi1	dao4

v.8

diminuir	ter	excesso	e	preencher	não	suficiente
損/损	有	餘/余	而	補/补	不	足
sun3	you3	yu2	er2	bu3	bu4	zu2

v.9

humano	PG atributivo	Tao
人	之	道
ren2	zhi1	dao4

v.10

por sua vez	não	desta maneira
則/则	不	然
ze2	bu4	ran2

v.11

diminuir	não	suficiente	por	oferecer	ter	excesso
損/损	不	足	以	奉	有	餘/余
sun3	bu4	zu2	yi3	feng4	you3	yu2

v.12

quem	ter capacidade	ter	excesso	por	oferecer	mundo	
孰	能	有	餘/余	以	奉	天	下
shu2	neng2	you3	yu2	yi3	feng4	tian1	xia4

v.13

somente	haver	Tao	PG nominalização sujeito
唯	有	道	者
wei2	you3	dao4	zhe3

v.14

isso	por	sábio	
是	以	聖/圣	人
shi4	yi3	sheng4	ren2

v.15

fazer	mas	não	arrogante
為/为	而	不	恃
wei2	er	bu4	shi4

v.16

sucesso		mas	não	controlar
功	成	而	不	處/处
gong1	cheng2	er2	bu4	chu3

v.17

ele	não	desejar	tornar visível	virtuoso
其	不	欲	見/见	賢/贤
qi2	bu4	yu4	jian4	xian2

Termos específicos:

餘 – yu2 – excesso, sobra, superabundar, exceder.

Comentários:

O Tao do Céu é semelhante a um arco: quando se estende o arco para lançar uma flecha, a ponta superior desce e a ponta inferior sobe (v.1 a v.4) – ou seja, ele traz os extremos para o centro. O que está em excesso é diminuído, o que está em falta é completado (v.5 e v.6), e o Tao do Céu também traz esses extremos ao equilíbrio do centro (v.7 e v.8). O Tao da dimensão humana não é dessa maneira (v.9 e v.10), ele tira do que tem falta e oferece àquele que tem em demasia (v.11). Quem poderia doar o excesso àqueles que têm carência? (v.12) Somente aquele que pratica o Tao (v.13). Por isso, o sábio, que é quem pratica o Tao, faz sem se orgulhar do feito (v.14 e v.15); conclui com sucesso, mas não tenta controlar os resultados (v.16); ele não deseja evidenciar seu talento (v.17).

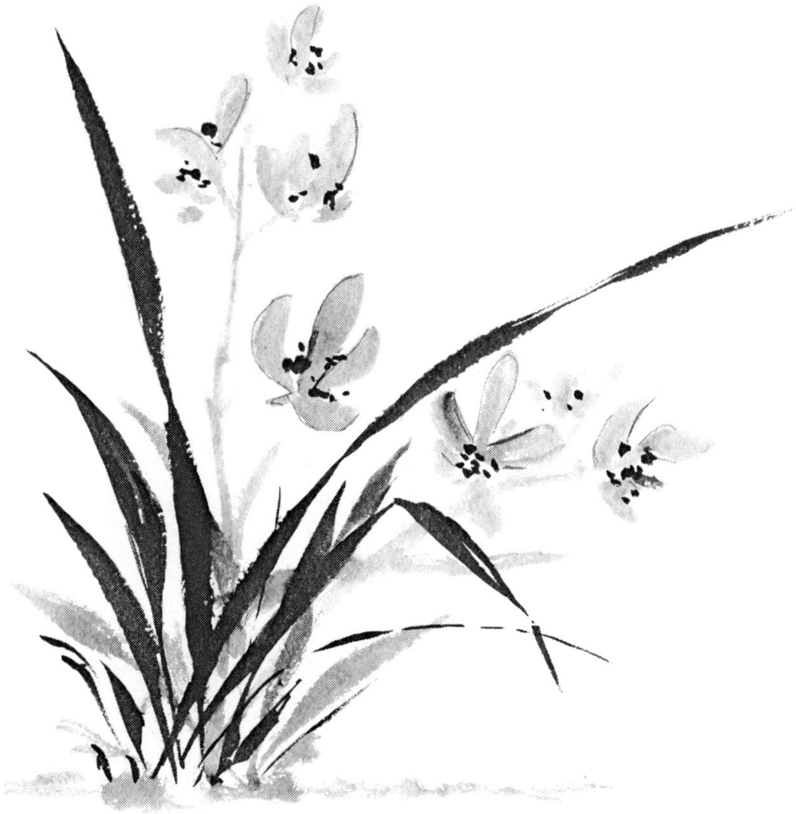

POEMA 78

	Caracteres tradicionais	Caracteres simplificados
1	天下莫柔弱於水	天下莫柔弱于水
2	而攻堅強者莫之能勝	而攻坚强者莫之能胜
3	其無以易之	其无以易之
4	弱之勝強	弱之胜强
5	柔之勝剛	柔之胜刚
6	天下莫不知莫能行	天下莫不知莫能行
7	是以聖人云	是以圣人云
8	受國之垢	受国之垢
9	是謂社稷主	是谓社稷主
10	受國不祥	受国不祥
11	是謂天下王	是谓天下王
12	正言若反	正言若反

1   Não há, no mundo, o que seja mais suave e maleável que a água.
2   No entanto, os duros e fortes não podem vencê-la.
3   Não há como mudar isso.
4   O fraco vence o forte.
5   O suave vence o duro.
6   Não há, no mundo, quem desconheça isso; mas não há quem possa praticar.
7   Por isso, assim diz o sábio:
8   "Aquele que acolhe o rejeito do país
9   É que deve ser chamado guardião da sagrada fortaleza do poder;
10   Aquele que acolhe as desgraças do país
11   É que deve ser chamado rei do mundo."
12   A palavra correta parece contraditória.

Grandes Temas: Verdade, Pessoa, Governo

Conceitos Centrais: Mundo 天下, Sábio 聖人, País 國, Rei 王

Verso a verso, caractere por caractere:

v.1

mundo		nenhum	suave	frágil	do que	água
天	下	莫	柔	弱	於/于	水
tian1	xia4	mo4	rou2	ruo4	yu2	shui3

v.2

mas	atacar	firme	forte	PG nominalização
而	攻	堅/坚	強/强	者
er2	gong1	jian1	qiang2	zhe3

nenhum	PG pronome objeto	ser capaz de	vitória
莫	之	能	勝/胜
mo4	zhi1	neng2	sheng4

v.3

ele	sem	através de	mudar	PG pronome objeto
其	無/无	以	易	之
qi2	wu2	yi3	yi4	zhi1

v.4

frágil	PG atributivo	vencer	forte
弱	之	勝/胜	強/强
ruo4	zhi1	sheng4	qiang2

v.5

suave	PG atributivo	vencer	rígido
柔	之	勝/胜	剛/刚
rou2	zhi1	sheng4	gang1

v.6

mundo		nenhum	não	saber	nenhum	ser capaz de	praticar
天	下	莫	不	知	莫	能	行
tian1	xia4	mo4	bu4	zhi1	mo4	neng2	xing2

v.7

isso	por	sábio		dizer
是	以	聖/圣	人	云
shi4	yi3	sheng4	ren2	yun2

v.8

receber	país	PG atributivo	imundície
受	國/国	之	垢
shou4	guo2	zhi1	gou4

v.9

esse	chamar-se	deus do solo	deus dos cereais	senhor
是	謂/谓	社	稷	主
shi4	wei4	she4	ji4	zhu3

v.10

receber	país	não	favorável
受	國/国	不	祥
shou4	guo2	bu4	xiang2

v.11

isto	chamar-se	mundo		rei
是	謂/谓	天	下	王
shi4	wei4	tian1	xia4	wang2

v.12

correto	palavra	semelhante	oposto
正	言	若	反
zheng4	yan2	ruo4	fan3

Termos específicos:

云 – yun2 – dizer. Modernamente, é a forma simplificada de 雲, "nuvem".

反 – fan3 – contrário, oposto, revirado.

Comentários:

Não há nada tão maleável quanto a água, mas nenhum material, por mais resistente que seja, pode vencê-la definitivamente (v.1 e v.2). Nunca é diferente disso (v.3). O frágil vence o forte (v.4), o suave vence o rígido (v.5) – todos reconhecem essa verdade, mas é difícil colocá-la em prática (v.6). Por isso, diz o sábio: "Divindades são aqueles que acolhem o que é considerado rejeito do país, rei é aquele que acolhe o que não traria felicidade" (v.7 a v.11). Essa noção é contrária ao senso comum (v.12).

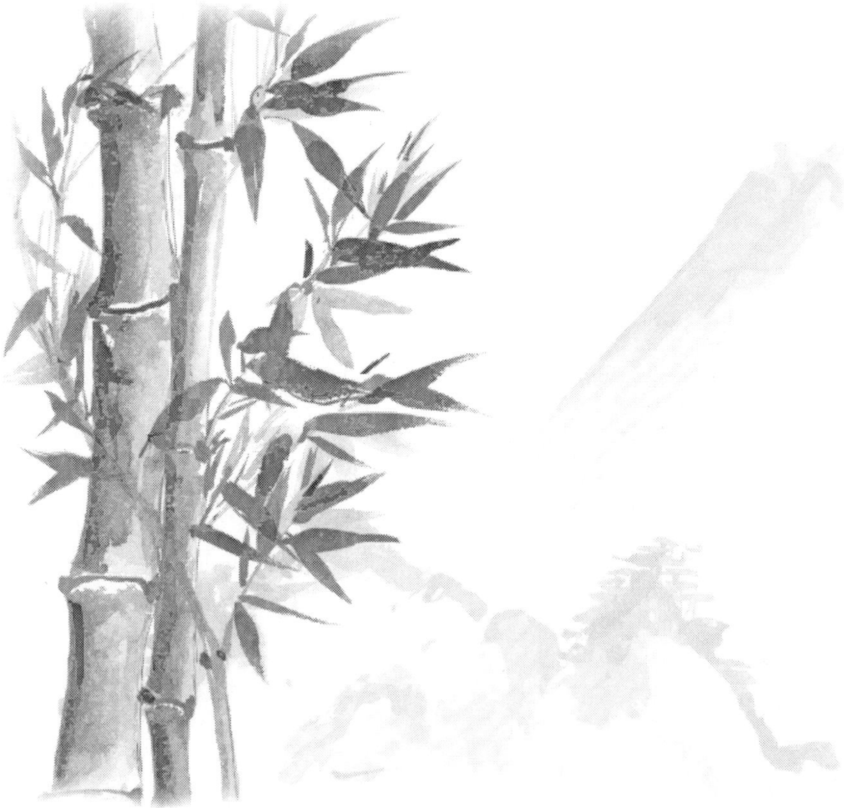

POEMA 79

	Caracteres tradicionais	**Caracteres simplificados**
1	和大怨	和大怨
2	必有餘怨	必有余怨
3	安可以為善	安可以为善
4	是以聖人執左契	是以圣人执左契
5	而不責於人	而不责于人
6	有德司契	有德司契
7	無德司徹	无德司彻
8	天道無親	天道无亲
9	常與善人	常与善人

1   Quando uma grande mágoa é resolvida,
2   Certamente sobra um tanto de mágoa.
3   Como isso poderia vir a ser excelente?
4   Por isso, o sábio guarda a parte esquerda do contrato
5   E não vai discutir com o outro.
6   Se há Virtude, o acordo é cumprido.
7   Se não há Virtude, há que se reclamar.
8   O Tao do Céu não tem parentes a quem prefira.
9   Ele está sempre com os homens bons.

Grandes Temas: Verdade, Pessoa, Sociedade

Conceitos Centrais: Sábio 聖人, Virtude 德, Céu 天, Tao 道

Verso a verso, caractere por caractere:

v.1

harmonizar	grande	ressentimento
和	大	怨
he2	da4	yuan4

v.2

certamente	haver	sobrar	ressentimento
必	有	餘/余	怨
bi4	you3	yu2	yuan4

v.3

de que forma	ser possível	para que	tornar-se	excelente
安	可	以	為/为	善
an1	ke3	yi3	wei2	shan4

v.4

isto	por	sábio		segurar	esquerdo	contrato escrito
是	以	聖/圣	人	執/执	左	契
shi4	yi3	sheng4	ren2	zhi2	zuo3	qi4

v.5

e	não	demandar	de	pessoa
而	不	責/责	於/于	人
er2	bu4	ze2	yu2	ren2

v.6

ter	Virtude (Poder)	autoridade	contrato escrito
有	德	司	契
you3	de2	si1	qi4

v.7

sem	Virtude (Poder)	autoridade	reclamar
無/无	德	司	徹/彻
wu2	de2	si1	che4

v.8

Céu	Tao	sem	querido
天	道	無/无	親/亲
tian1	dao4	wu2	qin1

v.9

sempre	com	excelência, bondade	pessoa
常	與/与	善	人
chang2	yu3	shan4	ren2

Termos específicos:

契 – qi4 – contrato escrito. Uma vez assinado, era partido entre as duas partes. Quem recebia a garantia ficava com a parte esquerda (coincidentemente, o "canhoto").

Comentários:

Depois de uma ruptura na relação, ainda que as coisas se estabilizem, sempre sobra um tanto de ressentimento (v.1 e v.2). Como garantir que tudo corra bem a partir daí? (v.3). Lao Tzu usa a figura do contrato: o Sábio guarda o canhoto do contrato (v.4). Quando surge alguma discordância, ele não parte para o confronto (v.5). Sendo ele dotado de Virtude, ele apenas recorre à autoridade do contrato (v.6). Se não tivesse Virtude, ele só poderia se queixar (v.7). O contrato é a figura do Tao do Céu, que não tem favoritos (v.8), ele está junto dos justos (v.9).

POEMA 80

	Caracteres tradicionais	**Caracteres simplificados**
1	小國寡民	小国寡民
2	使有什伯之器而不用	使有什伯之器而不用
3	使民重死而不遠徙	使民重死而不远徙
4	雖有舟輿	虽有舟舆
5	無所乘之	无所乘之
6	雖有甲兵	虽有甲兵
7	無所陳之	无所陈之
8	使民復結繩而用之	使民复结绳而用之
9	甘其食	甘其食
10	美其服	美其服
11	安其居	安其居
12	樂其俗	乐其俗
13	鄰國相望	邻国相望
14	雞犬之聲相聞	鸡犬之声相闻
15	民至老死	民至老死
16	不相往來	不相往来

1	Seja um país pequeno com poucos habitantes,
2	Que não faça uso das suas mil armas,
3	Que faça o povo se importar com a morte e não querer se mudar pra longe.
4	Havendo barcos e carros,
5	Não haja necessidade de neles embarcar.
6	Havendo soldados e armaduras,
7	Não haja necessidade de as exibir.
8	Que o povo retorne ao uso das cordas com nós,
9	Que a comida seja adoçada,
10	Que os trajes sejam belos,
11	Que a morada seja tranquila,
12	Que seu jeito seja alegre,
13	Que os países vizinhos o vejam e sejam vistos também.
14	Que se ouçam as vozes dos galos e dos cães.
15	Que o povo só morra na velhice,
16	Sem nunca se angustiar com o ir e vir.

Grandes Temas: Verdade, Sociedade

Conceitos Centrais: País 國, Povo 民

Verso a verso, caractere por caractere:

v.1

pequeno	país	escasso	povo
小	國/国	寡	民
xiao3	guo2	gua3	min2

v.2

fazer com que	haver	décuplo	grupo de 100
使	有	什	伯
shi3	you3	shi2	bai3

PG atributivo	arma	mas	não	usar
之	器	而	不	用
zhi1	qi4	er2	bu4	yong4

v.3

fazer com que	povo	dar valor	morte	e	não	longe	mudar-se
使	民	重	死	而	不	遠/远	徙
shi3	min2	zhong4	si3	er3	bu4	yuan3	xi3

v.4

ainda que	haver	barco	carruagem
雖/虽	有	舟	輿/舆
sui1	you3	zhou1	yu2

v.5

não	PG nominalização objeto	entrar em meio de transporte	PG pronome objeto
無/无	所	乘	之
wu2	suo3	cheng2	zhi1

v.6

ainda que	haver	armadura	soldado
雖/虽	有	甲	兵
sui1	you3	jia3	bing1

v.7

não	PG nominalização objeto	mobilizar tropas	PG pronome objeto
無/无	所	陳/陈	之
wu2	suo3	zhen4	zhi1

v.8

fazer com que	povo	retornar	nó	corda	e	usar	PG pronome objeto
使	民	復/复	結/结	繩/绳	而	用	之
shi3	min2	fu4	jie2	sheng2	er2	yong4	zhi1

v.9

doce	sua	comida
甘	其	食
gan1	qi2	shi2

v.10

bonita	sua	roupa
美	其	服
mei3	qi2	fu2

v.11

paz	sua	morada
安	其	居
an1	qi2	ju1

v.12

alegre	seu	habitual
樂/乐	其	俗
le4	qi2	su2

v.13

vizinho	país	mútuo	avistar
鄰/邻	國/国	相	望
lin2	guo2	xiang1	wang4

v.14

galo	cão	PG atributivo	som	mútuo	ouvir
雞/鸡	犬	之	聲/声	相	聞/闻
ji1	quan3	zhi1	sheng1	xiang1	wen2

v.15

povo	alcance	velhice	morrer
民	至	老	死
min2	zhi4	lao3	si3

v.16

não	mútuo	ir	vir
不	相	往	來/来
bu4	xiang1	wang3	lai2

Termos específicos:

結繩 – jie2sheng2 – cordas com nós. Antes do desenvolvimento da escrita, os chineses faziam seus registros dando nós em cordas, assim como os povos andinos faziam com seus "quipus" antes da chegada dos europeus.

Comentários:

Em grande parte dos poemas, Lao Tzu ressalta o que não existe, ou o que não deve ser feito numa sociedade ideal. Neste poema, ele apresenta, de forma positiva, como seria essa sociedade utópica.

Um pequeno território abrigando poucas pessoas (v.1). Havendo mil armas, que elas fossem inúteis (v.2). Que a morte não fosse algo corriqueiro e que as pessoas não precisassem se mudar (v.3). Havendo barcos e carruagens, veículos de conquista e ostentação, que também fossem inúteis (v.4 e v.5). Havendo soldados, que nunca precisassem ser mobilizados (v.6 e v.7). Os registros não demandariam detalhamento escrito, mas simples anotação dos fatos (v.8). A comida seria saborosa; as roupas, belas; as moradas, tranquilas; a alegria, habitual (v.9 a v.12). As pessoas, mesmo de lugares diferentes, poderiam se avistar (v.13). Morariam não muito distantes, pois ainda se ouviriam os latidos dos cães e o cacarejar das galinhas (v.14). As pessoas viveriam até a velhice e então morreriam, sem que os acontecimentos causassem inquietude (v.15 e v.16).

POEMA 81

	Caracteres tradicionais	Caracteres simplificados
1	信言不美	信言不美
2	美言不信	美言不信
3	善者不辯	善者不辩
4	辯者不善	辩者不善
5	知者不博	知者不博
6	博者不知	博者不知
7	聖人不積	圣人不积
8	既以為人已愈有	既以为人已愈有
9	既以與人已愈多	既以与人已愈多
10	天之道利而不害	天之道利而不害
11	聖人之道為而不爭	圣人之道为而不争

1   Palavras sinceras não são agradáveis;
2   Palavras agradáveis não são sinceras.
3   Quem é excelente não discute;
4   Quem discute não é excelente.
5   Aquele que sabe não é erudito;
6   Aquele que é erudito não sabe.
7   O Sábio não acumula;
8   Trabalhando em prol dos outros, tem cada vez mais;
9   Doando para os outros, junta cada vez mais.
10   O Tao do Céu beneficia em vez de prejudicar;
11   O Tao do Sábio realiza em vez de brigar.

Grandes Temas: Verdade, Pessoa

Conceitos Centrais: Excelência 善, Sábio 聖人, Céu 天, Tao 道

Verso a verso, caractere por caractere:

v.1

confiança	palavra	não	beleza
信	言	不	美
xin4	yan2	bu4	mei3

v.2

beleza	palavra	não	confiança
美	言	不	信
mei3	yan2	bu4	xin4

v.3

excelente	PG nominalização sujeito	não	discutir
善	者	不	辯/辩
shan4	zhe3	bu4	bian4

v.4

discutir	PG nominalização sujeito	não	excelente
辯/辩	者	不	善
bian4	zhe3	bu4	shan4

v.5

saber	PG nominalização sujeito	não	abrangente
知	者	不	博
zhi1	zhe3	bu4	bo2

v.6

abrangente	PG nominalização sujeito	não	saber
博	者	不	知
bo2	zhe3	bu4	zhi1

v.7

sábio		não	armazenar
聖/圣	人	不	積/积
sheng4	ren2	bu4	ji1

v.8

completa-mente	por	fazer	pessoas	muito	cada vez mais	ter
既	以	為/为	人	已	愈	有
ji4	yi3	wei2	ren2	yi3	yu4	you3

v.9

completa-mente	por	doar	pessoas	muito	cada vez mais	muito
既	以	與/与	人	已	愈	多
ji4	yi3	yu3	ren2	yi3	yu4	duo1

v.10

céu	PG atri-butivo	Tao	benefício	mas	não	dano
天	之	道	利	而	不	害
tian1	zhi1	dao4	li4	er2	bu4	hai4

v.11

sábio		PG atri-butivo	Tao	fazer	e	não	conten-da
聖/圣	人	之	道	為/为	而	不	爭
sheng4	ren2	zhi1	dao4	wei2	er2	bu4	zheng1

Termos específicos:

信 – xin4 – confiar, ser digno de confiança, fé.

Comentários:

A fala que merece confiança não é sedutora, a fala sedutora não merece confiança (v.1). Quem alcançou a excelência não disputa pontos de vista e opiniões, quem disputa ainda não alcançou a excelência (v.3 e v.4). Quanto maior a especialização, mais estreita a visão (v.5 e v.6). O Sábio não guarda nada para si (v.7). Pelo que faz aos outros, o Sábio recebe cada vez mais (v.8). Pelo que doa aos outros, tem cada vez mais (v.9). A ação do Tao do Céu é sempre benéfica e nunca causa mal (v.10). A ação do Tao do Sábio realiza sem ferir (v.11).